Corunha

Lugo

Pontevedra

Vigo

Ourense

Viana do Castelo

Braga

Vila Real

Braganca

Porto

Viseu

Guarda

Aveiro

Coimbra

Ficha Técnica

Direitos reservados por
Editorial Clérigos e Fernando dos Santos Neves

Rua Calouste Gulbenkian, 115, Loja 63
4050-145 Porto - Portugal
Telem: 938 421 429 | 910 073 452

[Design]
Helena Fonseca

Edição nº 1
2ª edição: Dezembro de 2014
3ª edição: Julho de 2015

[ISBN]
978-989-99079-0-4

FERNANDO DOS SANTOS NEVES

"O Porto é uma Nação!"

A cidade do Porto, Metrópole do Norte de Portugal e da Lusófona Eurorregião do Noroeste Peninsular

3ª edição, renovada
e simbolicamente dedicada à memória de Manoel de Oliveira,
cineasta maior da condição humana e tanto pleno cidadão global do mundo
como pleno cidadão local do Porto

Editorial CLÉRIGOS - Porto 2015

ÍNDICE GERAL

EPÍGRAFE 1
Presidente da Associação Comercial (Rui Moreira) defende fusão do Porto, Gaia e Matosinhos.

EPÍGRAFE 2
Carta aberta aos Presidentes de Câmara do "Grande Porto" eleitos nas autárquicas de 2013 (Fernando dos Santos Neves)

APRESENTAÇÃO, de Justino Santos

CAPÍTULO I
TEMAS GLOBAIS/LOCAIS (GLOCAIS)

1. Os "Dês" (que até podem não começar pela inicial "D") que ainda faltam ao programa do "25 de Abril de 1974"..........................25

2. Dos "resultados" ao "Resultado" do Concílio Ecuménico Vaticano II: "Ressourcement/Refontalização" e "Aggiornamento/Atualização"...........31

3. Ecumenismo em Angola: Do Ecumenismo Cristão ao Ecumenismo Universal 35

4. Um Cristianismo em estado de Contestação, uma Contestação em estado de Cristianismo? Os acontecimentos de Maio 1968 39

5. Para uma Crítica da Razão Lusófona: 11 Teses sobre a CPLP e a Lusofonia 45

6. Ad Leviathan: 11 Teses contra o Estado Centralista
e a favor da Regionalização Democrática 59

7. 11 Teses sobre o Ensino-Educação Superior 69

8. O "Espaço Lusófono do Ensino Superior" (ELES) 75

9. IPC – Introdução ao Pensamento Contemporâneo:
Razões e Finalidades 79

10. Da CPLP à União / Comunidade Lusófona 95

11. Quem tem medo do "Acordo Ortográfico"? 97

12. Em louvor da Filosofia 101

13. Para uma (Re) União Democrática de toda(s)
a(s) Esquerda(s) em Portugal e na Europa 107

CAPÍTULO II
TEMAS LOCAIS/GLOBAIS (LOCBAIS)

1. A "Hora do Porto" na "Hora da Europa-Ibéria" (por esta ordem!)
e na "Hora da Lusofonia": os "10 Mandamentos"
ou as "11 Teses" de e sobre o Porto 111

2. O Ensino Superior como "Instrução Universal, Obrigatória e Gratuita"..115

3. Da "Regionalização Lusa" à "Regionalização Euro-Lusófona"..................119

4. Como se reanima a Região Norte? É a Política, Estúpidos!
É a Eurorregião do Noroeste Peninsular, Estúpidos! 123

5. Porto, "surge et ambula!" Porto, "levanta-te e anda"! 125

6. Viva o Norte Atlântico! 129

7. "Aeroporto de Lisboa" ou "Aeroporto de Portugal"? 131

8. Parabéns, Porto-Gaia! Parabéns, Portucale! 135

9. Se o ridículo matasse... A propósito dos "apitos dourados,
   finais e outros que tais" 137

10. A "Seleção do Povo/Equipa de todos nós" que poderia ganhar o Euro..139

11. A propósito das Eleições 2009 para a Câmara Municipal do Porto:
    É a Euro-Lusofonia, Estúpidos! 143

12. "Deus morreu?" A 1ª licenciatura de Ciência
    das Religiões na Cidade do Porto 145

13. Uma vida a tentar acertar as horas de Portugal
    pela Hora da Modernidade 147

CAPÍTULO III
"ORAÇÕES DE SAPIÊNCIA" NOS "DIAS DA UNIVERSIDADE"

1. O "Dia", a "Hora" e o "Tempo" da ULP (08/03/2008) 155

2. 11 Teses sobre a ULP (28/03/2009) 165

3. A ULP e a Regionalização: "Regionalizar é Precisíssimo!"
   (20/03/2010) 175

4. "Grandes Coisas" e "Grandes Causas"
   da Cidade do Porto e da ULP (09/04/2011) 181

5. "Somos todos Helénicos!": Platão, Aristóteles,
   a "União Europeia" e a ULP (24/03/2012) 187

ANEXOS

Anexo 1: Lista dos Membros do Conselho Geral Estratégico da ULP
em setembro de 2012, convidados pelo
reitor Fernando dos Santos Neves 197

Anexo 2: Doutoramentos Honoris Causa por iniciativa do reitor
Fernando dos Santos Neves atribuídos a D. Maria Barroso Soares
e a D. Manuel Clemente, Bispo do Porto 201

Anexo 3: "Tertúlia sobre o Ensino Superior Público e Privado:
Que Futuro?" 239

Anexo 4: Ciências Aeronáuticas vão ter curso no Porto?
J.A. Sousa Monteiro 245

Anexo 5: "O Coração de D. Pedro", José Ferraz Alves 249

Anexo 6: Germano Silva, "o homem que é património municipal",
pelo jornalista Ferreira Fernandes 253

Anexo 7: Carta Aberta ao Governo de Portugal em defesa
do crescimento económico e do respeito pelo Porto 257

Anexo 8: Discurso da tomada de posse do Dr. Rui Moreira,
novo Presidente eleito da Câmara Municipal do Porto 267

Anexo 9: Acordo para o Governo da Cidade do Porto
entre Rui Moreira e o Partido Socialista 277

Anexo 10: Entrevista de Paulo Cunha e Silva "ministro"
do recriado pelouro da Cultura da Câmara Municipal do Porto ... 283

Anexo 11: UNINORTE – Consórcio de Cooperação
Estratégica das Universidades do Norte 295

Anexo 12: Galiza aposta no ensino do Português
para entrar no mundo da Lusofonia 303

Anexo 13: Carlos de Brito, O Fio da Ariadna, para matar o centralismo 307

Anexo 14: Entrevista de J. N. Pinto da Costa,
Presidente do Futebol Clube do Porto 313

Anexo 15: Feira do Livro do Porto, a Câmara ergue um verdadeiro
festival literário, com literatura, cinema e animação......................329

Anexo 16: Fórum do Futuro, no Porto 331

Anexo 17: "Só serei ministro da cultura, quando o Porto for uma Nação",
entrevista de Paulo Cunha e Silva, vereador da Cultura
da Câmara Municipal do Porto 333

Anexo 18: "Eixo Atlântico do Noroeste Peninsular" 337

Anexo 19: Regulamento (provisório) do "Prémio Lusofonia" 339

Anexo 20: Porto • 343

Outras Publicações do autor 347

Breve Curriculum Vitae de Fernando dos Santos Neves 351

"O PORTO PODE TROCAR OS VÊS PELOS BÊS, MAS NUNCA A LIBERDADE PELA SERVIDÃO."

Almeida Garrett

EPÍGRAFE 1

Presidente da Associação Comercial (Rui Moreira) defende fusão do Porto, Gaia e Matosinhos...

"Só a criação da "maior cidade portuguesa" evitará que o Porto continue a ser "triturado" e a perder competências"**

Uma pedrada no charco estagnado que é actualmente o Porto e a área metropolitana circundante. Rui Moreira, Presidente da Associação Comercial do Porto, defendeu ontem, numa conferência no Clube Via Norte, que a única forma de evitar que a região continue a ser "triturada" e a perder competências passa pela reorganização política, com a fusão do núcleo duro da Área Metropolitana do Porto (AMP). Porto, Gaia e Matosinhos passariam a ser uma única cidade, "a maior cidade portuguesa", o que, na opinião do empresário, criaria um "projecto mobilizador em termos de cidadania", contribuindo para a afirmação internacional do Porto.

Rui Moreira considera mesmo que, dadas as relações íntimas que já existem entre os três municípios e a legitimidade histórica da fusão — algumas freguesias de Gaia integraram o Porto até ao final do século XIX —, aquilo que falta é encontrar um nome para designar a nova realidade geográfica e coragem política. "Estamos a falar de uma realidade com 700 mil pessoas e estou convencido de que a população apoiaria a

---

* Em carta pessoal de 30/05/03, escrevi eu ao Exmo. Senhor Dr. Rui Moreira: *"Permita-me que O felicite vivamente pela sua conferência no clube «Via Norte», conforme notícia no jornal «PÚBLICO» de 27/05/03..."*

fusão. Não será por existirem problemas entre dois ou três cidadãos que isto não se fará. O desafio está em saber quem será o primeiro político a falar nisso, mas aquele que o fizer será, de certeza, o primeiro presidente de câmara da nova cidade", explicou.

A ideia de fundir cidades na AMP não é nova, embora, normalmente, este expediente seja referido apenas para as duas cidades que partilham a foz do rio Douro, Porto e Gaia. Dada a atual animosidade entre os autarcas das duas margens, Rui Rio e Luís Filipe Menezes, não parece, porém, possível que o projeto possa, nos anos mais próximos, passar da quimera.

Para o presidente da ACP, a AMP "não tem instrumentos suficientes" para desempenhar um papel mobilizador e, além disso, acalenta "objetivos pouco claros".

Rui Moreira acrescentou ainda outro argumento favorável à fusão: "Quando as pessoas de Gaia ou Matosinhos estão no estrangeiro e lhes perguntam de onde são, respondem que são do Porto". Esta nova urbe deveria, ainda segundo o empresário, integrar também as freguesias rurais dos dois concelhos vizinhos do Porto, buscando também um novo traço identitário que permitisse abandonar o tradicional e "agressivo" chavão da "cidade do trabalho". "Dá ideia que só nós é que trabalhamos e que não sabemos fazer mais nada", explicou Moreira prefere, assim, que o Porto do futuro seja conhecido como "a cidade do conhecimento".

"A última grande valência do Porto é a universidade, que é a maior universidade portuguesa e aquela que mais vai crescer nos próximos anos", considerou, defendendo, assim, uma especialização regional naquilo a que chamou "a indústria do pensamento". "Não devemos continuar a apostar na mão-de-obra barata; a indústria do pensamento é a única que não será possível deslocalizar".

Para além da defesa da reorganização metropolitana, Rui Moreira aproveitou ainda o convite do Clube Via Norte para fazer a apologia daquilo a que chamou "ligas de cidades", tendo em vista objetivos específicos e mesmo quando não exista qualquer contiguidade territorial. No que diz respeito, por exemplo, à promoção turística, defendeu a ligação entre o Douro património mundial, o Porto, Guimarães, Braga e Ponte de Lima, criando um produto patrimonial que pudesse ser vendido internacionalmente em pé de igualdade com o sol e as praias algarvias. Ou uma liga de concelhos com património religioso importante, que pudesse integrar, por exemplo, Fátima e Santiago de Compostela.

EPÍGRAFE 2

Carta aberta aos Presidentes de Câmara do "Grande Porto" eleitos nas autárquicos de 2013*

Permitam-me que comece por relembrar o que disse e escrevi, com todas as palavras e com todas as letras, em 2006 (intervenção na sede do "Clube Via Norte" e jornal "Público" de 20 de novembro):
"Há que resolver, positiva e rapidamente, o problema de o Porto dever ser uma grande cidade múltipla (Porto, Gaia, Matosinhos, Maia, Gondomar, etc.), deixando de ser uma cidade pequena (Porto) ao lado daquelas pequenas cidades: o caso de Paris poderia servir de exemplo, com a sua "mairie" central (Câmara de Paris) e as suas muitas outras "mairies" (Câmaras de Paris I, Paris II, etc.). Não haverá ninguém capaz de pensar e agir à grande, capaz de pensar e de agir à Porto?"

Neste momento, nada mais acrescentaria a estas minhas já antigas e obsessivas questões, para além da última frase do texto que comecei por citar e remetia para a famosa sentença marxiana (*"Os filósofos têm-se contentado em interpretar o mundo de diversas maneiras, mas o que importa é transformá-lo"*) e dizia assim: **"Até aqui já se fizeram quase todas as retóricas e anti-retóricas imagináveis sobre o Porto; mas o que é preciso é efetivamente transformá-lo na metrópole moderna, desenvolvida e ecuménica como tem de ser a capital Europeia e Lusófona ou seja Euro-Lusófona de todo o Norte de Portugal e de todo o Noroeste Peninsular".**

---

* Publicada em: Jornal "Grande Porto", 4 de outubro 2013.

"Habemus papam? ou, em palavras mais simples e vernáculas: "teremos gente?" esperemos que sim, após as eleições autárquicas de 2013!

Tão ou mais verdadeira do que a velha sentença: *"Não há nada mais prático do que uma boa teoria"* é a de que **"Nunca haverá melhor tática do que uma competente estratégia"**.

Fernando dos Santos Neves

APRESENTAÇÃO

Que melhor apresentação de Fernando dos Santos Neves do que o seu impressionante, mesmo se apenas telegráfico, "Curriculum Vitae" exarado nas últimas páginas do presente livro, para que remeto o leitor?

Por um lado, haverá alguém mais "global" ou "mundial" ou "planetário" ou "ecuménico" do que ele, cujo primeiro livro propriamente dito, publicado em Angola em 1968, tinha como título "**Do Ecumenismo Cristão ao Ecumenismo Universal**" (que, na atmosfera fascisto-colonialista de então, muitos "tresleram" de "Ecumenismo" para "Comunismo"...), cujo vocábulo por ele inventado e mais utilizado é o de "**omnitotidimensional**", (no sentido em que o Papa Paulo VI viria a falar do "***desenvolvimento de todos os homens e do homem todo***"...) e cuja vida, designadamente por causa da área científica por ele criada nas Universidades Portuguesas com o nome de "*Introdução ao Pensamento Contemporâneo*", já foi com toda a propriedade definida como "**Uma Vida a tentar acertar as horas de Portugal pela Hora da Modernidade**" (cf. texto no interior do livro)?

Por outro lado, dificilmente se poderá encontrar alguém mais "local", mais "europeu", mais "lusófono", mais "português", mais "portuense" e até mais "portista"...

Assim é com toda a naturalidade que este livro de Fernando dos Santos Neves constará de dois grandes capítulos, intitulado um de "TEMAS GLOBAIS/LOCAIS" ou "GLOCAIS"(contra a tentação de qualquer localismo provinciano) e intitulado outro de "TEMAS LOCAIS/GLOBAIS ou "LOCBAIS" (contra a tentação de qualquer globalismo ilusório). Um terceiro capítulo, a que foi dado o título algo pomposo e não muito do agrado do autor de "ORAÇÕES DE SAPIÊNCIA", reproduz as comunicações do

Reitor Fernando dos Santos Neves em "OS DIAS DA UNIVERSIDADE" e constituem, segundo nós e não obstante algum circunstancialismo retórico e para além da evidência de um tal Reitor estar demasiado à frente da sua instituição e do seu tempo, um exemplo de síntese quase perfeita de lições académicas públicas simultaneamente "globais" e "locais", ou seja académica e socialmente "glocais" e "locbais".

Nem deverá esquecer-se que o presente livro remete para outros livros de Fernando dos Santos Neves em vias de publicação, designadamente:

- A Hora da Lusofonia, Para uma Crítica da Razão Lusófona
- A Política não é tudo, mas tudo é Político: Estudos e Ensaios 1965-2013
-Que Ensino Superior para o Século XXI em Portugal e no Espaço Lusófono?
-IPC, Introdução ao Pensamento Contemporâneo: Epistemetodologia, Fenomenologia, Paradigmática, CTS
- Quo Vadis, Angola? Socio-Teologias, Teo-Sociologias – 1967-2012
- Estudos Teológicos: os Sinais dos Tempos ou a Cairologia do Concílio Ecuménico Vaticano II
-Africano-Lógicas: Sentidos e Des-sentidos do Movimento da Negritude
-Onze Teses Omni-Totidimensionais

E, com a devida vénia, é também com toda a convicção que a seguir reproduzo as palavras com que o paradigmático ex-Presidente da Câmara Municipal do Porto (enquanto Cidade Metrópole do Norte de Portugal e da Lusófona Eurorregião do Noroeste Peninsular), **Dr. Fernando Gomes**, prefaciou (juntamente com Personalidades tão ilustres como, por ordem alfabética, Adelino Torres, António Filipe, Guilherme d'Oliveira Martins, Helena Neves, Joaquim Jorge, Nuno Cardoso da Silva, Paulo Ferreira da Cunha, Rui Oliveira Costa, Teotónio R. de Souza e Vasco Franco) a notável obra de Fernando dos Santos Neves, intitulada: **"A Política não é Tudo, mas Tudo é Político"**, (Âncora Editora, 2013):

"...Cidadão atento e participativo na vida política e social dos nossos dias, deixou marca nos locais por onde passou como professor universitário, reflexo da sua coragem cívica e capacidade interventora. O seu livro «Ecumenismo em Angola», publicado em 1968 no auge da guerra colonial, e logo apreendido pela PIDE bem como os "Primeiros Colóquios Sociais de Angola", também proibidos pela polícia política, são exemplos do seu inconformismo na luta pelos princípios democráticos e pelos valores humanistas e cristãos. Municipalista convicto, regionalista confesso e ideólogo da Lusofonia (a ponto de ser considerado o seu pai teórico), apresenta neste livro o seu pensamento estruturado e publicado em tempo próprio, nestes e em todos os vastos domínios da vida política... Do que os estudos e ensaios publicados neste livro tratam é, sempre, de Política. Mas com «P» grande, como a caracterizou Mário Soares na sua obra «Elogio da Política»".

Justino Santos
Professor, Autarca e Membro fundador da nova "EDITORIAL CLÉRIGOS COOP. – Educação, Comunicação e Desenvolvimento"

CAPÍTULO I

TEMAS GLOBAIS/LOCAIS (GLOCAIS)

1

OS "DÊS" (QUE ATÉ PODEM NÃO COMEÇAR PELA INICIAL "D") QUE AINDA FALTAM AO PROGRAMA DO "25 DE ABRIL DE 1974"[*]

José Medeiros Ferreira tornar-se-ia justamente famoso por ter enunciado, anos antes do "25 de Abril de 1974", exatamente no "Congresso da Oposição Democrática de Aveiro em Abril/1973", os três "Dês" *("Descolonizar", "Desenvolver", "Democratizar",* por esta ordem e sem esquecer que, além desses três "Dês", existia também e logo a seguir ao primeiro "D" um "S" de *"Sociali(sti)zar"*...), que viriam a constituir as traves-mestras dos programas do *"Movimento dos Capitães"* e do *"Movimento das Forças Armadas"*, que simbolizaram o fim da ditadura salazarista (que, na altura, na linha de A. Sérgio, se designava geralmente de "salazarenta"), em 25 de Abril de 1974.

O próprio José Medeiros Ferreira confessaria, no seu livro *"Do Código Genético no Estado Democrático"* (Contexto, Editora, 1981), pp.9 ss: *"Abro uma exceção* (à regra de não incluir no livro escritos de antes do 25 de Abril) *e decido incluir a tese enviada para o Congresso da Oposição Democrática, realizado em Aveiro em 1973, intitulada «Da necessidade de um plano para a Nação»...*

"A Tese para o congresso da Oposição Democrática foi elaborada em Genebra em longos e suaves passeios no tranquilo Jardin des Bastions. A sua redação foi toda praticamente feita na Biblioteca Pública

---

[*] Cf. texto, por exemplo, em : O Primeiro de Janeiro, 25 de abril 2008. O "25 de Abril de 1974" foi, global e localmente e local e globalmente, o "Ano 1" da Sociedade Portuguesa Contemporânea e o poema-canção de Zeca Afonso, "GRÂNDOLA, VILA MORENA", constitui como que o seu verdadeiro hino "global/local" e "local/global.

e Universitária (BPU) no mês de Janeiro de 1973. Aí dizia, e com que rodeios, que seriam as Forças Armadas a derrubar a ditadura! Os meus queridos amigos da esquerda, mesmo os mais abertos à história e à inovação, ficaram escandalizados. Segundo alguns deles o exílio estava a separar-me da experiência concreta. Quando cheguei a Portugal, eram eles a apoiar as teses vanguardistas do MFA e eu a combatê-las! Pois se dissera que as três metas após o derrube da ditadura – descolonizar, socializar e desenvolver - só seriam alcançadas através da democracia política..." (cf. textos-documentos de: O Movimento dos Capitães, As Forças Armadas e a Nação (Março 1974), Programa do Movimento do MFA, Movimento das Forças Armas Portuguesas (25 de Abril 1974) e necessárias análises históricas, filológicas e políticas de certas inclusões, exclusões e mudanças, algumas de última hora).

  Independentemente da total pertinência ou não de tais expressões e despectivos entendimentos (por exemplo, no que respeita à *"Descolonização"*, não foi por acaso que, logo em 1974, eu próprio escrevi o livro que então defini como um *"Além-Anti-Spínola de esquerda"* e se intitulava, precisamente, não *"Portugal e o (seu) Futuro"* mas sim *"As Colónias Portuguesas e o (seu) Futuro", Edições ETC, Paris-Lisboa, 1974)*, e independentemente de tudo o que faltou e ainda faltaria aos diversos "Dês" do programa do 25 de Abril, muitos outros "Dês" se poderiam e deveriam acrescentar a esses três "Dês" históricos. Por exemplo, e estritamente só a título de exemplos, o "D" de *"Descentralização"* (que também publicamente lancei, a quando do mal fadado referendo sobre a *"Regionalização"*), o "D" da "Desburocratização" administrativa, o "D" da *"Desanalfabetizarão"* (ainda há pouco, por ocasião dos 30 anos do 25 de Abril, terminava eu um pequeno ensaio com a adaptação de um famoso slogan "agitprop": *"25 de Abril sempre, analfabetismo nunca mais!"*, o "D" de *"Desprovincianização"* (relativamente à "Modernidade", à "Europa", à "Lusofonia", etc.), o "D" da *"Declaração de Bolonha"* (em que os opositores declarados ou larvados nos trazem à memória a famosa "gralha tipográfica" de que fala a "Enciclopédia" de Diderot- -D'Alembert, ao dizer que livros escritos em Portugal com data do século

XVIII só poderiam ter sido escritos há dois ou três séculos atrás e só por gralha tipográfica tinham a data que tinham...), o "D" dos *"Direitos Humanos"*, o "D" do *"Dia D"* por antonomásia do século XX Português, que foi o *"Dia 25 de Abril de 1974"*.

E até talvez e sobretudo seria de imaginar outros "Dês" que não começam com a letra "D" e que, uma vez mais só a título de exemplos, poderiam ser: **no plano interno**, elaborarmos um programa que erradicasse, fontal e definitivamente, a pobreza e a miséria da Sociedade Portuguesa, para o que bastaria (Bruto da Costa cientificamente dixit!) acabar com os nossos humanamente indignos salários, com as nossas humanamente indignas reformas e o nosso humanamente indigno analfabetismo histórico-estrutural e para o que, obviamente, seria indispensável que a Economia voltasse a ser uma verdadeira ciência social e até a rainha das ciências sociais e os nossos ditos economistas deixassem de ser vulgares contabilistas ao serviço dos cânones estabelecidos; **no plano externo**, entendermos, finalmente, que o "projeto português" só poderá ter total realização sistémica através do "projeto europeu" e do "projeto lusófono", inclusivamente no sentido de que Portugal só será interessantemente Europeu enquanto plenamente lusófono e só será interessantemente Lusófono enquanto plenamente europeu, única maneira também de ultrapassar a nauseabunda, mais de ontem, *"doença infantil do Europeísmo"* e a não menos nauseabunda, mais de hoje, *"doença senil do patrioteirismo"* que constantemente nos ameaçam e ameaçam fazer-nos perder o comboio da história; e, **em todos os planos**, tomarmos a sério as já antigas palavras de António José Saraiva sobre *"A Educação como o problema central da Nação"* e as ainda mais antigas palavras do lema e da lei mais *"descolonizadora"*, mais *"democratizadora"*, mais *"desenvolvedora"* e, consequentemente, mais *"abrilista"* da história, que é o lema e a lei da *"Educação Universal, Obrigatória e Gratuita!"*

E, paradoxalmente, não poderia eu concluir de melhor maneira um título como o nosso: *"O que ainda falta..."*, porque, verdadeiramente, *"O que faz falta"* para que Portugal se torne a *"Grândola terra da fraternidade onde o Povo é quem mais ordena"*, para evocar a canção de Zeca Afonso e verdadeiro hino do Portugal de 25 de Abril, mais do que *"animar a malta, etc."* é fazer com que Portugal deixe de ser o que ainda é no mais literal dos sentidos, um *"País de analfabetos"*, daquele *"analfabetismo situado"* que, exatamente por isso, é o mais real e o mais pernicioso de todos os analfabetismos. Ou seja: nos fins do século XIX, em que ser analfabeto era não saber *"ler, escrever e contar"* ou não ter o designado *"ensino primário"*, Portugal era, não literal mas literalissimamente, um *"país de analfabetos"* (cerca de 80%); nos fins do século XX, em que ser analfabeto era não ter o designado *"ensino secundário"*, Portugal continuava a ser, não literal mas literalissimamente, um *"país de analfabetos"* (+ 80%); e nos princípios do século XXI, em que ser analfabeto é não ter o *"ensino superior"*, a que se refere o primeiro ciclo ou diploma da "Declaração de Bolonha" (que equivaleria, assim, à verdadeira *"escolaridade mínima obrigatória"* das sociedades europeias desenvolvidas do nosso tempo e nada tem a ver com o subdesenvolvido e provinciano tratamento luso de "Sr. Engenheiro" e "Sr. Doutor"), Portugal continua, uma vez mais, a ser, não literal mas literalissimamente, um *"país de analfabetos"* (cerca de 80%). A esta luz, já nos demos conta do ridículo que constituem essas eternas *"guerras do alecrim e da manjerona"* entre o Ensino Universitário e o Ensino Politécnico, entre o Ensino Público e o Ensino Privado, etc., quando o essencial é que todos os cidadãos sejam efetivamente (o que também significa "economicamente") tratados por igual e tenham todos por igual a oportunidade de se "desanalfabetizarem", quer dizer, de se libertarem daquele "analfabetismo situado" impróprio e indigno de um País europeu desenvolvido nos princípios do século XXI? Num país de elites políticas que se dizem tão cristãs como as nossas, quase dá vontade de parafrasear a sentença evangélica: *"Procurai o Reino da Educação e a sua justiça e tudo o mais vos será dado por acréscimo; e nunca haverá acréscimos que possam substituir, a não ser ilusoria e até contraproducentemente, este único necessário"*!

Resumindo e concluindo: há ainda muitos "Dês" (mesmo que a primeira letra não seja propriamente um "D") a acrescentar aos "Dês" do programa do 25 de Abril de 1974 e ainda muito a realizar no próprio âmbito dos "Dês" do 25 de Abril 1974.

O que certamente não faz nem nunca fará falta alguma é o que, também paradoxalmente, constituiria o mais terrível dos "Dês", o "D" da explícita ou sub-reptícia, intencional ou ingénua e até disléxica ou aferética *"Desabrilização"*, de que, para alguns, um certo "11 de Março" e, para outros, um certo "25 de Novembro" teriam simbolizado e semeado todas as ambiguidades, que ameaçaram tirar à "**Revolução Portuguesa do 25 de Abril de 1974**" aquilo que a mesma histórica e virtualmente foi, a saber, **a primeira e paradigmática Revolução simultaneamente politico-democrática, económico-social e cultural-humanista do século XX.**

2

AO RITMO DO VATICANO II

Dos "resultados" ao "Resultado" do Concílio Ecuménico
Vaticano II: "Ressourcement"/Refontalização
e "Aggiornamento"/Atualização...*

O Concílio Ecuménico Vaticano II é, certamente, a maior graça do nosso tempo feita por Deus à sua Igreja e, mediante ela, a toda a Humanidade. Graça omnitotidimensional e cuja atuação não só não terminou como verdadeiramente só principiou no momento em que os Padres Conciliares entregaram a toda a Igreja esse englobante programa de Acão eclesial que constitui a englobante tarefa da Igreja dos nossos dias, da Igreja que são todos os cristãos, da Igreja que somos todos nós. Os cristãos fazem exames de consciência sobre muitas coisas até de importância duvidosa e secundária; quantos se lembraram de se examinar já sobre a sua existência eclesial conciliar e pós-conciliar, nas suas ativas responsabilidades santificantes, apostólicas, missionárias, ecuménicas, humanistas, cristãs?...

A relação da Igreja ao Mundo contemporâneo (mundo da ciência e da técnica, da evolução e da história, da cultura e do processo, da unidade pluralista, da socialização, da liberdade, da democracia, da subjetividade, do humanismo...) tornara-se, aliás, explicavelmente, uma atitude de marasmo, de afastamento, de condenação, de anátema... Graças a Deus que houve a «oportunidade bíblica» de João XXIII; graças

---
* Em: Portugal em África, 2ª série, Janeiro/Fevereiro 1967, pp. 38 ss.

a Deus que houve e há a «oportunidade bíblica» do Concílio e do Pós-concilio...

Mas como há-de a Igreja (quer dizer, nós) levar a cabo a solução desses problemas, que encerram todos os demais? Recorrendo a um meio, que encerra, igualmente, todos os demais e que, virtualmente e como por acréscimo, é a solução desses e todos os demais problemas. Esse meio é a Reforma geral e total da Igreja, que se explicitará nas várias reformas parciais (litúrgica, bíblica, espiritual, pastoral...) e é um dinamismo constante da Igreja, no sentido de constantemente atingir ou re-atingir a sua «Forma», cuja identidade e unidade não contradiz mas implica as diversidades infinitas de incarnação-assunção dos tempos e lugares. Objetivamente, a Reforma não consiste numa restauração de sabor arqueológico, estético ou romântico de saudosismo passadista, nem numa revolução de tipo anárquico que determinasse um início absoluto, nem ainda num conjunto de receitas de aplicação mágica infalível, a tentação facilista sempre dececionante; consiste numa renovação primordial, num aprofundamento da natureza da Igreja na linha espiritual e purificante da «Tradição», numa omnitotidimensional "Refontalização", que é um regresso às fontes, aos princípios, às origens..., regresso não de ordem material, cronológica ou geográfica, mas de ordem propriamente intencional ou ontológica. A fonte, a origem, o princípio..., a que é necessário constantemente regressar, é o Espírito de Cristo, o Espírito do Evangelho, que, se for autêntico e para ser autêntico, assumirá – incarnará, no século XX, de maneira diversa, toda a realidade do século XX, não a receando ou condenando, mas salvando... Exatamente, a autêntica refontalização não impede, ao contrário facilita, exige, e, só ela, possibilita a autêntica adaptação-atualização, aquele "Aggiornamento" de João XXIII, que, além do alcance fenoménico e quase jornalístico imediato, significa a virtude e a característica essencial do cristianismo de progressiva incarnação da humanidade. Assim se encontram relacionadas as duas categorias centrais do Concílio e do pós-concilio, "Ressourcement" e "Aggionamento": "Refontalização" em ordem à "Atualização", "Adaptação" total mediante uma total "Principialização".

É uma outra maneira de o Senhor nos lembrar a admoestação evangélica: «*Uma só coisa é necessária... Procurai o Reino de Deus e a sua justiça e tudo o mais vos será dado por acréscimo*». (Tudo o mais: a Re-unidade da Igreja, a sua Re-presença ao Mundo contemporâneo, etc.; por isso, não sem razão à graça da Reforma se chama a graça «primordial» da cairologia conciliar e pós-conciliar).

Dum ponto de vista mais subjetivo (como atitude pessoal intrínseca), a única Reforma válida é a educação-iniciação eclesial-teológica (como totalidade, como espírito, como ritmo existencial...), que é possível, mesmo sem as reformas objetivas, aliás necessárias, e sem a qual, estas, ainda as melhores, resultarão em pura perda.

Muitos se perguntam, com interesse louvável mas nem sempre esclarecido: quais são, afinal, os resultados do Concílio? E enquanto alguns procuram alegrar-se com as reformas litúrgicas, etc. outros não deixam de sentir e eventualmente exprimir uma inegável desilusão.... Uns e outros são vítimas de erros profundos de perspetival. O resultado único-essencial do Concílio foi levar todos os cristãos a colocarem-se em «estado de Concílio», o que significa em «estado de Evangelho», em «estado de Missão-Apostolado», mais originariamente ainda, em «estado de Igreja».

É da tomada prática de consciência desta verdade elementar que dependem todos os resultados do Concílio e do Pós-concílio. Melhor: esse é que é o único Resultado que valha a pena. Tudo o mais não passa de marginalidade. E não é com o paliativo ou a ilusão de marginalidades que se hão de resolver os autênticos e eternos problemas da Igreja, do Homem e do Mundo.

3
ECUMENISMO EM ANGOLA: DO ECUMENISMO CRISTÃO AO ECUMENISMO UNIVERSAL[*]

MANIFESTO POLÍTICO DO ECUMENISMO EM ANGOLA 1968

a) Princípio da "autodeterminação / independência nacional"

Não pode haver tradições ou histórias ou doutrinas ou estratégias, ainda menos leis ou decretos ou discursos, que justifiquem a negação ou a supressão do direito inalienável de qualquer povo à independência, ou, mais exatamente, a escolher e a orientar, por si mesmo, a sua maneira de existir em comunidade e na comunidade das Nações.

Todas as declarações dos «Direitos do *Homem*» confirmam tal direito e na sua ressurgência viu o Papa João XXIII, na encíclica «*Pacem in Terris*», um dos primeiros «sinais dos tempos» para todos aqueles que se dizem cristãos:

«*...Uma vez que todos os povos já proclamaram ou estão para proclamar a sua independência, já não existirão, dentro em breve, povos dominadores e povos dominados. Os homens de todos os países ou já são cidadãos de um Estado independente ou estão para*

---

[*] Angola, Editorial Colóquios, 1968.
Desta obra, que foi, cronologicamente, o primeiro livro pleno do autor e que, por todas as razões, se pode considerar também livro eminentemente político (a PIDE até confundiu "ecumenismo" e "comunismo" e nele se publicaram, como documentos, textos tão político-revolucionários, na Angola e Portugal daquele tempo, como "A Declaração dos Direitos do Homem e do Cidadão da Revolução Francesa de 1789", a "Declaração Universal dos Direitos Humanos de 1948 da ONU" e ... a "Encíclica Pacem in Terris" do Papa João XXIII...) permitimo-nos citar, apenas, o "Manifesto Político do Ecumenismo em Angola 1968".
A citação é feita a partir da reedição pelas Edições Universitárias Lusófonas, Lisboa, 2005, pp. 62-65.

sê-lo. Hoje comunidade alguma de qualquer raça sofre estar sujeita ao domínio de outrem...».

Sem se ignorarem, simplistamente, as dificuldades e implicações da concreta situação portuguesa e angolana (e os laços que o neo-imperialismo-neo-colonialismo esconde sob todas as independências), era mais que tempo que todas as Igrejas cristãs em Angola proclamassem a sua palavra inequívoca sobre o direito das gentes angolanas à autodeterminação política e à independência nacional. O que implicaria, necessariamente, o reconhecimento dos *"movimentos de libertação angolanos"* que, mais propriamente desde 1961, lutam pela sua aquisição. Na ausência desta palavra e reconhecimento e na presença, ao contrário, de um «constantinismo» e «colonialismo» anacrónicos, o cristão e homem angolanos devem fazer apelo a uma lucidez e coragem maiores.

b) Princípio da "Socialização"

A independência nacional, por mais essencial que deva afirmar-se, não pode constituir (sob pena de ser, ela também, um alibi alienante) senão um começo da *«revolução humana»*, que, de maneira global, transforma as estruturas e superestruturas da sociedade, convertendo-a numa *«casa habitável»* ou numa «terra dos homens», em que estes deixam de ser «objetos» para se tornarem «suje*itos»*, em que o motor deixa de ser o «lucro» de uns tantos para tornar-se o «serviço» de todos, em que cesse, de uma vez para sempre, a desigualdade das chances e a «exploração do homem pelo homem». Esta «Revolução», que tende à realização última de uma Humanidade, *«em que tudo será de todos segundo as suas capacidades para todos segundo as suas necessidades»*, recorda inevitavelmente a comunidade dos primeiros cristãos descrita no livro bíblico dos *«Atos dos Apóstolos»* (em que *"todos tinham tudo em comum..."*) e só ela é que poderá actuar aquele *«desenvolvimento de todos os homens e do homem todo»*, a que Paulo VI dedicou a encíclica «Populorum Progressio», em que não hesita afirmar:

«...Há, sem dúvida, situações injustas a bradar aos céus... e grande é a tentação de repelir com a violência tais injúrias à dignidade humana e de estender a insurreição revolucionária para além do caso de tirania evidente e prolongada que atinge gravemente os direitos fundamentais da Pessoa Humana e do bem comum do País. Quereríamos não ser mal-entendidos: a presente situação deve ser enfrentada corajosamente e as suas reais injustiças combatidas e vencidas. O desenvolvimento exige transformações audaciosas e profundamente renovadoras. Reformas urgentes devem ser empreendidas...» (nn. 30-32).

c) Princípio da "Democracia"

«Democracia», em seu núcleo e em sua essência, é apenas o efeito (e a causa) do reconhecimento, teórico e prático, da dignidade da Pessoa Humana, Pessoa Humana que constitui o princípio, o meio e o fim, o objeto único e o único sujeito, o valor e o critério supremos e incondicionais de todas as atividades e de todas as verdades do universo. É toda a moderna (e cristianíssima) *revolução copernicana* da subjetividade antropológica, que divinamente humanizará e humanamente divinizará a face da terra.

Tal «democracia» nada ou pouco tem a ver com esta ou aquela forma de governo (haverá *Monarquias* democráticas e *Democracias* totalitárias) e vai muito além dos métodos de regência dos Povos, estendendo-se a todos os setores e aspetos da Sociedade Humana, onde é sinónimo de adultez, saúde, normalidade, dignidade, êxito final. Onde quer que ela falte (na Igreja ou no Mundo, nas instituições ou nas empresas, nas fábricas ou nas escolas...), falta inevitavelmente o Homem e inevitavelmente aparecerão os subprodutos, sub-humanos e sub-humanizantes, que se chamam intransigência, intolerância, autoritarismo, fanatismo, integrismo, violência, campos de concentração, etc.

etc. etc. (podem alinhar-se aqui as universais desgraças da Igreja e do Mundo, passadas, presentes e futuras).

"Democratização das Mentalidades" em ordem à *"democratização da Sociedade"*, neste sentido essencial e pleno e sejam quais forem os seus nomes, etapas e concretizações («Liberdade-Igualdade-Fraternidade», «direitos do homem», «promoção das massas», «desenvolvimento dos povos», «socialismo», «contestação», «emancipação da mulher», «liberdade religiosa e *política»,* etc.), eis o ser ou não-ser do Homem, eis o «*único necessário»* de que tudo o mais virá por acréscimo e que jamais todos os acréscimos do mundo poderão substituir, a não ser ilusoria e até contraproducentemente.

Cristianismo não «democrático» e não «democratizante» é uma contradição nos próprios termos...

4
UM CRISTIANISMO EM ESTADO DE CONTESTAÇÃO, UMA CONTESTAÇÃO EM ESTADO DE CRISTIANISMO?

OS ACONTECIMENTOS DE MAIO DE 1968[*]

Depois da *revolução democrática* (1789) e da *revolução socialista* (1917), a *revolução cultural* (1968), que delas não seria, aliás, senão o inevitável desabrochamento? Estes *acontecimentos de Maio de 1968*[1] marcam bem, na verdade, o fim de uma impossível cultura e a vontade de nascimento de uma cultura própria de uma "terra habitável", de uma "terra dos homens".

"Os sinais são agora eloquentes: o Ocidente entrou numa revolução cultural que é claramente a sua revolução, a revolução das sociedades industriais avançadas, mesmo quando faz lembrar a chinesa ou a ela vai beber. É uma revolução cultural porque põe em causa a visão do mundo, a conceção da vida subjacentes ao económico, ao político e ao conjunto das

---

[*] Edições Universitárias Lusófonas, 2008, pp.15-36. Número especial da revista "SPIRITUS", Paris 1969, tradução e prefácio de A. Dimas de Almeida.

[1] - O Maio de 1968 tornou-se evidentemente o símbolo de realidades que se situam para além de uma cronologia ou de uma geografia (muito mais amplos, de resto, que o mês de Maio e que Paris e a França). Do ponto de vista dos livros sobre os acontecimentos de Maio, além da crónica Livraria e reflexões de P. Sigrist, dado à estampa neste caderno, limito-me a assinalar duas bibliografias essenciais, a saber: Michel de Certeau: "Maio de 68", in Études, Outubro de 1968, pp. 463-470; "Une littératura inquiète: mai 1968", op. cit., Maio de 1969, pp. 751-763. Bibliografia de Maio de 1968, in La prise de parole, Desclée de Brouwer, Paris 1968, pp. 137-152; Alain Schnapp e Pierre Vidal-Naquet, Journal de la commune étudiante, textes et documents, novembre 67-juin 68, Le Seuil, Paris, 1969. Do ponto de vista de outras publicações, permito-me fornecer a lista seguinte de números especiais: Esprit: Mai 68, nn. 6 e 7, 1968; la révolution suspendue, Agosto-Setembro 1968; Le partage du savoir, Outubro 1968; La révolte des étudiants dans le monde, Maio 1969. Études, Junho-Julho 1968. Projet, Mai 1968, une révolution, n. 27, 1968. Terre entière, n. 29-30, Maio-Agosto, 1968. Recherches et débats, Politique et prohétisme, mai 1968, n. 63, 1969. Masses ouvrières, Evénements mai-juin, n. 252, Agosto-Setembro 1968. Communications, Mai 1968, la prise de la parole, n. 12, 1968. Après-demain, Révolution dans l'université, n. 106, 1968. Temps modernes, Mai 1968, n. 265, 1968. La Nef, Marcuse cet inconnu, n. 36, 1969; La société de consommation, n. 37, 1969. Téléciné, 151, 152, 1969, balanço de F. Bacconier, Les films de, sur, autour, dans l'esprit de mai, pp. 26-34

relações humanas. Esta revolução ataca o capitalismo, não somente porque ele fracassa na realização da justiça social, mas também porque ele – mediante o seu inumano projeto de um bem-estar quantitativo – triunfa demasiadamente bem na sedução dos homens; ela ataca a burocracia, não somente porque esta é pesada e ineficaz, mas porque reduz os homens à posição de escravos no concernente ao conjunto dos poderes, das estruturas e das relações hierárquicas, tudo coisas que se lhes tornaram estranhas; ela ataca, enfim, o niilismo de uma sociedade que, qual tecido canceroso, nenhum outro fim tem senão o do seu próprio crescimento; face à sociedade do não-sentido, ela tenta abrir caminho à criação dos bens, das ideias e dos valores no que à sua consumação concerne. A empresa é gigantesca: exigirá anos, décadas, um século."

Ninguém disse mais nem melhor sobre a "filosofia" dos acontecimentos de Maio que o filósofo Paul Ricoeur nas poucas linhas que acabamos de ler[2]; e Michel de Certeau, não deu o título de *La prise de parole, pour une nouvelle culture* a uma notável obra sobre os mesmos acontecimentos?[3]

Sim, é desde já inegável que os "acontecimentos de Maio" – para além de todas as outras qualificações que formam outros tantos testes projetivos da personalidade dos seus autores[4] – constituem, pelo menos ao ní-

---
2 - Paul Ricoeur, "Réforme et révolution dans l'université", in Esprit, n. 6-7, Junho-Julho, 1968, p. 987. É sabido que P. Ricoeur viveu existencialmente, desde antes do início, todos os acontecimentos, professor que era em Nanterre (Universidade de Paris), e onde, depois, foi reitor.
3 - Michel de Certeau, op. cit., pp. 132,133: "Um problema de civilização? Esta exigência (da palavra) põe em causa um saber identificado a um poder sobre objetos. A conceção que se encontra assim criticada está talvez originalmente ligada ao desenvolvimento de toda a civilização técnica e é fundamental não somente na ciência mas também no tipo ocidental de sociedade que cria. Este postulado, que apareceu primeiro nas margens ou nas academias da Europa clássica, foi a pouco e pouco submetendo à sua regra a civilização à qual assegurou um prodigioso desenvolvimento. Neste progresso o outro – a resistência do outro – pôde durante muito tempo ser classificado ao lado, numa região espiritual que dizia respeito à ética e à conduta privada. Tal coisa já não é mais possível. O saber produtor, princípio de uma formalização crescente, já não tolera o que durante muito tempo permitiu nas suas fronteiras. Para além de um limiar no sucesso de uma descoberta, ela compromete com o seu próprio desenvolvimento o triunfo que tornou possível. E eis que o outro reaparece no coração da ciência como uma palavra que a contesta. Palavra que surge aos olhos de uns como pueril, aos olhos de outros como decisiva. Creio que ela pode tornar-se numa coisa ou noutra, segundo for percecionada a questão por ela formulada, e segundo a resposta que lhe for dada."
4 - Alguns exemplos dados sem preocupação de ordem: revolução inencontrável, pseudo-revolução niilista, delírio coletivo, peripécia triste (Raymond Aron); crise de civilização, ilusão lírica, forma trágica de demissão (André Malraux); crise metafísica (Jacques Maritain); a loucura de Maio

vel da intenção e do projeto (não necessariamente conhecidos e queridos), não só uma verdadeira *revolução* mas também uma verdadeira *revolução cultural* ...Não será, contudo, de temer que uma tal denominação deixe na sombra o que constitui o específico e o essencial desta revolução, a saber o *espírito de recusa*[5] de toda a alienação sejam quais forem os seus avatares (a sociedade de repressão e de consumo, a civilização do ter e não do ser, a economia capitalista de servidão e não de serviço, as anti humanidades de todo o género, o homem-objeto e não pessoa, o homem unidimensional ...), o *espírito de afirmação e de subjetividade* ou a apropriação da palavra[6]

(Escarpit); loucura (Epistémon, que lhe consagra um elogio erasmiano); despertar da França (J.J. Servan–Schreiber); mascarada grotesca, barafunda (de Gaulle); banzé monstro (Jacques Perret); crise espiritual (M.J. Le Guillou); revolução simbólica, interrogação global, problema de civilização (Michel de Certeau); profecia da juventude (J.M. Domenach); comuna estudantil (Edgar Morin); o Maio de Mao (Marcel Clément); mimo litúrgico (R. Bastide); redescoberta das alienações (H. Lefebvre); descolonização da juventude (L. Diez-Picazo); comunismo utópico (Alain Touraine); o ano zero de que não se sabe o quê (Maurice Clavel); a apropriação da palavra.

5 - H. Marcuse termina o seu livro O homem unidimensional, falando "daqueles que, sem esperança, deram a sua vida à grande recusa". Cf. a declaração que, desde o 10 de Maio de 1968, um certo número de escritores e de filósofos (entre eles J. P. Sartre e H. Lefebvre) tornaram pública: "A solidariedade que afirmamos aqui com o movimentos dos estudantes no mundo – esse movimento que, bruscamente em horas brilhantes, acaba de abalar a sociedade dita de bem-estar perfeitamente incarnada no mundo francês – é em primeiro lugar uma resposta às mentiras mediante as quais todas as instituições e todas as formações políticas (com poucas exceções), todos os órgãos da imprensa e da comunicação (quase sem exceções) procuram desde há meses adulterar este movimento, perverter o seu sentido ou mesmo torná-lo irrisório. É escandaloso não reconhecer neste movimento o que nele se procura e o que nele está em jogo: a vontade de escapar, por todos os meios, a uma ordem alienada, mas tão fortemente estruturada e integrada que a simples contestação corre permanentemente o risco de ser posta ao seu serviço. E é escandaloso não compreender que a violência que se censura a certas formas deste movimento é a réplica à violência imensa ao abrigo da qual se preserva a maior parte das sociedades contemporâneas e de que a salvaguarda policial não é senão a divulgação. É este escândalo que, sem mais delongas, fazemos questão de denunciar, pretendendo ao mesmo tempo afirmar que, face ao sistema estabelecido, é de uma importância capital – talvez mesmo decisiva – que o movimento dos estudantes, sem formular nenhuma promessa, pelo contrário, rejeitando toda a afirmação prematura, oponha e mantenha uma potência de recusa capaz, assim o cremos, de abrir um futuro."

6 - "Na realidade, a apropriação da palavra consiste em dizer: eu não sou uma coisa. A violência é o gesto de quem recusa toda a identificação – eu existo." Michel de Certeau, op.cit., p. 29.As paredes e muros de Paris – onde "É interdito afixar" se tinha tornado "É interdito interditar" – regurgitavam de palavras como estas (cf. Journal mural, mai 1968, Sorbonne, Odéon, Nanterre, etc., Les murs ont la parole – citações recolhidas por J. Besançon, Éditions Tchou, Paris, 1968): "Tu, meu camarada, tu a quem eu desconhecia, por detrás das turbulências, tu jugulado, amedrontado, asfixiado, vem, fala-nos"; "Não sei escrever, mas gostaria de dizer belas coisas e não sei"; "Falai com os vossos vizinhos"; "A liberdade é o crime que contém todos os crimes, é a nossa arma absoluta"; "A emancipação do homem será total ou não será"; "Recusai serdes matriculados, fichados, oprimidos, requisitados, pregados, recenseados, batidos"; "A imaginação toma o poder"; "Sede realistas, pedi o impossível"; "Oculta-te, objeto"; "Reencontro a voz do impulso, o sentido, o sentido". As assembleias permanentes, os folhetos, os jornais, as ruas serão os lugares desse "festival da palavra".

o *espírito de juventude* que não é exatamente uma questão de idade – tudo dito lapidarmente na categoria doravante histórica, o *espírito de contestação?* **"Aqui espetáculo da contestação. Contestemos o espetáculo"** (*grafiti* **na Sorbona**)

Independentemente de todos os abusos ou caricaturas[7], e mesmo de todas as considerações etimológicas[8], literárias[9], psicológicas[10], sociológicas[11], rituais[12], ou outras[13], e para além de todos os "reformismos" e de todos os "revolucionarismos" (que estão nos antípodas da "revolução" e da "reforma"), a intenção mais profunda da contestação (que nem sempre é a que aparece de imediato, e que quase sempre se ignora ou canhestramente se exprime)[14] não seria a intenção de "per-

---

7 - Por exemplo, a do bom humor – ou do mau humor – Le Figaro, 15 de Maio de 1968, "E todos em coro contestemos! É a palavra da moda. Do latim contestari: recusar reconhecer um direito; submeter à discussão a verdade de um facto. Contestemos em conjunto, assim quereis? Nada de pânico! Há obra para todo o mundo! Eu abro o fogo e contesto a sociedade. Em bloco, evidentemente. É o b-a-ba da nova arte. Cada um a isso se consagra quotidianamente. Salvo em período de férias, altura em que há outras coisas para fazer, aliás mais importantes. É caso para perguntarmos se ainda existe em qualquer sítio da França uma única pessoa que não conteste! Talvez um pastor surdo-mudo lá na sua montanha, ou um camponês iletrado perdido nas funduras da sua gândara ... Nem mesmo esses! Esses são justamente modelos, pela sua vida solitária, retirados da sociedade; são estátuas vivas, mestres, faróis da contestação nacional."
8 - Cf. A. de Bergevin, "Nota sobre a contestação", in Esprit, nn. 6 e 7, 1968: "O emprego é, que mantivesse aceso o pavio, qual balsa de fogo do sentido originário – incluindo uma invocação –, seria aquele que designasse a contestação de um queixoso que experimentou uma falta ou falhas nas relações intersubjetivas de uma sociedade (ou nas relações subjetivas internas a um sujeito auto ativo), pp. 1080-1087.
9 - "Observarei um instante um problema mais atual? Poderia ser aquele que emerge de uma palavra ditada pela moda, e que não é seguramente vazia, tendo em conta a profundeza das paixões e dos acontecimentos por ela suscitados: a palavra contestação. É, aliás, bela, mais concreta e mais pessoal que recusa. Recusar é rejeitar por motivos jurídicos ou morais, em todos os casos racionais e que guardam um carácter abstrato. Contestar é rejeitar como testemunha – testis – isto é, empenhando-se numa convicção íntima, num elã vital em que o sentimento e a razão não de dissociam. É justamente esta força do sentido que dá uma importância ao amplo movimento de consciência que se cobre hoje com o vocabulário contestatário: trata-se nada mais nada menos de uma escala de valores que se deita por terra." P. H. Simon, discurso na Academia francesa, em 19 de Dezembro de 1968.
10 - Tem-se falado muito – por toda a parte – de conflito de gerações e ad nauseam, nos Estados Unidos nomeadamente, do conflito freudiano entre o pai e o filho, encontrando-se a Universidade in loco parentis, cf. a excelente introdução ao livro citado de P. Vidal-Naquet, p. 29. Em França, a obra L'univers contestataire, de A. Stephane, Éd. Payot, Paris, 1968, provocou bastante ruído.
11 - Primeiro grande exemplo: Alain Touraine, Le mouvement de Mai ou le comunisme utopique, Le Seuil, Paris, 1968.
12 - Por exemplo R. Bastide e Cailois.
13 - Como no caso de certas teologias que, de um modo por demais ingénuo, são entusiastas, pneumáticas, recuperadoras.
14 - "O que dizem os estudantes aos quatro cantos do mundo é para nós uma advertência de que tocamos no fim de uma época, e que este fim poderia ser trágico. Nos anos 30, em França, um certo

manentemente-tudo-pôr-em-causa" (a começar por si mesmo), a insatisfação-interrogação permanente, radical e total do projeto humano, um olhar-esforço permeado de paixão frente a uma *u-topia* de plenitude a converter em *pan-topia*?

Depois de termos definido o homem como animal que raciocina, animal que produz e consome objetos, etc., não deveríamos defini-lo como aquele que fala, age e ama, como *aquele que contesta*, como testemunha comprometida, como parte-interessada no método e no processo? Uma tal intenção pode e deve, aliás, assumir uma infinidade de expressões diferentes e nunca previsíveis. E até no interior de um mesmo lugar histórico, se ela quer ser autêntica – correndo embora o risco de desagradar – a contestação será simultaneamente ou sucessivamente "atestação-protestação-detestação" e muitas outras coisas ainda[15]. O que importa, em primeiro lugar, é que ela não tenha um fim (o que não significa dever tornar-se fim para ela mesma, mas sim dever ser sem fim e até ao termo, perspetival bem traduzida no grito famoso: "Não é senão um início, continuemos o combate"), e em seguida que ela não exista senão para o serviço do homem, de todo o homem e de todos os homens, do homem em si-mesmo e do homem próximo, o qual, na era da globalização, não pode ser senão o homem do mundo inteiro. *Amor real do homem*, o tempo terá chegado para que isso se torne o único absoluto "filosófico" que substitui todos os outros absolutos (desde o *Ens est, non ens non est* até ao *Cogito ergo sum*, etc.), o único fundamento válido, pragmático e teórico (*práxico*, poder-se-ia dizer) de todos os humanismos, de todos os ecumenismos, de todas as morais, de todas as religiões, de todas as políticas, etc. *Amor real do homem*, disse eu.

---

número de jovens intelectuais – entre eles estavam os fundadores de Esprit – anunciavam algo de semelhante. Ninguém os escutou, nem no Parlamento, nem na Academia, nem no Figaro. Sabemos hoje o preço pago ao nazismo, assim como à inércia da Europa perante a sua doença. Qual o preço que o mundo inteiro – pois é o mundo inteiro que está aqui implicado – terá de pagar se recusa escutar, por detrás do tumulto e das infantilidades, a profecia da juventude?" J. M. Domenach, Esprit, 5 de Maio de 1969, p. 739.
15 - É conhecido o título da recente brochura de J. Daniélou: Tests, attestation, contestation, détestation, protestation, Beauchesne, Paris, 1968.

De amores formais, como de democracias formais, como de todos os outros alibis mistificadores e alienantes, já temos que cheguem. E poderá uma tal realidade ter hoje outros nomes que não *direitos do homem, desenvolvimento dos povos, paz, liberdade-igualdade-fraternidade, democracia, socialismo, personalismo, subjetividade, diálogo,* numa palavra, a *"contestação"*?...

A contestação é verdadeiramente a condição do homem, e verdadeiramente o homem (ou a sociedade, ou a escola, ou a igreja, ou qualquer outra instituição) que não contesta é um homem perdido, um homem morto ... Motivo pelo qual a revolução da juventude estudantil de Paris, bem como os acontecimentos de Maio de 1968 – para quem sabe ver e ouvir – têm uma importância que ninguém, com o passar do tempo, poderá evitar ou anular, nem mesmo mediante subtis recuperações intelectuais ou sociais ... *Nunca nada será como antes*: ai de nós todos, tivesse este programa sido escrito e gritado em vão nas ruas de Paris, mais do que nunca convertida na capital do mundo ... Será por acaso necessário lembrar que a revolução de Paris não foi senão a expressão resplandecente, a forma-piloto ou o modelo exemplar (o sacramento, em linguagem teológica) de todas as revoluções de todos os jovens da terra, e que, além disso, ela não pretendeu ser senão um ensaio geral do movimento de contestação que em todo o lugar, nunca mais, dará repouso à desordem estabelecida dos *"homens-sem-humanidade"*?[16] ... Maio de 68 projetou nos muros de Paris a questão decisiva:

"De um homem pode-se fazer um polícia, um tijolo, um paraquedista...
E não se poderá fazer dele um HOMEM?"

---

16 - É sabido que o ano 1 do movimento estudantil moderno é 1964, e situa-se nos Estados Unidos, Berkeley, onde "os jovens não carecem de absolutamente nada, salvo do nada absolutamente essencial", R. Kennedy. Cf. Terre entière, n. 29–30, 1968; Toute la terre bouge; Esprit n.5, 1969; La révolte des étudiants dans le monde, Le Seuil, 1968. Basta, aliás, seguirmos a atualidade para nos darmos conta do universalismo e da permanência do movimento estudantil (cf., por exemplo, Le Monde). O magazine Jeune Afrique, n. 436, 12-18 de Maio de 1969, conclui uma reportagem intitulada *"Os estudantes africanos contestam"*, com as palavras: *"Não são os estudantes que devem mudar, nem é certamente a repressão que atenuará o mal-estar. É o poder político que deve reformar-se, ou antes, transformar-se. Seja como for, é para a África um sinal de boa saúde ter uma juventude estudantil politizada que recusa tanto a esterilização intelectual como o conformismo político."*

5
PARA UMA CRÍTICA DA RAZÃO LUSÓFONA: ONZE TESES SOBRE A CPLP E A LUSOFONIA*

1

A CPLP ou é a Comunidade, mais do que dos Países ou Estados, dos Povos ou Gentes de Língua Portuguesa (de "**Língua Portuguesa**", note-se, e não de "**Expressão Portuguesa**" cultural ou literária, a qual só faz obviamente sentido para o caso restrito de Portugal e da sua literatura e cultura) ou nunca será Comunidade nenhuma que valha a pena, até porque nunca deixaria de ter uma alma demasiado pequena.

Da realidade e projeto de tal "**CPLP**", "**Espaço Lusófono**", "**Lusofonia**" ou designações equivalentes não devem considerar-se ausentes nem as diásporas mais históricas simbolizadas por Macau e Goa nem as diásporas mais moderna dos Emigrantes Lusos e demais Povos Lusófonos espalhados pelo Mundo, a começar pelo Território Português.

Por outro lado, e até para responder aos discursos incómodos e sérios de um Alfredo Margarido, de um Eduardo Lourenço ou de um

---

* Fernando dos Santos Neves, Para Uma Crítica da Razão Lusófona: Onze Teses sobre a CPLP e a Lusofonia, Edições Universitárias Lusófonas, 2000.
Trata-se de uma óbvia referência e homenagem às famosas onze teses de Karl Marx intituladas "Ad Feuerbach", de que, precisamente, a 11ª se tornou de todas a mais famosa:
"*Até agora os filósofos têm interpretado o mundo de diversas maneiras, mas o que importa é transformá-lo!*".
O livro foi explicitamente dedicado: "*A todos os Governos dos Países de Língua Portuguesa, para que sejam e ajudem os seus Povos a ser "lusofonamente ecuménicos" e "ecumenicamente lusófonos"
Ao Embaixador J. Aparecido de Oliveira, para que da ingratidão dos Governos Lusófonos faça força em prol da sua C.P.L.P;
A Agostinho da Silva, grande profeta da Utopia e da Pantopia Lusófanas!*"
Cf. nomeadamente: Fernando dos Santos Neves, A "Hora da Lusofonia", Para uma Crítica da Razão Lusófona, organização de J.Filipe Pinto, Edições Universitárias Lusófonas, 2013.

António Tabucchi sobre eventuais "lusofonias suspeitas, patrioteiras e serodiamente neocolonialistas" (embora o último, cidadão de nacionalidade italiana e escritor de bilinguismo italiano-português, tenha manifestamente exagerado os feitos e os perigos da "Lusofonia Real", que não merece tanto...), **a única Lusofonia que interessa é a Lusofonia** que, para além de situar-se definitivamente numa perspectiva pós-colonial, também definitivamente se opõe quer ao provincianismo mais grosseiro de isolamento e de atraso quer ao provincialismo mais subtil de heterocentramento e de alienação, quer ao provincianismo, de todos o mais arcaico, que os antropólogos apelidaram de etnocentrismo, sempre tendencialmente etnocidário, ou seja, **a única Lusofonia que interessa é a Lusofonia que definitivamente rima com o Ecumnismo Universal**.

A presente "**Crítica da Razão Lusófona**", consubstanciada nas "**Onze Teses sobre a CPLP e a Lusofonia**", mais não visa do que contribuir para que a **Lusofonia** passe de mero mito, dúbia ideologia ou vã retórica a um "Espaço Lusófono" realista que colabore no diálogo humano com todos os outros "Espaços" do Mundo Contemporâneo, "Desígnio Lusófono" não ultrapassado, mas, ao contrário, tornado mais necessário e mais urgente pelos processos em curso da "Intergração Europeia de Portugal e da Galiza", das várias "Integrações Regionais dos PALOP ou de Timor Lorosae", da "Mercosulização do Brasil" e da "Globalização Societal à Escala Planetária".

2

Essencial é o recurso permanente ao que antes designei como a "**Crítica da Razão Lusófona**", que, à semelhança do que o filósofo Kant pretendeu fazer tanto para a "Razão Pura" como para a "Razão Prática", estabeleça as condições de legitimidade, de possibilidade, de necessidade e de urgência da construção da **Lusofonia**, as quais, também Kantianamente, poderiam intitular-se de "**prolegómenos a toda a Lusofonia Futura**".

A **Lusofonia** não pode ser e não pode ser mas não está automaticamente excluído que seja ou se torne, uma versão retardada ou camuflada dos colonialismos políticos, económicos e culturais de antanho

(Portugal) ou de agora (Brasil). E certos apregoados lusos "regressos a África" constituiriam ainda exmplos desses remanescentes fantasmas.

A **Lusofonia** deverá igualmente e consequentemente implicar a superação definitiva das clássicas ideologias do género do "fardo do homem branco", do "luso-tropicalismo", do "bom colonialismo português", do "não-racismo brasileiro", dos "Povos Irmãos", do "colonialismo anti-económico", do "Portugal do Minho a Timor", da "dilatação da Fé e do Império", da "Missão Civilizadora e Evangelizadora", e quejandas, incluindo esses dois indestrutíveis mitos que dão pelo nome do "**passado glorioso de Portugal**" e do não menos "glorioso futuro do Brasil". Embora, por razões diversas e ultrapassadas as suas mitideologias e os seus provincianismos, **Portugal e Brasil** tenham de ser os primeiros grandes motores da **Lusofonia** e sejam os maiores responsáveis históricos do seu êxito ou do seu fracasso. Nesta fase inicial, no que respeita às causas eficientes, e sem nenhuns ressaibos de serôdios paternalismos, **a Lusofonia ou será luso-brasileira e até sobretudo brasileira ou não passará de mais uma promessa frustrada**. Oxalá as atuais classes dirigentes de Portugal e do Brasil estejam ao nível deste desafio histórico.

3

Na referida perspetiva de "**Crítica da Razão Lusófona**", essencial é a superação de todos os citados **provincianismos**, tanto os mais grosseiros como os mais subtis e os mais arcaicos, que afectam, com maior ou menor consciência e virulência, os diversos espaços do Espaço Lusófono ou os diversos Países e Povos de Língua Portuguesa, e de que, a seguir, apresento uma pequena lista meramente ecemplificativa

1. Relativamente a **Portugal** e para além de um "imperial-saudosismo" ou de um "colonial-complexismo" que relevam mais da psicanálise que de qualquer análise económica ou política, o nauseabundo **provincianismo** que desde há tempos venho chamando a "**doença infantil do europeísmo**" ou a "**conceção novorriquista, pacóvia, discipular e Schengeniana da integração europeia de Portugal**", como se, por ser e para ser Europeu, Portugal devesse deixar de ser luso e lusófono e como se

não fosse a "**Lusofonia**" o grande e específico peso de Portugal "na balança da Europa e do Mundo".

2. Relativamente ao **Brasil**, aquele **provincialismo** a que ultimamente chamei, por analogia, "**granderriquismo ilusório e pseudorrealismo economicista**" de alguns senhores do País, que quase lamentam o facto e quase se envergonham de ser lusófonos, não se dando conta de que, na geopolítica multipolar que se desenha e se deseja, a **Lusofonia** constitui chance única para o Brasil poder vir a ser alguém no concerto das potências hegemónicas do século XXI. Não haverá ninguém que consiga abrir os olhos dos Brasileiros a este axioma tão óbvio como cheio de consequências: **Sem Brasil dificilmente haverá Lusofonia, mas também sem Lusofonia dificilmente haverá Brasil!**, Como, com alguma solenidade mas sem nenhum exagero, disse na maior metrópole lusófona do Mundo que é São Paulo, aquando das celebrações dos 500 anos do Brasil: "**A Lusofonia ou será brasileira ou nunca será; o Brasil ou será lusófono ou nunca será! Como a Lusofonia ainda não foi brasileira e como o Brasil ainda não foi lusófono, nem uma nem outro ainda simplesmente foram nestes primeiros 500 anos. Aguardemos e votemos pelos próximos 500. No século XXI, nem o Brasil nem a Lusofonia hão-de perder a sua oportunidade histórica!**"

Será que o Povo Brasileiro, apesar das suas pseudoelites antinacionais e anti-humanas, conseguirá levar o Brasil a "ter jeito" (segundo as músicas de Caetano Veloso e Chico Buarque) e a "dar certo" (segundo as profecias de Tancredo Neves)?

E será que as celebrações dos quinhentos anos do seu "achamento" pelos Portugueses conseguirá levar o Brasil a "reachear-se lusofonamente" a si próprio, com todas as consequências de ordem cultural, social, económica e geo estratégica?

3. Relativamente aos **Países Africanos**, por um lado, o **provincianismo** da não-resolução ou da reemergência de certos complexos (e não só os clássicos de Édipo) e, por outro lado, o **provincianismo** típico de certas elites globalmente des-africanizadas e euro centradas.

A "Conferência de Berlim" e o "Assalto das potências europeias à África" continuam sem dúvida a ser pecados originais e causas não superadas das atuais e futuras desgraças do continente, como o Imperialismo ou Colonialismo foi o "último estádio do Capitalismo", o Neocolonialismo foi o "último estádio do Imperialismo", um certo Desenvolvimento e uma certa Cooperação e uma certa Democratização político-partidária e até uma certa Lusofonia poderão ter sido ou querer ser o "último estádio do Neocolonialismo", a "Globalização Contemporânea" poderá ser ou vir a ser o "último estádio" de todas estas explorações e alienações; mas nada justifica e nada desculpa certas catástrofes africanas atuais como nada justifica e nada desculpa o comportamento abominável e a corrupção cleptocrática de certas elites africano-lusófonas. A **"Lusofonia"** aqui proclamada **pretende ser uma nova via democrática dos direitos humanos e do desenvolvimento de todos os PALOP, com o exemplo de Cabo Verde a apontar um caminho de dignidade e de viabilidade.**

4. Relativamente à **Galiza** (de certo modo, com a Região Norte de Portugal, **a mãe de todas as Lusofonias!**) e reconhecendo embora todo o peso da história, o **provincialismo** que designei de **"questão espanhola"** (a não confundir com a "questão do Castelhano", que é toda uma outra questão) e que poderíamos traduzir na seguinte fórmula: a Galiza, por ser e para ser lusófona, por ser e para ser um espaço integrante e ativo do Espaço Lusófono e membro da **CPLP**, não precisa minimamente de pôr em causa a sua pertença ao Estado Espanhol, no quadro da grande região Transfronteiriça Europeia do Noroeste Peninsular, de que a cidade do Porto é reconhecidamente a Capital incontestada (não se entendendo, aliás, por que não faça parte das "Cidades Capitais" componentes da "UCCLA").

Muitos Galegos já começaram a percebê-lo, a maior parte dos Portugueses (sobretudo, Lisboetas e até Nortenhos!) e dos outros Lusófonos, ainda não.

5. Relativamente ao caso de **Timor**, permito-me começar por citar palavras minhas escritas em 1996, felizmente, na substância mas não sob todos os aspetos, inatuais:

"Num mundo que proclama colocar no centro das suas preocupações o respeito e a implementação dos Direitos Humanos e especificamente o Direito à Autodeterminação dos Povos, a situação do **Timor-Leste** é um dos pecados que bradam aos céus (infelizmente, mais que à terra!) e um dos escândalos intoleráveis do nosso tempo: uma **CPLP** que, por pensamentos, palavras, obras ou omissões, esqueça ou adie a solução do "**caso timorense**", continuando a permitir que a força do direito fique subordinada ao direito da força, será a negação prática permanente da sua reclamada existência e finalidade. **A inclusão explícita de Timor-Leste entre os membros da CPLP aparece como a prova mínima da seriedade ativa e passiva deste projeto lusófono**".

Será que tanto a **CPLP** como **Timor-Leste** já perceberam que os seus verdadeiros interesses humanos e estratégicos, ao contrário do que superficialmente, a curto prazo e a curtas vistas possa parecer, a lúcido e definitivo prazo passam pela **Lusofonia**, devidamente equacionada e praticada?

6. Relativamente a todas as **Diásporas Lusófonas** (e até às simplesmente Lusófilas ou Lusótopas) e sem prejuízo da integração global nas Sociedades em que vivem, que enormes tarefas e potencialidades recíprocas no sentido de reforçar uma identidade transnacional e transgeográfica, que vá além dos clássicos três "F" do Futebol do "nacional-benfiquismo", do Fado do "nacional-cançonetismo" e da "Fátima do "nacional-catolicismo"! Até para ajudar a que façam mais e melhor, louvem-se as existências e as atividades de iniciativas e instituições como a "RDP e RTP África", a "RDP e RTP Internacional", o "Instituto Camões" e a "Secretaria de Estado das Comunidades Portuguesas"!.

E não faria sentido um autónomo, lúcido e dinâmico "Ministério da Cooperação Lusófona" (que leia e ponha em prática estas "Onze Teses sobre a CPLP e a Lusofonia"...)?

4

O que antes foi dito sobre a natureza das relações entre a "questão galega" e a "questão espanhola", pode e deve ser enfaticamente afirmado das relações entre a **"questão lusófona"** e a **"questão europeia"** (no caso de Portugal), entre a **"questão lusófona"** e a **"questão americana, sul-americana e mais propriamente mercosulista"** (no caso do Brasil), entre a **"questão lusófona"** e as **"questões africanas"**, Commonwealth inclusive (no caso dos PALOP), entre a **"questão lusófona"** e a **"questão asiatico-australiana" australiana"**, entre a **"questão lusófona"** e todo o género de "questões mundiais" (para todos os Países e Povos de Língua Portuguesa) derivantes do factual e societal fenómeno da globalização contemporânea: **a lusofonia crítica e ecnuménica aqui referida não só não exclui nenhuma das outras dimensões (ibérica, europeia, mercosulista, africana, asiática, mundial) como as implica e enriquece a todas e por todas pode e deve ser incluída e enriquecida.** Que todos os Lusófonos dos novos tempos gritem um definitivo "Nunca mais!" às mentalidades e atividades Salazarentas "orgulhosamente sós!" e as convertam em mentalidades e atividades "orgulhosamente intra e inter-solidárias"!

5

O "Ideal Europeu" da **Democracia Política, do Desenvolvimento Económico** e dos **Direitos Humanos** (última formulação dos "ideais" da "Revolução Francesa"e da "Revolução Socialista") constitui o grande "paradigma", o grande "horizonte", a grande "utopia" e o grande "imperativo categórico" incontestado das Sociedades Contemporâneas; a **Lusofonia** ou se insere nesta visão dinâmica e contribui ativamente para democratizar, desenvolver e humanizar os Países e Povos de Língua Portuguesa maximamente deficitários nestas matérias ou será de uma total inutilidade e até contraproducência.

"**Identidade Lusófona**" não pode significar isolamento, imutabilidade ou refúgio em situações e defeitos atávicos: para ser autenticamente lusófono não é necessário ou obrigatório continuar a ser analfabeto, inculto, ineficiente, impontual, atrasado, subdesenvolvido.

Como antes se afirmou, a única Lusofonia que interessa é a **Lusofonia para a qual "nada do que é humano é estranho e nenhum humano é um estrangeiro" e a Lusofonia que, para além dos próprios "Ecumenismo Cristão" e "Ecunemismo Religioso", substantivamente rima com o "Ecumenismo Universal".**

6

À semelhança (honra Lhes seja e nunca se arrependam de tal pioneirismo!) do que as gentes do futebol português coerentemente fizeram (todos os atletas de todo o Espaço Lusófono gozam dos mesmos direitos em Portugal que os atletas do Espaço Europeu), é da **Lusofonia Elementar** que o Estado Português estenda e aplique tal norma a todos os aspetos de todos os Cidadãos de todos os Países e Povos de Língua Portuguesa. Aliás, relevantíssimo tem sido o papel do desporto na construção da Lusofonia. Em todos os PALOP como nas diásporas, nunca nada ou ninguém fizeram tanto pela Lusofonia efetiva como as ligações afetivas ao Benfica, ao Porto ou ao Sporting ou as prosas do originário jornal "A Bola" (que, para muitos foi a grande "Cartilha Maternal" da Língua Portuguesa).

Schengenizar os cidadãos da **CPLP** é praticar o tal "**provincianismo pacóvio e discipular**" que antes chamámos "**doença infantil do europeísmo**" e que também dá pelo nome de "**europeíte aguda**". O mesmo com igual vigor deverá dizer-se dos outros Países Lusófonos e dos seus comportamentos e normas relativamente aos Espaços em que estão inseridos.

Resumindo e insistindo para que não restem dúvidas nem malentendidos: sem livre trânsito lusófono no Espaço da CPLP e sem comum Cidadania Lusófona, não há CPLP nem Lusofonia dignas desse nome e que valham a pena. O que, neste momento, acontece releva, mais ou menos, da idade da pedra. É esta, aliás, a idade média global da CPLP e da Lusofonia, em quase todos os domínios.

7

Embora a **Lusofonia** não seja somente nem sobretudo uma questão de língua (podendo evocar-se os exemplos emblemáticos do F.C. de Barcelona e do F.C. do Porto, que sempre foram "mais do que clubes desportivos"), a Comunidade dos Países e Povos **De** Língua Portuguesa poderá e deverá ser também uma comunidade dos Países e dos Povos **Da** Língua Portuguesa, a qual, uma vez findos os tempos do colonialismo e na dinâmica da pertinente "Crítica da Razão Lusófona", pode deixar de ser um instrumento de dominação para se tornar um instrumento de comunicação entre os humanos e até de construção nacional.

Assim encarada, a **Língua Portuguesa** poderá e deverá tornar-se uma das grandes (senão a maior das) riquezas de todos os Países e Povos da **CPLP** e todo o investimento na sua cultura e difusão aparece como o investimento mais inteligente e mais rentável. Por exemplo, **o mínimo de inteligência (até económica) que os Estados Lusófonos, designadamente Portugal e Brasil, poderiam e deveriam mostrar era assegurar a existência de Professores da Língua Portuguesa em todos os Espaços Lusófonos e no máximo possível de Espaços do Mundo Contemporâneo**; por exemplo, **o mínimo de inteligência (até económica) que os Estados Lusófonos, designadamente Portugal e Brasil, poderiam e deveriam mostrar, ultrapassando os rídiculos preciosismos e** provincianismos das guerras do alecrim e da manjerona das "Academias" e dos "Intelectuais" de ambas as praças (Portuguesa e Brasileira), era assegurar **o cumprimento de um "acordo ortográfico lusófono", prova dos nove e condição *sine qua non* de qualquer lusofonia linguística**, tanto no âmbito dos espaços lusófonos como fora deles; por exemplo, **o mínimo dce inteligência (até económica) que os Estados Lusófonos, designadamente Portugal e o Brasil, deveriam mostrar era assegurar a utilização da Língua Portuguesa em todos os lugares e encontros internacionais (políticos, turísticos e quaisquer outros!) e não permitir, sob nenhum pretexto, que uma das poucas línguas potencialmente mais universais** do século XXI seja constantemente reduzida ao lugar e papel de uma língua insignificante. E quando é que os Estados Lusófonos, designadamente Portugal e Brasil, darão um mínimo de vida e atividade ao (já defundo ou nunca visto) "Instituto Internacional de Língua Portuguesa" e outras Insituições do género? Para não dar exmplos grosseiramente caricatos como o seguinte: na cerimónia em que o então considerado melhor jogador do mundo (Reinaldo, lusófono) recebeu do Presidente da FIFA (I. Havenlage, lusófono), sob o patrocínio do considerado melhor futebolista de sempre (Pelé, lusófono), o respetivo prémio, alguém ouviu uma palavra em Português? E como entender que o Brasil permita que os media internacionais digam sempre "Mercosu_r_" e não "Mercosu_l_", embora seja ele o membro principal de tal organização? **Quem não se respeita a si próprio não merece o respeito de quem quer que seja!**

8

E até talvez fosse pensável a hipótese de alargar o que acaba de ser dito também à Língua Espanhola, à procura de uma solução na qual, sem que o Português e o Espanhol desaparecessem ou ficassem mutuamente subalternizados, um e outro constituíssem, entre si e para o exterior, uma espécie de "joint venture" de uma força contributiva e competitiva quase sem igual...

Quem não for capaz de ver o potencial prático desta aventura mundialmente escrita, falada e informatizada em Português e em Espanhol ainda não percebeu nada do que está realmente em causa e continuará, patética e patetamente, a falar do Inglês como do grande inimigo da Língua Portuguesa, em vez de o utilizar simples e pragmaticamente como o "latim" ou a "língua franca" dos tempos modernos.

E será que, a nível da América do Sul, as potencialidades estratégicas unitárias do "Português-Brasileiro" (que, além do resto, cumpre os requisitos que Fernando Pessoa exigia para que uma língua possa tornar-se uma "língua Universal": ser falada em várias partes do mundo e... ser língua de um "grande País"...) não conseguirão impor-se às debilidades múltiplas do "Espanhol", de modo a que, num futuro mais ou menos breve, se venha a falar em todas essas paragens, muito menos o **"Portunhol"** do que o **"Espanholês"** ou, melhor ainda, se venha a falar simplesmente o "Português-Brasileiro"? A resposta negativa marcaria o momento da certidão de óbito e do **"Adiós"** à Lusofonia e ao **"Brasil, País do Futuro"**.

9

A Educação constitui o motor essencial e insubstituível da Democracia, do Desenvolvimento e dos Direitos Humanos de todos os espaços do Espaço Lusófono e quase apetecia glosar a sentença evangélica sobre "o Reino de Deus e a sua Justiça" ou a frase Nkrumiana sobre a "Independência Política", de que tudo o mais "viria por acréscimo". A nível do Ensino Superior, que se tornará, cada vez mais, a "alfabetização" ou "literacia" básica e universal própria do século XX-XXI, a **Universidade Lusófona de Humanidades e Tecnologias**, deseja apenas, sem nenhuma pretensão de exclusividade ou de exaustividade, ser uma das muitas possíveis e necessárias concretizações de uma tal Educação e de um tal Ensino Superior, no âmbito do Espaço Português e de todo o Espaço Lusófono...

Não terá sido certamente por acaso que a legislação fundadora da Universidade Lusófona de Humanidades e Tecnologias lhe assinalou como objetivos oficiais *"o ensino, a investigação e a prestação de serviços nos vários domínios da ciência, da cultura e das tecnologias, numa perspectiva interdisciplinar e, especialmente, em ordem ao desenvolvimento dos Países e Povos de Língua Portuguesa"*. (Decreto-Lei nº 92/98 de 14 de Abril). E será certamente também pelas suas relações até cronológicas com a criação da CPLP que a Universidade Lusófona de Humanidades e Tecnologias tem vindo a ser denominada como a Universidade Certa na Hora Certa para a Lusofonia Certa.

10

No dia 18/06/91 e no âmbito das "Semanas Sociológicas", foi criada a **SALP – Sociedade Africanológica de Língua Portuguesa**, tendo por objetivos promover uma Africanologia Científica sem ser dogmática, redutora ou propagandística e aberta a toda a Realidade Africana (política, económica, etnológica, antropológica, sociológica, histórica, arqueológica, linguística, literária, filosófica, religiosa...), sem ser meramente descritiva, explicativa ou justificativa do "statu quo"; uma "Africanologia Científica " que seja, simultaneamente e sem nenhuma espécie de etnocentrismo ou neocolonialismo, uma "Ciência Social" (histórica, teórica, prática) da Sociedade Portuguesa e da Sociedade Brasileira Contemporâneas.

Como então se afirmava, "a nascente **Sociedade Africanológica de Língua Portuguesa (SALP)**, situando-se numa linha muito epistemológico-metodolológica (e até terminológica e bibliográfica) não pretendia substituir ou suprimir mas fundamentar e complementar todos os "Centros, Institutos e Gabinetes de Estudos Africanos"existidos, existentes e exstituros em todos os Países de Língua Portuguesa".

Também no âmbito das "**Semanas Sociológicas**", foi, no dia 22/11/94, oficialmente criada a **ACSEL – Associação dos Cientistas Sociais do Espaço Lusófono**, que se atribui como objetivo *"o estudo do «Espaço Lusófono» entendido como a Comunidade dos Países e Povos de Língua Portuguesa, em todos os seus parâmetros (históricos, geográficos, culturais, sociais, económicos, políticos), na perspectiva interdisciplinar das ciências sociais e humanas, contribuindo, no âmbito que lhe é próprio, para que a «Lusofonia» passe de vaga ideologia ou retórica vã a um «Espaço Lusófono» realista e desenvolvido, que igualitariamente colabore no diálogo humano com todos os outros «Espaços» do mundo contemporâneo"*.

Tanto as "**Semanas Sociológicas**" como a "**Sociedade Africanológica de Língua Portuguesa**" **(SALP)** e a **Associação dos Cientistas Sociais do Espaço Lusófono**" **(ACSEL)**, e bem assim os dois livros já pelas mesmas publicados nas "Edições Universitárias Lusófonas" (a saber "O Lugar e o Papel das Ciências Sociais e Humanas na «Modernização», na «Integração Europeia» e na «Cooperação Africana» de Portugal Contemporâneo", Lisboa, 1992; "Globalização Societal Contemporânea e Espaço Lusófono: Mitideologias, Realidades e Potencialidades", Lisboa, 2000), também mais não visam do que ser instrumentos de teoria e de prática ao serviço da Lusofonia, do Espaço Lusófono e da CPLP – Comunidade dos Países e Povos de Língua Portuguesa, conforme o retrato expresso nestas "**Onze Teses para uma Crítica da Razão Lusófona**".

11

Até agora já se fizeram quase mais que todos os discursos possíveis sobre a Lusofonia, que certas línguas malévolas não se coíbem de apodar de "mitideologia" e de "neocolonialismo" ou de "paleio", "papagaiada" e "vã retórica", tendo-se mesmo escrito e dito que a CPLP nunca passou de um nado-norto; o que interessa, porém, e numa evidente e consciente alusão à famosa tese 11ª de Marx sobre Feuerbach, é, através de uma permanente Crítica da Razão Lusófona como a aqui esboçada, identificar, democratizar, desenvolver, humanizar, transformar e realizar a Lusofonia e a CPLP – Comunidade dos Países e Povos de Língua Portuguesa.

6
AD LEVIATHAN: 11 TESES CONTRA O ESTADO CENTRALISTA LEVIATÃO E A FAVOR DA REGIONALIZAÇÃO DEMOCRÁTICA*

1

O "complexo anti-regionalista do Terreiro do Paço" e respetivos "intelectuais orgânicos" não é, propriamente, nem um "complexo de superioridade" nem um "complexo de inferioridade", mas, simplesmente, um "complexo de vistas curtas e tacanhas"; e confunde-se com um certo "espírito lisboeta" essencialmente provinciano e tribal que, por sua vez, não deve ser confundido com o "espírito dos Lisboetas". Até porque e como é dos livros, não raro são os "lisboetas não originários de Lisboa" que são "mais papistas que o Papa" e constituem a "quintessência" do provincianismo anti-regionalista.

E para dar um exemplo paradigmático, haverá alguém "mais lisboeta" e simultaneamente, mais "Pró-Portugal Plural Regionalista" e menos "Pró-Portugal Único Anti-Regionalista" que o nado e criado em Lisboa e atualmente Presidente da sua Câmara Municipal, João Soares?

A Regionalização não pretende criar mais (e mais pequenos e, por isso mesmo, ainda mais desinteressantes) "Terreiros do Paço", mas sim acabar definitivamente com todos eles.

---
* Edições Universitárias Lusófonas, Lisboa, 1998.

2

É uma contradição histórica ser-se a favor da "União Europeia" e contra a "Regionalização Portuguesa", pretender-se "Europeu" (e, por vezes, até, "federalista") e pretender que a Regionalização é um "erro", mais ou menos "colossal".

A "União Europeia" é o princípio do fim de um certo conceito e realidade de "Nação", a que os saudosistas e conservadores se agarram (obviamente, sem a grandeza de alma de um De Gaulle ou as tão nobres como anacrónicas razões anti-globalizantes de um José Saramago ou a tão filosófica boa vontade de um Eduardo Lourenço de "não querer tentar o diabo!") e o princípio do princípio do novo conceito e realidade de "Regiões", as quais, paradoxalmente, são o resultado e a condição do incontornável e não necessariamente catastrófico fenómeno da "globalização societal (que não só económica) contemporânea".

A simultaneidade da data dos referendos sobre a "Europa" e sobre as "Regiões" poderá ter sido meramente factual e até, pelo que à Europa diz respeito, poderá o referendo ser considerado inconstitucional e despropositado, mas a simultaneidade é objectivamente de uma total coerência.

A Regionalização (que pode ser mais ou menos perfeita e conviria que fosse o menos imperfeita possível) é o fruto normal de duas linhas e duas lógicas que eu pensava já definitivamente adquiridas na Sociedade Portuguesa pós-25 de Abril: a linha e a lógica da "Integração Europeia" e a linha e a lógica da Democracia e do Desenvolvimento humano sustentado.

Quem não percebeu isto ainda não percebeu o "abc" do que está realmente em causa.

3

Embora, como concluía celebrada comédia de Holywood, "Ninguém seja perfeito", não acredito que cidadãos inteligentes, cultos e empenhados como Mário Soares, Freitas do Amaral, Cunha Rego, Vital Moreira, Boaventura Sousa Santos, Gonçalo Ribeiro Telles, Eduardo Prado Coelho, António Barreto, Miguel Sousa Tavares e alguns mais sejam verdadeiramente contra a Regionalização. Têm mas é, como eu também, óptimas razões para não estarem de acordo com o processo em concreto, o mapa em concreto, a preparação ou a falta de preparação adequada, etc., etc., onde, na verdade, se cometeram "colossais erros" como infelizmente "colossais erros" se cometeram, por exemplo, no "Processo Revolucionário do 25 de Abril" e no "Processo Democrático em geral". Constituirão todas estas e muitas mais razões Razão Suficiente para que Pessoas que sempre lutaram contra todas as "unicidades" (sindicais e outras), contra todos os "centralismos" (mesmo "democráticos"), contra todos os "patrioteirismos" (mesmo que, às vezes, se denominem "tarefas patrióticas"), contra todos os "Portugais Únicos", todos os "Portugais orgulhosamente sós" de ontem e de hoje, façam agora campanha, sirvam de cobertura e votem contra a Regionalização, como se num eventual referendo sobre o "25 de Abril" e sobre a "Democracia", e por causa dos inegáveis e nada despiciendos erros destes processos, tomassem a decisão de votar "Não"?!

Á semelhança da Democracia e para repetir a fórmula Churchilliana, também a Regionalização será o pior de todos os processos e de todos os regimes para a Sociedade Portuguesa, mas só com a excepção de todos os outros.

Infelizmente, a **Boa Regionalização**, como a "Boa Democracia", o "Bom Desenvolvimento", a "Boa Sociedade"..., no sentido da **Regionalização Perfeita**, da "Sociedade Perfeita"... nunca será um dado adquirido mas sim um objetivo constante. Sendo certo que, assim como será impossível uma "Democracia sem Democratas", um "Desenvolvimento sem Desenvolvimentistas", uma "Sociedade sem Cidadãos"..., também nunca será possível uma **Regionalização sem Regionalistas**.

4

A já famosa "primeira página" do "Diário de Notícias" que apodava a Regionalização de (ou apenas, o que seria completamente diverso, o "Referendo" sobre a Regionalização?) um "Erro Colossal" não foi mais (e continuará a ser até ao fim dos tempos e até à náusea, porque, à falta de outros argumentos, o refúgio dos anti-regionalistas vai ser este argumento de autoridade, literalmente caído do céu!) que um arranjo gráfico-jornalístico colossal de uma "colossal desatenção momentânea" de Mário Soares.

Doutor Mário Soares, glosando uma frase célebre, já reparou de que lado Lhe vêm os maiores e mais substantivos aplausos? A Sua justa consagração histórica de "Pai da Democracia Portuguesa" veio-Lhe de outras lutas e contra outros inimigos (os fascistas, os colonialistas, os totalitaristas) e em nada aumentará com esta "colossal desatenção" e estes intermináveis "colossais aproveitamentos"!

Palavras cheias de sabedoria e bom senso são as que escreveu o atual Presidente da Assembleia da República, Dr. Almeida Santos, (Diário de Notícias, 5 de Julho 1998): *"Mário Soares fez a viagem do sim para o não. Ao contrário de mim... Cavaco Silva também foi um grande entusiasta da regionalização, prometeu-a em todos os programas de governo, prometeu-a nas campanhas eleitorais e obteve votos a partir dessa promessa. Depois arrependeu-se e nunca disse por que motivo se arrependeu. Quase tenho prazer em me colocar no pólo oposto... O PSD fez "regiões" – as coordenadoras regionais – que têm poderes e custam mais dinheiro do que custará uma futura região administrativa. Ainda por cima, os órgãos dessas "regiões" são nomeados a dedo, não são legitimados democraticamente. Sendo democrata, não posso deixar de preferir regiões com órgãos democraticamente legitimados".*

Não menor sabedoria, bom senso e "caridade cristã" animam todo o livro pró-Regiões do Sacerdote Católico Padre Salvador Cabral tão belamente intitulado "Regionalização e Solidariedade": *"A criação de regiões administrativas não é uma questão geométrica ou matemática nem puramente geográfica e morfológica, mas sim uma questão humana, de justiça e de desenvolvimento equilibrado e harmonioso do Povo... a Regionalização é o maior acto de solidariedade que se pode fazer em Portugal".*

5

"Não deixa de me espantar" escreveu (Público 7/06/98) uma excelente alma, portuense e portista (António Barreto, a quem, por afinidade, poderia juntar outra não menos excelente alma e não menos excelente portuense e portista, Miguel Sousa Tavares: *"Vos quoque, Bruti?"*) *"que os três ou quatro autarcas, que, há anos, não conseguem construir o Metro do Porto, queiram regionalizar o País inteiro!"*.

Quem sabe, caro António Barreto, se esses autarcas querem regionalizar o País precisamente para poderem construir o Metro do Porto e para que outros possam construir os seus "Metros simbólicos" no Algarve, nas Beiras, no Alentejo e até... na região de Lisboa?

E, já agora e humor por humor, quanto a semelhanças com o seu inventado monstro "Okapi" (Público, 1/07/1998), o tal "bicho que tem pernas de burro, rabo de zebra, corpo de girafa, pescoço de cavalo, cabeça de vaca e cornos de vitela", não me parece ser tanto o caso das regiões, que ainda não existem, mas antes o caso do bem real Estado Centralista que eu designei por LEVIATÃO, e que, numa próxima vez, não me repugnaria designar, com a devida vénia, OKAPI!

Quanto a Miguel Sousa Tavares, de que todos conhecem a ausência de papas na língua acima de toda a suspeita, quem não fará suas as inflamadas palavras dele no "Público" de 18 de Setembro, sobre a *"Regionalização que não seria mais que uma reforma que se destina a descentralizar e desburocratizar a máquina administrativa do Estado"*: *"Excelente: pergunto-me quem será contra isso? Como é que, sendo a regionalização apenas isto, justifica uma tão feroz resistência das tais "elites lisboetas". Serão os lisboetas parvos? Haverá algum lisboeta que não queira ver desaparecer daqui os organismos, repartições, direcções gerais, serviços e empresas públicas que não respeitam a Lisboa? Já imaginaram como Lisboa ficaria mais agradável se apenas aqui estivessem os serviços que interessam à cidade ou à sua região?"*

E também já agora, António Barreto e Miguel Sousa Tavares, porque não seguem todo o bom exemplo e todos os bons argumentos pró-

-regionalização dessa outra também excelente alma e também ilustre portuense e portista que dá pelo histórico nome de Carlos Magno?

6

"Mas há mais", escreveu ainda (Público, 2/7/98) outra não menos excelente alma, Eduardo Prado Coelho: "Quando se passa para a administração local, mais de 52 por cento dos funcionários apenas têm a quarta classe ou menos. Somente seis por cento têm a licenciatura. Pergunta-se: quem vai administrar as regiões? Eles?"

De novo, não será que a pergunta é outra: para que tal estado de coisas não volte a acontecer e deixe de acontecer, demonstrado que ficou até à exaustão a inoperância do regime centralista atual em termos de educação e desenvolvimento, não se torna urgente mudar de rumo, por exemplo, com a Reforma da Regionalização Democrática?

Uma implacável resposta a tal pergunta acaba de ser dada no seu implacável estilo por Pedro Santana Lopes (Diário de Notícias, 6/07/98): *"O meu argumento principal a favor da Regionalização é que não é preciso haver mais provas. Basta ver ao que esta organização administrativa nos conduziu, em termos de diferenças dentro de um país tão pequeno, para se demonstrar que o modelo está esgotado. Quando as pessoas falam no reforço dos municípios, isso é uma desculpa, um pretexto. Este modelo não serve".*

Retomando as palavras finais de Eduardo Prado Coelho no artigo antes citado: *"O drama é o País e o País é o drama."* Para não se acabar de vez com o País, tente-se acabar com o drama, através da Regionalização Democrática!

7

Os anti-regionalistas militantes (género M. Villaverde Cabral, A. Cavaco Silva, Manuel Monteiro, V. Graça Moura, J. César das Neves, Alfredo Barroso, Emídio Rangel, Jaime Nogueira Pinto, Daniel Proença de Carvalho, Vítor Direito, Joaquim Letria, Silva Resende, Teixeira Pinto, José António Saraiva, Maria Elisa, Maria João Avillez e quejandos) e os muitos anti-regionalistas envergonhados do PSD que, por partidarite, não têm a coragem cívica de ser eleitoralmente o que na verdade são nem dizer o que na verdade pensam, estão obviamente a tomar os seus desejos, medos, interesses e cobardias por realidades ao anunciarem como certa a vitória do "Não" no referendo sobre a Regionalização. Não ter nem apresentar mais que desejos, medos, interesses e cobardias (mesmo que insistente e diletantemente apregoados) como argumento será suficiente para convencer o Povo Português que sofre, na pele, os malefícios do centralismo do Terreiro do Paço?

8

Repetindo o que muitas vezes e em muitos lugares tenho dito e constitui um elementar ato de justiça, o Eng. António Guterres foi o primeiro "político lisboeta" que falou do Porto e do Norte de uma maneira lúcida e não provinciana quando, publicamente e ainda antes de tornar-se Primeiro-Ministro, afirmou que o desenvolvimento e o protagonismo daquela cidade e daquela região não eram nem contra a unidade de Portugal nem contra a grandeza de Lisboa, mas sim o resultado de potencialidades únicas numa perspetiva transfronteiriça europeia e condição *sine qua non* para que o Porto não deixasse de ser aquilo que, não obstante toda a miopia centralizadora de anteriores governos, realmente e reconhecidamente é, a saber, a **Capital de todo o Noroeste da Península Ibérica**.

Maximamente saudável e maximamente promissor é também verificar que tal discurso, que quando comecei a utilizar era olhado como simples provocação, se vai tornando o normal discurso de todos os Euro--Lusófonos Portuenses e Portugueses.

9

As únicas alternativas, neste momento e sem prejuízo de correções importantes, designadamente no mapa concreto das regiões, (porquê, por exemplo, não ter adotado o **mapa das cinco regiões**, ou, para a Região Norte, não ter acertado o belo e significativo nome de **"Região do Norte Atlântico**, etc, etc,.) são ou votar a atual proposta de Regionalização Democrática **ou** manter e consolidar o atual *statu quo* do Centralismo Estatal Leviatânico. Tudo o resto não passa de ideologia, literatura e defesa mais ou menos inconsciente de interesses estabelecidos e faz inevitavelmente lembrar as palavras cruéis do filósofo Alain: *"Quando alguém diz que não é de direita nem de esquerda, já sei que é de direita e conservador".*

O exército dos anti-regionalistas, sendo embora heteróclito e apresentando algumas surpresas de alguns ingénuos úteis, não deixa de ser essencialmente formado (verbalizando o óbvio, Fernando Gomes *dixit*, com grande desespero de quem se sentiu visado) por gentes da direita, pelos nacionalistas de antigamente e por aqueles que pensam estar a defender os seus privilégios. Mesmo se, como candidamente escreve uma das mais aguerridas anti-regionalistas, Maria João Avillez, definindo-se a si própria e a todos os seus, *"ninguém sabe do que fala quando fala da regionalização"* (Expresso, 11/07/98).

Com grande lucidez e dignidade e quase pedindo desculpa pelo facto, o Prof. Vieira de Carvalho confessa (Diário de Notícias de 26/7/98) que a única razão por que não vota "Sim" é não querer abandonar o seu campo na guerra da direita contra esquerda em que se transformou o referendo sobre a Regionalização.

Embora deva dizer-se que ainda maior lucidez e dignidade e sobretudo maior coragem e maior sentido cívico, patriótico e nacional revelam todos aqueles (a exemplo de Pedro Santana Lopes, Macário Correia, José Gama, José Silvano, Elidério Viegas, José Vitorino, Tomás Oliveira Dias, Valente de Oliveira, Fernando Condesso, Carlos Abreu Amorim, Rui Pena, Mário Pinto, Luís Barbosa, Cláudio Monteiro, Roberto Carneiro, Carvalho Guerra e sem dúvida muitos e muitos outros) que, à margem e contra as orientações politiqueiras dos respectivos partidos, **para dizerem "Sim" à Democracia e ao Desenvolvimento, disseram votar "Sim" à Regionalização!**

10

Donde se conclui que a Regionalização não é *"uma treta, pim!"* (como escrevinhou J. César das Neves) ou uma revolta separatista do Porto, de Fernando Gomes e Pinto da Costa (como escrevinharam todos os opinion-makers institucionais do costume!) ou uma velha obsessão dos Algarves *"que até eram algo distinto de Portugal"* ou protesto de resmungões que acham que o interior do País está despovoado e ao abandono (como disse Frei Bento Domingues, *"será possível conhecer minimamente o estado do interior do País e ser contra a Regionalização?"*) ou apenas uma incómoda promessa eleitoralista de António Guterres e do Partido Socialista, que *"já não sabem como descalçar a bota"* ou uma batalha mais ou menos folclórica entre Lisboa e Porto, as duas cabeças naturais do Sul e do Norte do País ou mais uma manobra do Partido Comunista que quer *"assenhorear-se do Alentejo pondo em perigo a vocação histórica de Portugal"* ou uma *"corrida aos tachos"* e uma queda na ingovernabilidade (até porque, sentenciou o "profundo" pensamento político de A. Cavaco Silva, a quem os conterrâneos Algarvios já rotularam como o "único Algarvio anti-regionalista", *"o pluralismo das Regiões pesaria menos na Europa e respctivas negociações dos fundos (sic) que o monolitismo autoritário do Estado Centralista!"*) ou um qualquer movimento autonomista à Alberto João Jardim, em que, a todo o instante, vale tudo e o seu contrário, **mas sim:**

- **Uma velha norma da Constituição da República Portuguesa** e dos programas dos maiores Partidos Políticos nacionais, a começar pelo PSD! Para onde foi o tão proclamado respeito dos antirregionalistas pela "Lei e a Ordem"?

- **Um facto comum a todos os países europeus desenvolvidos**, em que, mais uma vez e para nossa desgraça, ficámos **"orgulhosamente sós"** (Salazar dixit, com toda a satisfação), "provincianamente e subdesenvolvidamente sós" (dico ego, com toda a tristeza)!

- **O paradigma europeu da modernidade**, que conjuga a democracia política com o desenvolvimento económico e social e que, glosando a expressão de Sartre, constitui o **"horizonte inultrapassado do nosso tempo"** (infelizmente, como já verificou P. Teilhard de Chardin no seu livro "O Fenómeno Humano", **"uma grande multidão dos nossos contemporâneos ainda não são modernos"**).

11

À semelhança do fantasma do comunismo no século passado por toda a Europa, um outro fantasma está a obsessionar a inteligentzia da nossa praça: o fantasma da Regionalização e contra ela já foram debitadas quase todas as asneiras imagináveis; o que interessa, agora, parafraseando a sempre actual 11.ª tese de Marx contra Feuerbach, é transformar Portugal, abandonando, definitivamente, as provincianas manias messiânicas de "únicos" e "sós" contra tudo e contra todos e colocando-nos ao ritmo da modernidade que dá pelo nome de "Democratização", "Desenvolvimento e "Regionalização".

Portugueses de todas as Regiões, incluindo os Lisboetas, uni-Vos e regionalizai-Vos

7

ONZE TESES SOBRE O ENSINO/EDUCAÇÃO SUPERIOR EM PORTUGAL*

Em mais um início do ano letivo, permito-me recapitular estas "ONZE TESES" que venho tentando "demonstrar" nas últimas décadas, também como homenagem ao ministro Mariano Gago, cujo espírito e medidas de modernidade europeia dele fizeram um caso à parte na história do Ensino/Educação Superior e da investigação científica em Portugal.

1. O Ensino Superior deverá ser considerado, nos alvores do século XXI, como a "instrução" ou a "educação" ou a "alfabetização" ou a "literacia" própria do nosso tempo, à semelhança do que, noutros tempos, foi considerada a "escola primária" e a "escola secundária". E continuam a ser de permanente e premente atualidade o título da histórica conferência de A. J. Saraiva sobre *"A Escola, problema central da Nação"* e a sentença do nunca assaz louvado autor da já semicentenária obra *"O Desporto e as Estruturas Sociais"* (José Esteves): *"O maior crime político deste país tem sido, porque sem escândalo nacional, o desinteresse pela educação".*

2. Consequentemente, o Ensino Superior deveria ser normal e constitucionalmente proclamado, em sentido análogo ao que noutros tempos se fez relativamente à "escola primária" e à "escola secundária", como

---

* Em: Grande Porto, 18 setembro 2009. Trata-se de uma das múltiplas atualizações do texto de Fernando dos Santos Neves originariamente publicado em: Anuário da Educação, 1999/2000.
Cf., designadamente, livro de Fernando dos Santos Neves, QUE ENSINO SUPERIOR PARA O SÉCULO XXI, EM PORTUGAL E NO ESPAÇO LUSÓFONO? A Alfabetização / Instrução / Educação Universal, Obrigatória e Gratuita do nosso tempo, Âncora Editora, 2014.

"universal, obrigatório e gratuito", e a imposição de qualquer "numerus clausus", para além de constituir um crime e um absurdo em si mesmo, significa também a condenação de um País e de um Povo ao subdesenvolvimento.

Não será mesmo que a "Educação Superior para todos" constitui um dos últimos e mais pertinentes novos nomes do "Humanismo", do "Cristianismo", do "Ecumenismo", do "Desenvolvimento", da "Democracia", dos "Direitos Humanos", do "Socialismo" e da "Revolução" do nosso tempo?

3. Consequentemente, também, é mesmo verdade e deveria ser já para todos uma evidência que o Ensino Superior é a "nova riqueza essencial das nações contemporâneas" e faz parte da panóplia dos direitos humanos fundamentais, contra todos os aristocratismos serôdios e elitismos provincianos daqueles para os quais democracia e qualidade aparecem como incompatíveis e não querem que todos se tornem "doutores" para continuarem eles com o exclusivo e os privilégios de "Senhores Doutores" ou, nas palavras agrestes do Ministro Mariano Gago, contra *"todos os imbecis que vão continuar a dizer que há doutores e estudantes universitários a mais"*. E oxalá esteja para breve o tempo em que, obviamente, não haja desempregados mas em que todos os desempregados que houver tenham o diploma de licenciatura (1º Ciclo da "Declaração de Bolonha). Nesse momento e só nesse momento Portugal teria deixado de ser um país de analfabetos!

4. Maximamente oportuna e maximamente decisiva para o futuro da Sociedade Portuguesa é a nova filosofia de abertura das portas das Universidades a todos os candidatos com mais de 23 anos, independentemente das suas habilitações oficiais (Decreto Lei nº64/2006 de 21 de Março). Arrepiando caminho da velha mentalidade subjacente, por exemplo, aos antigos "Exames Ad-Hoc" (que visavam não a inclusão, mas a exclusão do universo do ensino superior a todos os adultos portugueses), esta legislação poderá vir a significar aquilo que já foi designado como uma verdadeira *"campanha geral de alfabetização universitária"*

(M. Almeida Damásio) e como uma verdadeira *"revolução cultural"*(Rui Teixeira Santos). (Para todas estas e outras questões, seja-me permitido remeter para os dois livros reconhecidamente pioneiros e de títulos conscientemente provocadores: *"Quem Tem Medo da Declaração de Bolonha?"* e *"Adimplenda est Bolonia, É preciso cumprir Bolonha"*!, Ed. Universitárias Lusófonas, 2005 e 2006).

5. O Ensino Superior constitui o motor primordial da "Democracia" e do "Desenvolvimento Humano Sustentado" e nunca haverá nem "fumos da Índia" nem "ouros do Brasil" nem "impérios de África" nem "milhões da Europa" que o possam substituir (embora estes últimos possam e devam ajudar, uma vez ultrapassada a etapa que chamei a "doença infantil" ou a "interpretação provinciana, novorriquista e bacoca" da "integração europeia de Portugal", que, aliás, ultimamente se estaria a metamorfosear no que também já designei como a "doença senil do antieuropeísmo patrioteiro"). A criação efetiva do "Espaço Europeu do Ensino Superior" (EEES), mediante a implementação da "Declaração de Bolonha", constituirá uma radical mesmo se inconsciente e muitas vezes não querida revolução, sobretudo quando Portugal entender que só poderá ser interessantemente Europeu enquanto plenamente Lusófono e só poderá ser interessantemente Lusófono enquanto plenamente Europeu.

6. A criação anunciada do "Espaço Lusófono do Ensino Superior" (ELES), primeiro pela minha "Declaração de Luanda" (encontro da "Associação das Universidades de Língua Portuguesa", AULP, 2002, renovada no encontro da mesma AULP, Luanda 2008) e depois pela "Declaração de Fortaleza" da CPLP (2004), esquecendo as complicadas e complexadas decisões do "encontro AULP de Macau 2006", poderiam vir a significar uma mudança histórica global de todas as Sociedades Lusófonas.
E só assim começará a soar, finalmente, a "Hora cairologicamente certa da Lusofonia", que tornará possível e necessária uma "CPLP" mais pertinentemente designada, como depois de ter feito vingar nos dicionários

de Língua Portuguesa a própria palavra "Lusofonia" tenho vindo a reclamar, de "União ou Comunidade Lusófona".

7. O Ensino Superior do nosso tempo ou moderno deverá ser um ensino simultaneamente das ciências sociais e humanas e das ciências naturais e técnicas, numa perspetiva de confluência e de síntese do antropocosmos e do tecnocosmos, que já denominei de "Antropótica" e que o Prof. Abel Salazar traduziu no mote de aplicação universal: *"O médico que só sabe de medicina nem de medicina sabe"*, o qual tem servido de paradigma à paradigmática disciplina de "Introdução ao Pensamento Contemporâneo" (obrigatória em todas licenciaturas de Humanidades e Tecnologias da Universidade Lusófona) e ao paradigmático manual sobre a questão (Ed. Universitárias Lusófonas, 2006).

Tal perspetiva pressupõe uma rotura ou revolução epistemológica que se poderá caraterizar de primordial (REP), na medida em que é o próprio conceito de ciência que é despido de todos os monismos e totalitarismos humanistas de ontem ou tecnicistas de hoje e se abre a todas as exigências e potencialidades da interdisciplinaridade científica e pedagógica.

8. Também uma "rotura ou revolução epistemológica particularmente primordial" (REPP) é exigida, como condição *sine qua non* de quaisquer mudanças e reformas que valham a pena, ao nível dos conceitos e práticas dos designados "Ensino Público" (que mais exatamente se chamaria "Estatal") e "Ensino Privado": enquanto, por inércia de estereótipos culturais e outras razões, um OU outro for considerado como "O" ensino propriamente dito e não apenas como "um" dos ensinos ou subsistemas com igual dignidade, iguais direitos e deveres, não será possível sair das teorias e práticas consubstanciadas em instituições como o CRUP (Conselho de Reitores das Universidades Portuguesas, que exclui, tranquilamente, as Universidades Privadas como se estas não fossem Universidades e como se não fossem Portuguesas) e em quejandas mentalidades, que, às vezes, procuram, ainda por cima, meter a "esquerda" e a "direi-

ta" em questões que relevam menos da política do que das fossilizações ideológicas.

9. Escândalo máximo e particularmente intolerável é o que se tem passado no âmbito das Faculdades de Medicina, da "Ordem dos Médicos" e do eterno presidente do "grupo de acompanhamento do ensino superior da área da saúde", que continuam cinicamente a expulsar os jovens candidatos portugueses dessas áreas reservadas, obrigando muitos deles (os que têm posses para isso) a emigrar e a ir tirar o curso de medicina nos mais diversos países, designadamente em Espanha.
Está definitivamente provado o que vale o repetido argumento de toda essa gente de que, em Portugal, *"há médicos e, consequentemente, Faculdades de Medicina suficientes se não a mais"*, para não falar da miopia, tanto mais ignóbil quanto interesseira, de falta de horizontes europeus, lusófonos e simplesmente humanos. Quando é que, entre nós e designadamente a nível das legítimas autoridades democráticas, alguém lhes lançará as invetivas de Cícero a Catilina: *"Quousque tandem... Até quando continuareis a abusar da paciência dos Portugueses e de todos os Países e Povos Lusófonos?"*

10. Todos estes princípios, em todos os aspetos, deveriam aplicar-se ao estranho e nada cristão caso do "Ensino Superior Católico", que não se apresenta nem como "público" nem como "privado", antes pelo contrário (ou seja, "concordatário"), conforme as circunstâncias e conveniências; e todo o consciente ou inconscientemente fenómeno do regresso à *"era de Constantino"* (contra a qual se insurgiu, primeiramente entre nós, o Bispo do Porto António Ferreira Gomes, na célebre carta a Salazar, e posteriormente todo o Concílio Vaticano II, na proclamação de *"Uma Igreja livre num Estado laico!"*), além das injustiças e dos arcaísmos que reflete e reproduz, não poderá deixar de vir a dar razão às conclusões do historiador britânico A. Toynbee: *"O conluio da Igreja com o Estado revelar-se-á sempre como a aliança de Fausto com Mefistófeles"!* Mesmo que a ordem de aplicação dos personagens seja arbitrária e varie

conforme os tempos e lugares. E mesmo que deva fazer-se justiça às palavras do Cardeal Patriarca de Lisboa, na cerimónia de investidura do atual Reitor da Universidade Católica (6/10/2004): *"Não queremos nem precisamos de mais subsídios da parte do Estado, queremos apenas que o Estado subsidie paritariamente todos os alunos e todas as famílias, para que possam livremente escolher a Escola que preferirem!"*

11. Glosando 11ª famosa tese, direi apenas: já se fizeram muitos discursos e interpretações mais ou menos filosóficas sobre o Ensino Superior; o que interessa, porém, é, através de um Ensino Superior, democrático *Mas* de qualidade, de qualidade *Mas* democrático, como o acima referenciado, transformar, alfabetizar, democratizar e desenvolver Portugal.

8
O ESPAÇO LUSÓFONO DO ENSINO SUPERIOR (ELES)*

A emergência do Brasil como grande potência e a descoberta, tardia sem dúvida mas bem-vinda, pelo mesmo Brasil da Lusofonia como a via real do seu desenvolvimento e da sua posição estratégica no mundo global (como venho dizendo, a última coisa que faltava à audaciosa geopolítica diplomática de Lula da Silva e que não será, no futuro, a menos valiosa joia da coroa da sua histórica presidência) vieram consagrar definitivamente a "Hora da Lusofonia" e, nela, aquilo que, no "XII Encontro da Associação das Universidades de Língua Portuguesa" (AULP), em Luanda 2002, designei como o "Espaço Lusófono do Ensino Superior" (ELES).

Mas de que se fala quando se fala de comum "**Espaço Lusófono do Ensino Superior"(ELES)**, inspirado obviamente no comum "**Espaço Europeu do Ensino Superior" (EEES)**, fruto do que para a história ficará rotulado como o "**Processo-Declaração de Bolonha**"?

1. "Declaração de Luanda", XII Encontro da AULP, Maio 2002

É no mês de Maio de 2002, no «XII Encontro da Associação das Universidades de Língua Portuguesa (AULP)», realizado em Luanda, que, pela primeira vez, foi por mim lançado o seguinte desafio, a que, depois, com grande satisfação da minha parte, seria dado o nome de «**Declaração de Luanda**»:

---

* Em: Grande Porto, 28 agosto 2009.

"À semelhança do que está a acontecer na Europa com o instrumento designado «*Declaração de Bolonha*» e com a criação do comum «*EEES-Espaço Europeu do Ensino Superior*», também no âmbito do "Espaço Lusófono" deveria avançar-se de imediato para a criação de um comum «**ELES - Espaço Lusófono do Ensino Superior**» e todas as diversidades reais e reais dificuldades não deveriam constituir obstáculos mas apenas estímulos, já que a construção de um tal «Espaço educativo» não deverá ser considerado um mero epifenómeno mas conditio sine qua non da construção do «Espaço Lusófono sem *âmbito do "Espaço Lusófono" deveria avançar-se de imediato para a criação de um comum* «**ELES - Espaço Lusófono do Ensino Superior**» e todas as diversidades reais e reais dificuldades não deveriam constituir obstáculos mas apenas estímulos, já que a construção de um tal «Espaço educativo» não deverá ser considerado um mero epifenómeno mas conditio sine qua non da construção do «Espaço Lusófono sem mais» ou da C.P.L.P.. A Lusofonia real, que não cesso de proclamar como a única real via de afirmação, no concerto ou desconcerto das Nações, de todos, insisto, de todos os Países e Povos em questão, também passa necessária *e até primordialmente por aí, ou não fosse a «Educação de Excelência para Todos» o princípio e o motor insubstituíveis de todo o desenvolvimento humano e não fosse a norma da «Educação Universal, Obrigatória e Gratuita» o programa mais revolucionário de toda a história moderna e válido para toda a humanidade e não só para o mundo ocidental*".

2. "Declaração de Fortaleza" dos Ministros da Educação da CPLP, Maio 2004

A notícia da assinatura, em Fortaleza (Nordeste do Brasil), da *"Declaração dos Ministros responsáveis pelo Ensino Superior da Comunidade dos Países de Língua Portuguesa"*, em 26 de Maio de 2004, obviamente inspirada na *"Declaração de Bolonha"* e na *"Declaração de Luanda"*, só poderia ser obviamente bem-vinda.

O abaixo-assinado autor da «*Declaração de Luanda*» sobre a criação do «*ELES- Espaço Lusófono do Ensino Superior*» mais uma vez declara que não reclamará nenhuns direitos de autor e tudo fará para que o projeto, na linha do que tem dito e escrito sobre a própria CPLP, não seja mais um retórico projeto nado-morto.

3. "Encontro da AULP de Macau", Junho 2006

No *"Encontro da AULP de Macau"* (2006), o até linguisticamente claro projeto *"ELES" (Espaço Lusófono do Ensino Superior)* transformou-se num complicado e complexado *"EESPLP" (Espaço do Ensino Superior dos Países de Língua Portuguesa)* e os sinais da sua degenerescência aparecidos durante tal encontro foram diagnosticados como mero reflexo de uma temida degenerescência institucional.

É por isso que uma vez mais me interrogo e interrogo todos aqueles que não desejam passar ao lado da **"Hora Cairológica da Lusofonia"** e num momento em que, à parte alguns europeus provincianos e desvairados, todos os povos do mundo olham para o *"modelo europeu"*, consubstanciado na dupla vertente da democracia política e do desenvolvimento económico-social, como para um horizonte de progresso ainda não ultrapassado do género humano, sobre se não poderia ser mais prático procurar uma parceria efetiva com o já criado e já funcionando comum **"Espaço Europeu do Ensino Superior" (EEES)**? ...

Sem problemas pelo facto de ter lançado a primeira ideia da criação do **"ELES"**, e aliás pelas mesmas razões e com as mesmas intenções, a resposta afirmativa a tal hipótese até poderia realçar e reclamar o paradigmático papel e lugar de Portugal enquanto membro simultaneamente da "União Europeia" (já real) e da "Comunidade Lusófona" (ainda só virtual), Portugal que só será interessantemente Europeu enquanto plenamente Lusófono e interessantemente Lusófono enquanto plenamente Europeu...

4. "Apelo-Declaração do Mindelo-Cabo Verde", Outubro 2008

Na classicamente designada **"Oração de Sapiência"** do "Dia da Universidade Lusófona de Cabo-Verde" (Mindelo, São Vicente, 30/10/2008), intitulada **"Lusofonia, Educação e Desenvolvimento"**, relembrei todas as anteriores "Declarações-Apelos" à "incrementação – implementação" do **"Espaço Lusófono do Ensino Superior" (ELES)**. E haveria lugar mais adequado para tal do que Cabo-Verde, que, em matéria de educação, sempre constituiu exemplo ímpar no âmbito do universo lusófono, do universo africano e do universo simplesmente humano ou ecuménico?

5. Este **"XIX Encontro da Associação das Universidades de Língua Portuguesa (AULP, Luanda 2009)"**, no âmbito da referida "Hora global da Lusofonia", pareceria o "momento oportuno" ("tempo cairológico", como lhe tenho chamado) para um **novo e decisivo "Apelo-Declaração à criação do Espaço Lusófono do Ensino Superior" (ELES)**, mais atualizado sem dúvida e sobretudo que glosasse com seriedade a nunca assaz louvada 11ª tese de K. Marx: *"Até aqui já se disseram muitas, se não demasiadas, coisas sobre a Lusofonia, a Educação e o Ensino Superior; mas o que verdadeiramente interessava era começar a realizá-las"*!

9
IPC – Introdução ao Pensamento Contemporâneo: Razões e Finalidades*

Para surpresa e até escândalo de muitos, nos mais diversos cursos de várias Escolas Superiores Portuguesas, vem aparecendo, desde há alguns anos, uma disciplina obrigatória com o título, à primeira vista sem relação com as áreas científicas em causa, de **"Introdução ao Pensamento Contemporâneo"**[1].

---

* Texto da "Introdução Geral" da obra de Fernando dos Santos Neves et Alii, "Introdução ao Pensamento Contemporâneo: Tópicos, Ensaios e Documentos", Edições Universitárias Lusófonas, 2007.
Cf., de maneira mais global: Fernando dos Santos Neves, IPC, INTRODUÇÃO AO PENSAMENTO CONTEMPORÂNEO: Epistemetedologia, Fenomenologia, Paradigmática, CTS (no prelo).
1 - Foi na Faculdade de Ciências e Tecnologia da Universidade Nova de Lisboa (FCT-UNL), onde a coisa e o nome originaria e institucionalmente nasceram, que, no início dos anos 80, depois de um concurso público oficial, elaborei o primeiro programa sistemático de uma tal cadeira, destinada aos vários cursos de Engenharia aí ministrados.
Entretanto, inultrapassáveis ignorâncias epistemológicas e outras causas de idêntico nível levaram à inanição real da disciplina de "Introdução ao Pensamento Contemporâneo" na FCT-UNL. Como documento e para a história, aqui deixo esse primeiro e provisório esboço de Apresentação e programação da cadeira IPC (1983):
«*Não é rigorosamente na perspetival de complementaridade mais ou menos "cultural", "humanista", "filosófica", "religiosa", "moral", "metafísica", "generalista", "extra-anti-científico-técnica"... ou de "suplemento de alma" ou "consciência da ciência" que a cadeira IPC pretende situar-se, mas sim na que poderíamos caracterizar como perspetival pluriparadigmática das ciências, em superação do tempo histórico-teórico do mono-paradigmaticismo, em que reinava a separação entre as "duas culturas", entre as "ciências" e as "letras", entre as "ciências exatas" e as outras, entre as "ciências propriamente ditas" e as "ciências impropriamente ditas", etc.
Neste sentido, a categoria de PLURI-INTER-TRANS-DISCIPLINARIDADE, que se entronca numa classificação nova das ciências, surge como o conceito teórico e operatório primordial, logo a partir da primeira grande coordenada da cadeira IPC, que se intitula: EPISTEMOLOGIA DA CIÊNCIA E DAS (TODAS AS) CIÊNCIAS.
De entre o conjunto da "floresta" do Pensamento Contemporâneo, em todas as suas mais ou menos justificadas expressões ("científico-tecnológica", "filosófica", "social e humana", etc.), será dada particular atenção crítica às duas "árvores" que ainda hoje parecem fontal e polemicamente dominá-la, a saber, MARX e FREUD e despectivas histórias e teorias e práticas e sistemas e crises e apologias e contestações...
A INTRODUÇÃO AO PENSAMENTO CONTEMPORÂNEO PORTUGUÊS, numa tentativa de ultrapassagem tanto do provincianismo grosseiro de isolamento como do provincianismo subtil de*

Também um colóquio nacional (Lisboa, 1988) sobre *"A Epistemologia das Ciências"* e mais especificamente sobre *"A relação entre as ciências ditas sociais e humanas e as ciências ditas naturais e técnicas na Universidade e na Sociedade Portuguesas"* preconizava, mesmo, **"a existência obrigatória, em todos os cursos de base de qualquer área científica, de uma cadeira, devida e diversificadamente programada, de «Introdução ao Pensamento Contemporâneo» ou designação equivalente"**[2].

A Universidade Lusófona de Humanidades e Tecnologias (ULHT) considera uma tal disciplina, existente em todos os planos de estudos de todos os seus cursos de Licenciatura, como *"uma das áreas científicas mais englobantes e de mais profundas consequências"* e como *"um dos seus mais caracterizadores ex-libris"*[3]. E não é por acaso que, nas "LINHAS DIRECTRIZES PARA A IMPLEMENTAÇÂO DO PROCESSO DE

---

hetero-centramento, que constituem causas e sintomas de uma sociedade subdesenvolvida, e a "INTRODUÇÃO AO PENSAMENTO CONTEMPORÂNEO NÃO - OCIDENTAL, numa tentativa de ultrapassagem de todo o etnocentrismo, além de serem dois parâmetros permanentes, receberão oportunos tratamentos individualizados.
   1. Introdução Geral
   2. Grandes capítulos, parâmetros e paradigmas do Pensamento Contemporâneo
   2.1. Epistemologia da Ciência e das (todas as) ciências
   2.2. Marx, Marxismo(s), Marxologia(s)
   2.3. Freud e a(s) psicanálise(s)
   2.4. O Pensamento Contemporâneo (em) Português
   2.5. O Pensamento Contemporâneo Não-ocidental
   3. Bibliografia passiva e cativa do Pensamento Contemporâneo».

2 - Além desta **conclusão-voto**, foi no mesmo colóquio também preconizada *"a existência obrigatória, em todos os cursos de base de qualquer área científica (e com maior urgência nas áreas científicas de pendor mais tecnológico), de uma cadeira obrigatória de «Introdução às Ciências Sociais» (ou designação equivalente)"*
Cf. F. Santos Neves *et alii*, O Lugar e o Papel das Ciências Sociais e Humanas na «modernização», na «Integração Europeia» e na «Cooperação Africana» de Portugal Contemporâneo. 2ª Ed., Edições Universitárias Lusófonas, Lisboa 2002.

3 - Cf. texto da "ORDEM DE SERVIÇO" que criou o **Centro de Estudos do Pensamento Contemporâneo na ULHT:**
«1. Tanto por razões mais práticas de desprovincianização e desenvolvimento da Sociedade Portuguesa como por razões, mais teóricas, de ordem cultural, interdisciplinar e paradigmática, o "Pensamento Contemporâneo" está a impor-se **como das áreas científicas mais englobantes e de mais profundas consequências,** que urge epistemologicamente clarificar e difundir, para além de já constituir **um dos mais caracterizadores ex-libris da ULHT - Universidade Lusófona de Humanidades e Tecnologias.**
2. O **Centro de Estudos do Pensamento Contemporâneo,** agora criado, na sequência de trabalhos realizados pelos seus membros, procurará intensificar e divulgar tal investigação epistemologicamente pioneira bem como institucionalizá-la a nível dos planos de estudo de todos os Cursos das Universidades e Escolas Superiores de todo o "Espaço Lusófono".

BOLONHA", vem taxativamente afirmado que, em todos os seus cursos sem exceção, deverá existir uma cadeira obrigatória de "**Introdução ao Pensamento Contemporâneo**"[4]

Como se poderiam, então, explicitar **as razões e finalidades** de uma tal cadeira ou disciplina de "**Introdução ao Pensamento Contemporâneo**", obrigatória em todos os cursos de todas as Escolas Superiores Portuguesas?

1. RAZÃO - FINALIDADE "HUMANISTO - CULTURAL"

A uma **primeira razão ou finalidade** designaremos de **"cultural"** ou de **"humanista"**, não naquele sentido facilmente ambíguo e pejorativo de pseudo-filosófico, generalista e enciclopédico, género "Seleções do Reader's Digest" ou "aulas de educação cívica e de religião e moral" nem sequer propriamente naquele, se bem entendido, nobilíssimo, que se costuma traduzir nos clássicos versos de Terêncio (*"Homo sum, humani nihil a me alienum puto"*) ou de Shakespeare (*"There are*

---

3. *O* **Centro de Estudos do Pensamento Contemporâneo** *terá como Diretor o Prof. Doutor A. Fernando dos Santos Neves, que oficialmente estruturou nas Universidades Portuguesas a primeira cadeira de "Introdução ao Pensamento Contemporâneo"».*

4 - Cf. "LINHAS DIRECTRIZES (Sistematizadas pela "Comissão Dinamizadora da Implementação do Processo de Bolonha" na ULHT) da Reestruturação de todos os Cursos da Universidade Lusófona de Humanidades e Tecnologias, à luz da "Declaração de Bolonha" e cf. legislação aplicável (livros "Quem tem medo da Declaração de Bolonha? A «Declaração de Bolonha» e o Ensino Superior em Portugal" e "Adimplenda est Bolonia! É Preciso Cumprir Bolonha!", Edições Universitárias Lusófonas, 2005 e 2006):

- Adoção do esquema geral seguinte:
180 ECTS (6 semestres, 3 anos) para os 1ºˢ Ciclos (Licenciaturas)
120 ECTS (4 semestres, 2 anos) para os 2ºˢ Ciclos (Mestrados)
180 ECTS (6 semestres, 3 anos) para os 3ºˢ Ciclos (Doutoramentos)
- Normas para a reestruturação dos 1ºˢ Ciclos (180 ECTS, 6 semestres, 3 anos):
a) *Conjunto de "aulas letivas", de "ações tutoriais", de "conferências" e de "trabalho pessoal", num total de 40-45 horas semanais de trabalho global, a ser traduzido, no seu todo, em ECTS, os quais poderão ainda ser adquiridos fora do contexto académico oficial, mediante o reconhecimento de competências várias e a valorização da aprendizagem ao longo da vida.*
b) *Cerca de 4/5 de ECTS serão provenientes de cadeiras obrigatórias (conjunto que poderá receber o nome de "MAJOR"* **e que incluirá, em todos os cursos, a cadeira intitulada "Introdução ao Pensamento Contemporâneo").**
Cerca de 1/5 de ECTS serão provenientes de cadeiras de opção, livremente escolhidos de entre as cadeiras de qualquer dos Cursos da ULHT (como, por exemplo, as cadeiras de "Socio economia Política da União Europeia" e de "Socio economia Política do Espaço Lusófono" ou as cadeiras de Língua Portuguesa e de outras línguas antigas e modernas) e que poderão constituir conjuntos designados de "MINORES"...

more things in heaven and earth, Horatius, than are dreamt of in your philosophy")⁵, mas no sentido, muito prosaico mas não irrelevante, de um grau mínimo que poderíamos chamar "grau zero" de erudição e conhecimentos próprios do homem culto de cada época e sem os quais qualquer especialização ou não é de todo possível ou se torna contraproducente e até ridícula⁶. Que dizer e pensar de "gente diplomada" e "cronologicamente contemporânea" que **"nunca ouviu falar"** de Marx, Freud, Nietzsche, Darwin, Einstein, Gramsci, Russell, Kierkegaard, Baudelaire, Kafka, Joyce, Simenon, Gide, Heidegger, Max Weber, Sartre, Simone de Beauvoir, Raymond Aron, Camus, Lacan, Foucault, Deleuze, Barthes, J. Piaget, Bachelard, Lyothard, Habermas, K. Popper, Kinsey, Teilhard de Chardin, Levi-Strauss, Saussure, P. Samuelson, J.K. Galbraith, P. Bourdieu, L. Wittgenstein, Eisenstein, Chomsky, Gödel, A. Sérgio, Agostinho da Silva, E. Lourenço, José Saramago, Oscar Lopes, Sedas Nunes, Ortega y Gasset, A. J. Saraiva, J. Alves Correia, A. Ferreira Gomes, Siza Vieira, Le Corbusier, W.Gropius, Brecht, Picasso, Fernando Pessoa, Ma-

---

5 - *"Sou homem e nada do que é humano considero estranho!"* (Terêncio); *"Há mais coisas no céu e na terra do que a tua filosofia imagina!"* (Shakespeare): embora nem o **Latim** (antiga língua da comunicação universal) nem o **Inglês** (moderna língua com idêntico estatuto) devessem precisar de tradução... ***Humani Nihil Alienum*** foi, aliás, a universalista **"divisa"** adotada pela Universidade Lusófona de Humanidades e Tecnologias (ULHT) e espero que se torne clarissímo o quê, o porquê e o para quê de uma tal adoção, bem como da adoção, se lusófono-ecumenicamente entendida, da não menos universalista *"Mensagem"* de Fernando Pessoa para seu "hino":

"Deus quer, o Homem sonha, a Obra nasce.
Deus quis que a terra fosse toda uma,
Que o mar unisse, já não separasse.
Sagrou-te, e foste desvendando a espuma,

E a orla branca foi de ilha em continente,
Clareou, correndo, até ao fim do mundo,
E viu-se a terra inteira, de repente,
Surgir, redonda, do azul profundo.

Quem te sagrou criou-te português.
Do mar e nós em ti nos deu sinal.
Cumpriu-se o Mar, e o Império se desfez.
Senhor, falta cumprir-se Portugal!"

6 - A expressão francesa **"honnête homme"** traduz bem esta ideia do *"homem culto normal de cada época"*. Por exemplo, a imagem pública de muitos ditos "Economistas" atuais (que não passariam de "merceeiros" armados de computador...) constitui o paradigma dos **"especialistas** em questões financeiras e contabilísticas e **ignorantes** em questões culturais e humanas", e até em questões propriamente económicas, no sentido em que P. Samuelson ainda continua a designar, no seu clássico manual e contra todas as factuais evidências, a *"Economia como a rainha das Ciências Sociais"*...

noel Oliveira, Almada Negreiros, Amadeo Souza-Cardoso, Paula Rego, Godard, Antonioni, Mc Luhan, Umberto Eco, Debussy, Marilyn Monroe, Pélé, Jacques Brel, Bob Dylan, The Rolling Stones, Chico Buarque, Zeca Afonso, Amália Rodrigues, Beatles, Woodstock, Maio 1968, A Viagem à Lua (1969), 25 de Abril 1974, a Queda do Muro de Berlim (1989), o "Genoma Humano", a "Internet", a "Declaração do Milénio", a "Declaração Universal dos Direitos Humanos", etc., etc., etc.[7]

E não se trata de cair no velho sonho Picodelamirandolesco de *"saber tudo sobre tudo"* («*De omni re scibili ... et quibusdam aliis!*» -

---

7 - A conceituada revista **"Social Research, An International Quarterly of the Social Sciences"** (Volume 49, number 1, Spring 1982) dedicou um número especial aos **"Modern Masters"**, que seriam: **Wittgenstein, Quine, Popper, Foucault, Chomsky, Marcuse, Habermas, Sraffa, Piaget;** menos conceituada mas não menos sintomática é, por exemplo, a obra de **Guy Sorman**, Os Verdadeiros Pensadores do Nosso Tempo (Paris, 1982, trad. port., Lisboa, Publ. Europa-América), que alinha (por ordem de tratamento): Carl Sagan, James Lovelock, Ilya Prigogine, René Thom, Stephen Gould, E.O. Wilson, Motoo Kimura, C. Lévi-Strauss, Noam Chomsky, Zhao Fusan, Bruno Bettelheim, Thomas Szasz, Marvin Minsky, Ernst Nolte, Edward Teller, Milovan Djilas, Youri Afanassiev, Kenji Nakagami, F. Von Hayek, Murray Rothbard, Octavio Paz, Ashis Nandy, M.S. Swaminathan, René Girard, Claude Tresmontant, Karl Popper, E. Gombrich, Isaiah Berlin; **John Lechte, Fifty Key Contemporary Thinkers, from structuralism to postmodernity,** Routlledge, 1994, alinha os seguintes cinquenta nomes:
Adorno, Althusser, Arendt, Bachelard, Bakhtin, Barthes, Bataille, Baudrillard, Benjamin, Benveniste, Blanchot, Bourdieu, Braudel, Canguilhem, Cavaillès, Chomsky, Deleuze, Derrida, Dumézil, Duras, Eco, Foucault, Freud, Genette, Greimas, Habermas, Hjelmslev, Irigaray, Jakobson, Joyce, Kafka, Kristeva, Lacan, Laclau, Le Groff, Levinas, Lévi-Strauss, Lyotard, Mauss, Merleau-Ponty, Metz, Nietzsche, Pateman, Peirce, Saussure, Serres, Simmel, Sollers, Todorov, Touraine ; **J. Russ, La Marche des Idées Contemporaines** (Paris, A. Colin, 1994) sistematiza um verdadeiro **"panorama da modernidade"**; **Stuart Brown- Diané Collinson − Robert Wilkinson** nomeia **"100 Filósofos do Século XX"** (Ed. Piaget, 2002); em monumental volume, **Giovanni Fornero- Salvatore Tassinari** dão-nos o quadro de **"Le Filosofie del Novecento"** − (Milão, Ed. B. Mondadori, 2002, 1588 pp.); **Jean-François Dortier**, em **"Philosophies de notre Temps"** (Paris, Editions Sciences Humaines, 2000) e, de maneira ainda mais vasta, **Joel Roman**, em **"Chronique des Idées Contemporaines, Itinéraire guidé à travers 300 textes choisis** (Paris, Ed. Bréal, 1995) e, noutro registo, **"The New Fontana Dictionary of Modern Thought"** (Londres, 2000) e **Peter Watson, Ideas, A History from Fire to Freud** (Londres, Phoenix, 2005), oferecem também panorama vastíssimo do "Pensamento Contemporâneo"; **Dietrich Schwanitz** apresenta-nos provocatória "suma" de **"Cultura, Tudo o que é preciso saber"** (tr.port., Publ. Dom Quixote, 2004); revistas como **"Le Nouvel Observateur", "Le Monde Diplomatique", "Débats", "Magazine Littéraire"**... têm publicado recorrentemente muito úteis "ensaios" e "dossiers" sobre o **"Pensamento Contemporâneo"**(cf., por ex. o **"inventário do pensamento moderno"** do "Magazine Littéraire", sobre "**a paixão das ideias**", Outubro 1996). Também o **"Nouvel Observateur"**, editou, em 1990, um **"Dossier"** (número 2) sobre **"La Pensée Aujourd'hui"** e, em 2004/2005, um **"Hors-série spécial"**, consagrado aos **"25 Grands Penseurs du Monde Entier"** (entre os quais teve lugar e ganhou fama o filósofo português José Gil, que não poderia ter melhor publicidade para o seu inesperado best-seller **"Portugal, o medo de existir"** (Lisboa, Relógio D'Água, 2005)...
A estes exemplos intencionalmente dispersos, fragmentários, lacunares e até provocatórios, deverão acrescentar-se todas as múltiplas ilustrações expandidas, nomeadamente em o.c., no **Capítulo II: Panorâmica Fenomenológica do Pensamento Contemporâneo e no Capítulo V: Questões bibliográficas em ordem à Biblioteca Ideal do e sobre o Pensamento Contemporâneo.**

«Sobre todas as coisas cognoscíveis... e ainda mais algumas!») nem nas modernas tentações *"readersdigestescas"* de *"saber nada sobre tudo"* ou *"cientóide"* de *"saber tudo sobre nada"* mas apenas de saber o que é próprio de todo o homem enquanto *"animal racional"* da sua época, de que até faz essencialmente parte saber também que há imensas e cada vez mais coisas ou especializações que desconhece, sendo tal consciência e abertura a moderna forma de se aproximar do ideal Socrático de *"saber que nada sabe"*![8]

2. RAZÃO - FINALIDADE LUSO-LUSÓFONA

Uma **segunda razão ou finalidade** que, do ponto de vista estritamente teórico não parece mas do ponto de vista prático aparece de extrema relevância, tem a ver com o que costumo apelidar de **"provincianismo grosseiro de isolamento e atraso"** e que, desde há séculos, constitui uma das maiores características e uma das maiores tragédias da Sociedade Portuguesa e também um dos maiores tormentos e remorsos dos nossos intelectuais (independentemente da pertinência das suas tentativas de resposta, não raro eivadas de um *"culturalismo ingénuo"* ou de um resvalar para um *"derrotismo inútil"* e um *"provincianismo subtil de heterocentramento e de alienação"*).

É contra o referido *"provincianismo grosseiro de isolamento e de atraso"*, (que atingirá o seu paroxismo retórico no *"orgulhosamente sós"* dos discursos e da política de Salazar e de que os principais efeitos terão sido a *"decadência"* e o *"subdesenvolvimento"* e um último avatar e refúgio poderiam ser várias formas patológicas da procura da **"identidade nacional"** e o que recentemente tenho vindo a designar como *"doença senil do antieuropeísmo patrioteiro"*) que a, a tantos títulos, emblemática **"Geração de 70"** e, nela, as emblematicíssimas **"Conferências Democráticas"** quiseram insurgir-se, como transparece do *"manifesto-pro-*

---

8 - Cf.o.c., no Capítulo I, **"Epistemetodologia do Pensamento Contemporâneo"**, o que será dito sobre a (tão badalada e por vezes tão mal entendida) **"Pluri (Multi)-Inter-trans-Meta-Pós...Disciplinaridade"** dos saberes contemporâneos.

grama" de apresentação destas, que ainda vale a pena reproduzir na íntegra [9], como valeria a pena na integra reproduzir, independentemente das suas "verdades ou falsidades objetivas", a conferência-símbolo maior dessas conferências e de todas as angústias e ânsias de contemporaneidade para a Sociedade Portuguesa que foi o discurso de Antero de Quental sobre *"As causas da decadência dos Povos Peninsulares nos últimos três séculos"*[10]:

"... Abrir uma tribuna, onde tenham voz as ideias e os trabalhos que caracterizam este momento do século, preocupando-nos sobretudo com a transformação social, moral e política dos povos;

Ligar Portugal com o movimento moderno, fazendo-o assim nutrir-se dos elementos vitais de que vive a humanidade civilizada;

Procurar adquirir a consciência dos factos que nos rodeiam, na Europa;

Agitar na opinião pública as grandes questões da Filosofia e da Ciência Moderna;

Estudar as condições da transformação política, económica e religiosa da sociedade portuguesa: tal é o fim das Conferências Democráticas" [11].

---

9 - Cf. Texto integral em: o.c., Capítulo IV: **Geossocioeconomologia Política do Pensamento Contemporâneo - Ciência, Tecnologia e Sociedade**

10 - Cf. MACHADO A.M., A Geração de 70, 18vls., Ed. Círculo de Leitores, 1987; Medina J., As Conferências do Casino e o Socialismo em Portugal, Publ. D. Quixote, 1984; A.J. Saraiva, A Tertúlia Ocidental, Ed. Gradiva, 1990.

Ver últimos parágrafos da *"Conferência Democrática"* de Antero de Quental sobre as *"Causas da Decadência dos Povos Peninsulares nos últimos três séculos"* ("discurso pronunciado na noite de 27 de Maio de 1871, na sala do casino Lisbonense"):

"...Somos uma raça decaída por ter rejeitado o espírito moderno: regenerar-nos-emos abraçando francamente esse espírito. O seu nome é Revolução... Meus Senhores: há 1800 anos apresentava o mundo romano um singular espetáculo. Uma Sociedade gasta, que se aluía, mas que, no seu aluir-se, se debatia, lutava, perseguia, para conservar os seus privilégios, os seus preconceitos, os seus vícios, a sua podridão: ao lado dela, no meio dela, uma sociedade nova, embrionária, só rica de ideias, aspirações e justos sentimentos, sofrendo, padecendo, mas crescendo por entre os padecimentos. A ideia desse mundo novo impõe-se gradualmente ao mundo velho, converte-o, transforma-o: chega um dia em que o elimina, e a humanidade conta mais uma grande civilização. Chamou-se a isto o Cristianismo.
Pois bem, meus Senhores: o Cristianismo foi a Revolução do mundo antigo: a Revolução não é mais do que o Cristianismo do mundo moderno".

11 - Texto de 16 de Maio de 1871, assinado por **Adolfo Coelho, Antero de Quental, Augusto Soromenho, Augusto Fuschini, Eça de Queirós, Germano Vieira de Meireles, Guilherme de Azevedo, Jaime Batalha Reis, Oliveira Martins, Manuel de Arriaga, Salomão Saragga, Teófilo Braga.**

Na **"Enciclopédia"** de Diderot-D'Alembert, no artigo sobre a "Filosofia Escolástica" (escrito precisamente por d'Alembert), há as seguintes referências sarcásticas ao isolamento e atraso da cultura portuguesa de então:

"... As Universidades de Espanha e de Portugal, graças à Inquisição que as tiraniza, estão muito menos avançadas; nelas a filosofia está ainda no mesmo estado em que entre nós esteve do

Numa perspetival não só de "Espaço Luso" mas também de "**Espaço Lusófono**" e tendo em conta a existência da **CPLP - Comunidade dos Países de Língua Portuguesa**[12], permito-me simplesmente remeter para todos os meus textos recorrentemente publicados nas mais variadas formas *("Teses", "Manifestos", "Discursos"*, etc.), limitando-me, aqui e agora, a insistir em que se trata de algo mais que simples tautologia dizer que *"os Países e Povos de Língua Portuguesa (todos sem exceção) ou serão lusófonos ou nunca serão de nenhum modo"* e a reafirmar a minha "**Tese Global sobre a Lusofonia**":

"Mais que projeto ou "questão cultural" e até "linguístico-literária", a Lusofonia é, obviamente, um importante projeto ou uma importante "questão de Língua" e, sobretudo, um importantíssimo projeto ou uma importantíssima "questão de estratégia comum de Desenvolvimento Humano Sustentável e de Espaço Geopolítico Próprio" no globalizado mundo contemporâneo. O que também é válido para

---

século XII até ao século XVII; os professores chegam a jurar que jamais ensinarão outra: a isto chama-se tomar todas as precauções possíveis contra a luz. Num dos jornais do ano de 1752, no artigo das Novidades Literárias, não se pode ler, sem espanto nem aflição, o título dum livro recentemente impresso em Lisboa (em pleno século XVIII): Sytema aristotelicum de formis substantialibus, etc., cum dissertatione de accidentibus absolutis (Ulissipone, 1750). **Quase é de crer que se trata de uma gralha tipográfica e que é 1550 que devemos ler. On serait tenté de croire que c'est une faute d'impression et qu'il faut lire 1550...**" (Encyclopédie ou dictionnaire raisonné des sciences des arts et des métiers, 1751-1772, entrada: Ecole (philosophie de l'); trad. port. em: A Enciclopédia, textos escolhidos, Editorial Estampa, 1974, pag.59).

E não se viu um membro do governo português do século XX confessar candidamente, em entrevista ao Jornal "Expresso" de 13/10/90 (ou tratar-se-á, também aqui, de uma "**gralha tipográfica**"?), que de *"Marx não leu nada e de Freud pouco"*, Marx, Freud e Nietszche unanimamente aclamados, após a famosa conferência de M. Foucault sobre os grandes *"Mestres da Suspeita"*, como os grandes paradigmas do Pensamento Contemporâneo? Cf. adiante Cap. III: Genealogia, Ontologia, Cânone, Código Genético e Epistemática-Paradigmática do Pensamento Contemporâneo. Por estas e por outras, **Novas "Conferências Democráticas" para a "Modernização-Contemporanização" de Portugal, precisam-se!**

Aconselha-se, aliás, a permanente revisitação, por exemplo, das obras de Eça de Queiroz, como o tristemente "delicioso" último capítulo do romance "O Crime do Padre Amaro", onde se encontram "pérolas" como as seguintes: *"... A verdade, meus senhores, é que os estrangeiros invejam-nos... Senão, vejam vossas senhorias isto! Que paz, que animação, que prosperidade!... Meus senhores, não admira realmente que sejamos a inveja da Europa!..."* Se a ironia e o ridículo matassem ...

12 - A **"Declaração constitutiva da Comunidade dos Países de Língua Portuguesa"** foi assinada em Lisboa, no dia 17 de Julho de 1996, pelos **"Chefes de Estado e de Governo de Angola, Brasil, Cabo Verde, Guiné-Bissau, Moçambique, Portugal e São Tomé e Príncipe";** e, contra todas as aparências e realidades, com *"pessimismo da inteligência mas otimismo da vontade"*, gramscianamente esperemos que não se tenha tratado de um "nado-morto"...

a CPLP (Comunidade dos Países de Língua Portuguesa), que deveria adotar o nome menos restritivo de "Comunidade Lusófona". [13]

3. RAZÃO - FINALIDADE "CIENTÍFICO - EPISTEMOLÓGICA"

A **razão-finalidade científico-epistemológica**, de importância central para não dizer total, remete, obviamente, para as redescobertas, ainda que não suficientemente aprofundadas, questões da **pluri--inter-trans-disciplinaridade** e poderia traduzir-se numa fórmula lapidar como a seguinte: *Toda a ciência que não seja pluri-inter-trans...ciência não passará de nula-pseudo-anti-ciência.*[14]

Observaria, apenas mas com toda a força, que esta essencial **pluri-inter-trans- disciplinaridade** só faz sentido e só tem conteúdo

---

13 - Cf. nomeadamente: Comunicação inicial ao "I Congresso Internacional da Lusofonia", Sociedade de Geografia de Lisboa, 8-9-10 de Fevereiro 2007.
Sobre todas as questões da Lusofonia (independentemente da questão de saber se o próprio vocábulo só entrou nos dicionários e no uso corrente por sua influência e da "Universidade Lusófona", como, segundo os entendidos, parece ser o caso...), tem o autor recorrentemente falado e escrito nos últimos anos, designadamente, em:
- *Para uma Crítica da Razão Lusófona, Onze Teses sobre a C.P.L.P. e a Lusofonia* (Edições Universitárias Lusófonas, 2ª ed., 2002).
- *Res-Publica, Revista Lusófona de Ciência Política e Relações Internacionais*, nº 3/4 ("Dossiê Lusofonia)
- *A Globalização Societal Contemporânea e o Espaço Lusófono: Mitideologias, Realidades e Potencialidades* (Edições Universitárias Lusófonas, 2000).
- *O Lugar e o Papel das Ciências Sociais e Humanas* (Edições Universitárias Lusófonas, 2ª ed., 2002)
- *Para um Direito Comunitário Lusófono?*, in: Direito Natural, Justiça política, Vol. 1, Coimbra Editora 2005.
- *"Hora da Globalização", "Hora da União Europeia", "Hora da Ibero-América", "Hora do Mercosul", - "Hora da Lusofonia"?*, em: Fórum Internacional da UNESCO sobre Ciências e Políticas Sociais, Buenos-Aires, 20-24 Fevereiro 2006 e no Jornal "Semanário" (10/03/06).
- *Os "tempos cairológicos" ou as "horas cairologicamente certas" de Portugal e das Universidades Portuguesas*, em: O Dia da Universidade Lusófona de Humanidades e Tecnologias, 8 de Abril de 2006 (Edições Universitárias Lusófonas).
- *A "Hora do Porto" na "Hora da Europa" e na "Hora da Lusofonia": "10 mandamentos" e "11 teses"*(Porto, Clube Via Norte, 26 de Junho de 2006).
- *"Hora Cairológica da Lusofonia", "Hora Cairológica da Língua Portuguesa", Hora Cairológica da CPLP"?*, em: Semanário, 14 de Julho 2006.
14 - Seria de recordar fórmulas ainda mais lapidares como a que se encontrava gravada no edifício da Escola de Ciências Biomédicas da Universidade do Porto (da autoria de Abel Salazar): *"Um médico que só sabe de medicina nem de medicina sabe"* ou esta do economista italiano Sylos Labini: *"Un economista puro é um puro asino!"* ou ainda o título provocante do inquérito jornalístico da revista "L'Espresso" (Roma, 12 de Maio de 1995): **"Ha letto Kant? Diriga la Fiat"**, que se poderia traduzir livremente: **Quer dirigir a Fiat? Leia Kant, estude as Ciências Humanas!".**

real se pressupuser e se basear naquilo que, desde há anos, venho chamando *"Rotura Epistemológica Primordial" (REP)*, que se situa ao nível do próprio conceito de ciência e pode laconicamente definir-se como **a passagem de uma conceção monoparadigmática, reducionista e totalitária a uma conceção pluriparadigmática, aberta e democrática da(s) ciência(s)**[15].

É ainda no âmbito desta **razão-finalidade científico-epistemológica do Pensamento Contemporâneo** que deve enquadrar-se toda a problemática das relações entre as chamadas **"ciências sociais e humanas"** e as chamadas **"ciências e tecnologias"**, também e sobretudo no sentido em que aí se polarizam as atenções hodiernas de desenvolvimento e modernização das Sociedades[16]. De facto, à semelhança das ideias de "natureza", "razão", "direito", "deus", "cristianismo", "humanismo", "iluminismo", "progresso", "evolução", "revolução", "república", "democracia", noutros momentos históricos, pode afirmar-se que, hoje, para além do conceito mágico de "globalização", são as vozes de "desenvolvimento" ou "modernização" que polarizam as atenções dos nossos contemporâneos. Para que se tornem algo mais que fácil alibi politiqueiro ou exorcismo feiticista, o verdadeiro desenvolvimento e a verdadeira modernização da Sociedade e das Universidades Portuguesas deverão, necessária e simultaneamente, incluir uma *"inovação científico-técnica"* (sem que os discursos sobre as "novas tecnologias", feitos a despropósito, se tornem a fuga para a frente de concretas realidades que relevam de incontornáveis e insustentáveis estruturas socioeconómicas) e uma

---

15 - Foi no **"Congresso Internacional sobre as Estruturas Emergentes para uma Nova Revolução nas Ciências"**, organizado em Lisboa no mês de Junho de 1986, na presença, entre outros, do autor de um dos mais vastos ensaios epistemológicos de final de século (E. Morin), que lancei o meta--conceito da **"Rotura Epistemológica Primordial"** (REP), em comunicação intitulada **"Da Revolução Científica Contemporânea como Rotura Epistemológica Primordial a uma Nova Classificação das Ciências."**Cf. notícia, por exemplo, no vespertino lisboeta "A Capital" (Junho 1986): **"Santos Neves: A Revolução Científica Contemporânea"**. Deste conceito de *"Rotura Epistemológica Primordial"* pareceria aproximar-se, afastados os laivos da moda pós-modernista, o conceito lançado por Boaventura Sousa Santos de *"Segunda Rotura Epistemológica"* (Cf. Sousa Santos B., Introdução a uma Ciência Pós-moderna, Ed. Afrontamento, 1990). Cf., adiante, no **Cap. I Que é o Pensamento Contemporâneo? "Epistemetodologia" do Pensamento Contemporâneo**, o texto integral do meu ensaio sobre a *"Rotura Epistemológica Primordial"*(REP).
16 - Cf. **F. Santos Neves et alii, O Lugar e o Papel das Ciências Sociais e Humanas...**, Edições Universitárias Lusófonas, pp. XI ss.

"inovação científico-social", talvez, para alguns, muito distraídos ou pouco lúcidos, não tão óbvia, mas não menos essencial nem menos urgente. São conhecidas as reflexões de Lenine, em contexto histórico evidentemente diverso, sobre as duas componentes da Revolução Russa que seriam *"Os Sovietes mais a Eletricidade"* bem como os ensaios já clássicos de Snow sobre *"As duas culturas"*[17] ou de Th. Kuhn sobre *"A estrutura das revoluções científicas"* e despectivos *"paradigmas"*[18] ou de M. Foucault sobre a *"arqueologia das ciências humanas"* e seus *"epistemas"*[19] ou de Joel de Rosnay sobre *"O macroscópio"* e a *"visão sistémica"*[20] ou de Prigogine sobre *"A nova aliança"* e os *"conceitos vagabundos"*[21] ou de E. Morin sobre a *"metodologia complexa"* e as *"meta-disciplinaridades"*[22] ou de Boaventura Sousa Santos sobre a *"segunda rutura e a pós-modernidade epistemológica"*[23] ou de Manuel Sérgio e as suas elucubrações sobre a *"epistemologia da motricidade humana"*[24] ou de Armando Castro e o seu *"Opus Magnum"* sobre a *"teoria ou ciência do conhecimento científico, designadamente das ciências do homem"*[25]; o Prof. José Baptista, dinamizador entre nós da *"Sociologia Industrial, da Organizações e do Trabalho"* (S.I.O.T.), desde há muito chamava a atenção para a nula utilidade e até contraproducência de *"informatizar o Castelo de Kafka..."*[26]; e eu próprio tenho vindo a insistir, por um lado,

---

17 - Snow C., The Two Cultures and the Scientific Revolution, Cambridge, 1959 (Trad. Port., Lisboa, 1996).
18 - Kuhn Th. S., The Structure of Scientific Revolutions, Chicago, 1962. Cf. alínea 4 e nota 29 da presente "Introdução Geral".
19 - Foucault M., As Palavras e as Coisas, Uma Arqueologia das Ciências Humanas, Paris, 1966 (Lisboa, 1968).
20 - Joel de Rosnay, O Macroscópio, para uma visão global (Lisboa, Ed. Arcádia, 1977), Cap. IV: *Para uma nova cultura*.
21 - Prigogine I-Stengers I., A Nova Aliança, trad.port, Lisboa, Ed. Gradiva, 1987.
22 - Morin E., *O Método*, vários volumes, trad. port., Lisboa, Publicações Europa América, 1977...; *O Problema Epistemológico da Complexidade*, ib., 1985, etc.
23 - Sousa Santos B., Introdução a uma Ciência Pós-moderna, Porto, Ed. Afrontamento; etc.
24 - Sérgio M., Para uma Epistemologia da Motricidade Humana, Lisboa, 1975.
25 - Castro Armando, Teoria do Conhecimento Científico, vários vls., Porto, 1975... As "Edições Universitárias Lusófonas" já anunciaram uma (re)edição completa deste "opus magnum" epistemológico, sem paralelo em qualquer língua.
26 - José Baptista, A Informatização do Castelo de Kafka: inovação tecnológica versus inovação organizacional (comunicação ao "Simpósio de Informática", Lisboa, 10-14 de Março de 1986). Cf. obra empírica e teoricamente fundadora da "Sociologia Industrial, das Organizações e do Trabalho" (SIOT): BAPTISTA, José, KOVÁCS, Ilona, ANTUNES, Conceição Lobo. **Uma Gestão Alternativa**: *para uma sociologia de participação nas organizações a partir de uma experiência portuguesa*. Lisboa : Relógio D'Água, 1985.

no que designei *"Projeto de Antropótica"* como confluência e superação do *"antropocosmos"* e do *"tecnocosmos"* e, por outro lado, no conceito de *"Rotura Epistemológica Primordial"* como ultrapassagem de todo o monoparadigmaticismo e totalitarismo pseudocientífico...[27]

A mensagem é simples mas fundamental: a *"inovação científico-técnica e tecnológica"* e a *" inovação científico-social e humana"* terão de ser os dois co motores, dialogantes mesmo se eventualmente polémicos, de qualquer "desenvolvimento" ou de qualquer "modernização" que valham minimamente a pena. Em termos epistemológicos, institucionais e curriculares (e num momento em que velhos ou novos e até novíssimos paradigmas se veem forçados a abandonar as suas pretensões e tentações ditatoriais e imperialistas), a conclusão e a tradução não podem ser outras senão as de, superando todos os arcaísmos culturais e mentais, explicitar e implementar, autonomamente e transdisciplinarmente, as chamadas *"ciências técnicas e tecnológicas"* e as chamadas *"ciências sociais e humanas..."*, modelo e ideal intencionalmente expressos e consubstanciados na própria designação da Universidade Lusófona de **Humanidades e Tecnologias** [28].

4. RAZÃO - FINALIDADE "EPISTEMÁTICO-PARADIGMÁTICA"

Quanto à **razão-finalidade a que demos o nome de "epistemático-paradigmática"**, há que afirmar, antes de mais, que ela não somente não se opõe a ou se distingue da razão-finalidade "científico-epistemológica" como constitui desta a perfeita e profunda realização. Desde que **Thomas Kuhn**, para grande surpresa sua e desagrado de muitos "cien-

---

27 - Sobre a *"Rotura Epistemológica Primordial" (REP)*, cf. páginas anteriores; sobre o *"Projeto de Antropótica"*, como projeto de *"antropologia-antropopraxia omnitotidimensional"*, cf. o.c., Cap. IV: **"Geossocioeconomologia Política do Pensamento Contemporâneo – Ciência, Tecnologia e Sociedade"**.
28 - cf., por exemplo, texto de apresentação da ULHT no "Guia Académico" ou no "site" www.grupolusofona.pt:
"Na linguagem oficial do Diário da República (Decreto-Lei nº92/98 de 14 de Abril, aprovado em Conselho de Ministros do dia 11 de Março), *"é reconhecido o interesse público da Universidade Lusófona de Humanidades e Tecnologias" (art.1.1)*, sendo-lhe assinalados *"como objetivos o ensino, a investigação e a prestação de serviços nos vários domínios da ciência, da cultura e das tecnologias, numa perspetival interdisciplinar e, especialmente, em ordem ao desenvolvimento dos países e povos de Língua Portuguesa" (artigo 4).*"

tistas", descobriu que as causas das "revoluções científicas" não relevam somente, nem sobretudo, das "ciências" ("cientistas", "científicas" e "ciências" ainda num sentido totalmente "pré-Ruptura Epistemológica Primordial"...), ou seja, da astronomia, da física, da biologia, etc..., mas também e até preponderantemente de áreas consideradas "extra-científicas" como a filosofia, a moral, a religião, a visão do mundo..., as ciências sociais e humanas, em suma, e desde que, para nomear esses conjuntos maximamente complexos e vastos (e também vagos, como o provam todas as discussões de maneira nenhuma encerradas e as próprias opiniões diversificadas de Kuhn sobre a questão) adotou o termo de **"paradigmas"** (em sentido obviamente diverso dos paradigmas ou modelos gramaticais, matemáticos, económicos e outros), o recurso a tal conceito tornou-se obrigatório e até obsessivo não só no âmbito restrito da "Epistemologia", da "História e Filosofia das Ciências" (e despectivos congressos...) como também na linguagem quotidiana e nos mass-media, onde frequentemente surgem referências a eventuais superações de velhos ou eventuais emergências de novos "paradigmas", não raro com grande superficialidade e com grandes cargas ideológicas [29].

Sejam quais forem (ou tiverem sido), para Th. Kuhn, os sentidos e os conteúdos originários ou posteriores do conceito de *"Paradigma"*, **o mesmo adquiriu uma existência autónoma e significa, para nós e no contexto do "Pensamento Contemporâneo", as "estruturantes fundamentais", os "grandes impensados pensantes", as "grandes correntes", os "grandes universos" (E.P. Coelho), os "pressupostos absolutos e inconscientes" (Collingwood), os "horizontes inultrapassáveis" (J.P. Sartre), os "epistemas" (M.Foucault) do Pensamento de uma época,**

---

[29] - KUHN Th. S., *The Structure of Scientific Revolutions*, Chicago, 1962 (tr. espanhola, 1971, Fondo de Cultura Económica)
   Cf. em Português:
   - CARRILHO, M.M., org., História e Prática das Ciências, Lisboa, 1979.
   - PRADO Coelho E., Os Universos da Crítica, Lisboa, 1982. (neste título, **"Universos"** constituem ótima tradução criativa dos **"Paradigmas"** Kuhnianos).

que condicionam radicalmente e fontalmente explicam todos os pensamentos ou áreas científicas particulares [30].

Assim sendo, entender-se-á como a questão do "Pensamento Contemporâneo", sem cair na tentação das aparências ou "modas" dos "fogos fátuos" e prestando atenção às realidades ou "modos" do "fogo grego", é, fundamentalmente, a questão dos grandes **"contemporanemas"** (relativos ao "Mundo Contemporâneo" na sua globalidade sócio-económico-político-cultural...), dos grandes **"Logocontemporanemas"** (relativos ao específico e mais especificamente humano "Pensamento Contemporâneo") e, sobretudo, a questão dos grandes **"Epistemas"** e **"Paradigmas"** que, na sequência do antes referido, figurativamente se poderiam designar como as "árvores primordiais" ou como o "código genético" da floresta ou do organismo do "Pensamento Contemporâneo" global.

Assim sendo, entender-se-á também como a questão do **"Pensamento Contemporâneo"**, remetendo para todas as áreas científicas, remete, de maneira incontornável e primordial, para a "área das ciências filosóficas" e para a **"área das ciências sociais e humanas"**. Entender-se-á, finalmente, o "quê" e, sobretudo, o "porquê" e o "para quê" da inicialmente citada **"Conclusão-Voto"** que preconiza «a existência obrigatória, em todos os cursos de base de qualquer área científica, de uma cadeira, devidamente e diversificadamente programada, de "Introdução ao Pensamento Contemporâneo" ou designação equivalente».

A **"Introdução ao Pensamento Contemporâneo"** é, no fundo e em síntese, para além das razões e finalidades específicas de **"Desprovincianização, Democratização e Desenvolvimento das Sociedades Lusófonas"**, uma tentativa permanente de alargar as fronteiras do "animal racional e livre que é o homem" (inclusivamente recordando-lhe, com Pascal, que "*há razões que uma certa razão tem dificuldade em enten-*

---

30 - A importância e o impacto da categoria **"episteme"** lançada por M. Foucault, designadamente no livro-chave **"As Palavras e as Coisas, Uma Arqueologia das Ciências Humanas"** (Paris, 1966; Lisboa, 1968) não foram e não são **teoricamente** inferiores à importância e impacto da categoria **"paradigma"** lançada por Th. Kuhn, motivo pelo qual preferi, no texto, falar de **"razão-finalidade epistemático-paradigmática"**.

der") e, por isso mesmo, uma luta permanente contra todas as formas de **"obscurantismo"** e **"totalitarismo"** (de que um certo **"pós-modernismo"** anti iluminista e um invadente pseudo-ecuménico **"pensamento único"** poderiam constituir os derradeiros avatares).

De maneira ainda mais geral, poderia dizer-se que é ambição e missão da disciplina de **"Introdução ao Pensamento Contemporâneo"** constituir uma espécie de **"Anti-sílabo"** permanente, em defesa da modernidade iluminista consubstanciada no Renascimento e nas Revoluções filosóficas, literárias, artísticas, políticas e sociais dos últimos séculos[31].

---

31 - O **"Syllabus"** do Papa Pio IX (1864) é, nos seus próprios termos, a **"lista ou o índex dos principais erros da nossa idade** (80!), onde se incluem, praticamente, todos os progressos da Razão Humana dos últimos séculos, dizendo e sintetizando o octogésimo "erro" citado e condenado: *"O Pontífice Romano pode e deve reconciliar-se com o progresso, a liberdade e a civilização moderna"*...

10
DA CPLP À UNIÃO / COMUNIDADE LUSÓFONA*

Como responsável-mor pelo surgimento da "**Lusofonia**" (inclusive da entrada do vocábulo nos dicionários da Língua Portuguesa, onde em vão se procura antes dos anos 80 do século passado, data em que ainda tive grandes resistências à adoção do nome "Universidade Lusófona...", porque, diziam-me, até *"soava mal..."*), parece-me chegada a "**Hora**" (o também por mim chamado *"Tempo Cairológico!"*) de se avançar, finalmente, para o grande desígnio político-estratégico da Lusofonia, que vá para além das "intendências" mais ou menos calculistas e utilitárias. Quem não se lembra do tonitruante berro de De Gaulle: *"A intendência, terá de seguir!"* e (só para dar exemplos mais óbvios) alguma vez teria havido a "**União Europeia**", a "**União da Alemanha**", etc...., sem as visões "**Políticas**" (com maiúscula!) de um Delors, de um Kohl, etc., ou, mais histórica e lusiadamente, alguma vez teria havido "**Descobrimentos**", se o Infante D. Henrique não tivesse antecipadamente feito seus os versos de F. Pessoa: *"O mar com fim será grego ou romano, O mar sem fim é Português"*?

A "era da globalização", por um lado e a emergência do Brasil como grande potência, inclusive como membro permanente do Conselho de Segurança da ONU, por outro lado, criaram as condições essenciais para o aparecimento não já só da palavra "**Lusofonia**" mas também e sobretudo da realidade geopolítica que, da velha e datada **CPLP**, deverá rapidamente evoluir para a "**União ou Comunidade Lusófona**", na linha daquela *"Crítica da Razão Lusófona"* que venho há décadas efetuando e de que o *"Novo Acordo Ortográfico da Língua Portuguesa"*, não obstan-

---
* Em: Grande Porto, 14 agosto 2009.

te a oposição dos últimos patrioteiros lusitanos e últimos abencerragens de causas perdidas, é um dos sinais mais evidentes e significativos.

Feliz ironia da história: o Presidente Lula da Silva, de um Brasil onde a Lusofonia não-retórica era praticamente uma ilustre desconhecida (não obstante a nunca assaz louvada visão pioneira de J. Aparecido de Oliveira), na linha conclusiva da sua audaciosa Política Diplomática do Brasil como grande Nação emergente (e quem sabe até se, um dia, às letras "B R I C", de Brasil, Rússia, Índia e China, não deverá acrescentar-se a letra "A" de Angola?), será ou virá a ser o grande estratego daquela **Lusofonia**, de que, há muito (com apelos à instituição do "**Passaporte-Cidadania Lusófona**", do "**Parlamento Lusófono**", da "**Academia Lusófona da Língua Portuguesa**", etc.), eu venho recorrentemente proclamando e tentando demonstrar a seguinte **Tese Geral:**

Mais que projeto ou "questão cultural" e até "linguístico-literária", a Lusofonia é, obviamente, um importante projeto ou uma importante "questão de Língua" e, sobretudo, um importantíssimo projeto ou uma importantíssima "questão de estratégia comum de Desenvolvimento Humano Sustentável e de Espaço Geopolítico Próprio no globalizado mundo contemporâneo". O que também é válido para a CPLP (Comunidade dos Países de Língua Portuguesa), que deveria adotar o nome menos restritivo e mais cairológico de "Comunidade Lusófona".

11

QUEM TEM MEDO DO "ACORDO ORTOGRÁFICO"?*

No dia 10 de Novembro de 2004, escrevi no jornal "Público" um artigo intitulado *"Quem tem medo da Declaração de Bolonha?"*, que, segundo parece, esteve muito na origem do fim da recusa, por parte das Personalidades e Instituições Académicas Portuguesas, daquela que seria, felizmente, a integração definitiva do nosso Ensino Universitário na circunstância europeia (igual, no caso, à circunstância da modernidade), sendo que já fui mesmo apelidado (só espero que corresponda à verdade) *"o apóstolo-mor da Declaração de Bolonha em Portugal"*.

Mutatis mutandis, parece-me de toda a atualidade e urgência lançar hoje a questão **"Quem tem medo do Acordo Ortográfico?"**, até porque, de certo modo, as duas "horas" ou, mais exatamente, a dupla "hora cairológica" de Portugal, a "hora europeia" e a "hora lusófona", embora muitos ainda o não tenham descoberto, estão e devem estar inter-unidas e interdependentes e assim como, no primeiro caso, era a recusa, mais ou menos inconsciente, da vencedora "hora europeia", neste segundo caso é a recusa, também ela mais ou menos inconsciente, da "hora lusófona" que se encontra na base de todos os receios e resistências dos nossos patrioteiros valentões, que acham que a "sua" Língua Portuguesa está em perigo. Já agora, também neste caso, já fui pública e publicamente apelidado de *"teórico-mor da Lusofonia, vocábulo de cuja introdução nos dicionários de Língua Portuguesa terei sido o grande responsável..."* (e, também aqui, não ficaria nada descontente se houvesse alguma correspondência com a realidade).

---

* Em: Das Artes, Das Letras, Porto, 17 dezembro 2007.

Mas voltando ao essencial e à pergunta do nosso título "**Quem tem medo do Acordo Ortográfico?**", a resposta, não talvez a mais óbvia mas sem dúvida a mais profunda e verdadeira, consiste no que poderíamos designar de "**síndroma salazarista de Badajoz**", ou seja, no síndroma daqueles que, à semelhança de Salazar, nunca foram, simbolicamente, "*além de Badajoz*" e, portanto, de um modo ou de outro, também à semelhança de Salazar e utilizando os seus próprios termos, preferem continuar "*orgulhosamente sós!*"

Poderia, até, dar um exemplo que julgo maximamente elucidativo. A 10 de Junho de 2006, publiquei uma breve nota intitulada: "*As velhas Feiras do Livro Português estão mortas, vivam as novas Feiras do Livro Lusófono!*", tendo, a seguir, convidado todos os Editores e Livreiros Portugueses para um encontro sobre a maneira de ultrapassar a sentença por mim citada do escritor José Eduardo Agualusa: "*O Parque Eduardo VII talvez seja, realmente, o lugar apropriado para acolher a atual Feira do Livro de Lisboa. Representam ambos um passado morto!*" Sabem quantas foram as respostas ao meu apelo individualizado? Duas ou três, a dizerem que não poderiam aparecer... Evidentemente, os Editores e Livreiros Portugueses preferem continuar no seu Portugalzinho e nas suas Feirinhas do Livro do "passado morto"! Só que, entretanto, as coisas mudaram e Portugal e os seus editores e livreiros e etc. ou mudam também ou sobre eles em breve se escreverão as palavras fatais: "*R.I.P., Requiescant in Pace!*"

Especificamente sobre a questão do Acordo Ortográfico, já se tornou, felizmente, claro que, tendo em conta a emergência estratégica, no mundo globalizado, da nova potência que é o Brasil e da "Lusofonia" (que, não sendo só nem sobretudo uma questão de língua, é-o também de maneira essencial!), a "*unificação institucional e plural*" da Língua Portuguesa chamada "*Acordo Ortográfico*" (este ou outro e o melhor possível, como é óbvio!) é, a breve trecho, absolutamente e, mais uma vez, felizmente inevitável! Com ou sem os Editores e Livreiros portugueses, com ou sem Portugal, connosco ou "sem-nosco", como jocosa e "desacordada mente" já foi dito.

Em casos semelhantes, costumo recordar os terríveis comentários de Diderot-D'Alembert, na sua Enciclopédia paradigma da modernidade, sobre um livro que lhes chegara de Lisboa, com a data de 1750: *"Com certeza que se trata de uma gralha tipográfica, pois que tal livro só poderia ter sido escrito há dois ou três séculos!"*

Serão tudo gralhas tipográficas de há 2 ou 3 séculos, o que, nos últimos dias, tenho lido e ouvido, da parte dos editores e livreiros e etc. portugueses, relativamente ao "Acordo Ortográfico" da Língua Portuguesa?

12

EM LOUVOR DA FILOSOFIA*

"Quer tornar-se diretor da FIAT? Leia Kant, estude Filosofia!"
Assim concluía, provocadoramente, a revista italiana "L'Espresso" (Roma, 12 de Maio de 1995) uma longa reportagem sobre as maiores Escolas contemporâneas de Management ou Gestão (Harvard, Fontainebleau, Londres, Milão, Barcelona, etc.).

"Mais Platão, menos Prozac!", tal é o último grito vulgarizado pela tradução portuguesa (Editorial Presença, 2002) do livro de Lou Marinoff, *Plato, Not Prozac! Applying Eternal Wisdom to Everyday Problems* a favor do "aconselhamento filosófico" e da "filosofia clínico-prática" e que espero não venha a ter, para a Filosofia, os mesmos nefastos efeitos que os livros de Paulo Coelho para as Religiões e respetiva Ciência...

Sobre a Filosofia, recorrentemente se disse e se escreveu mais ou menos tudo e o seu contrário, em síntese: que a Filosofia é essencial e conatural ao projeto humano e fundamento indispensável de todas as demais ciências ou que é de uma inutilidade cada vez mais total e votada a rápido e definitivo desaparecimento.

E, para não falar das humorísticas mas não menos corrosiva definições do género de que a filosofia "é aquilo com o qual e sem o qual se fica tal e qual" ou "a capacidade de fazer complexo o que é simples e de transformar as respostas e soluções em questões e perguntas", existe ainda aquela posição do "senso comum" que torna o estudo da filoso-

---

* Em: Fernando dos Santos Neves et Alii, Introdução ao Pensamento Contemporâneo: Tópicos, Ensaios, Documentos, Edições Universitárias Lusófonas, 2007, pp. 225-228.
Texto também publicado na "Revista Actual" do "Expresso" e em "Metacrítica, Revista Lusófona de Filosofia" e como "Prefácio" do livro "Pensar", do José Padre Maria de Sousa (Ed. Calçada das Letras, 2014).

fia desnecessário uma vez que todos somos "naturalmente filósofos" (o que até não deixa de ser verdade, mas noutro sentido e com outras implicações...). Era, esta, aliás, a razão profunda das queixas de Freud a Einstein, quando lhe escrevia, dizendo *"feliz de você que fala de coisas que as pessoas estão conscientes de ignorar, ao passo que das coisas de que eu falo todos pensam ter conhecimento inato..."*.

Citei os nomes de Freud e de Einstein, mas, como é sabido, todos os grandes nomes de qualquer área do conhecimento do passado foram, antes de mais e nunca deixaram de ser, filósofos e humanistas e não é por acaso que um dos livros fundadores da Ciência Moderna foi escrito em latim e com o título: *"Philosophiae Naturalis Principia Mathematica"* (Newton)" ou que Marx muito filosoficamente escreveu as suas 11 Teses "Ad-Feuerbach" e nunca deixou de ser, na sua também fundadora obra *"O Capital, Critica da Economia Política"*, mais que um Economista filósofo, num Filósofo economista ou que, mais perto de nós, L. Wittgenstein nos tenha legado o seu latino *"Tractatus Logico-Philosophicus"*... Como também não é inteiramente por acaso que, nas Escolas Anglo-saxónicas, os doutoramentos continuam a chamar-se, independentemente das áreas científicas em questão, *"Ph. D."* (o que significa, até porque há doutores atuais que já nem isso sabem, *"Philosophiae Doctor, Doutor em Filosofia"*!).

Sem transformarmos em sofisma simplista o raciocínio aristotélico contra os cépticos (*"há que fazer filosofia pelo menos para demonstrar que a filosofia é impossível!"*) e sem cairmos nos pântanos da "Filosofia Perene" dos escolásticos medievais ou das cientices, filosofices ou literaturices tipo "New Age", "Selecções do Reader's Digest" ou "best-sellers" dos escrevedores e escrevedoras "light" da moda ou das "revistas ditas sociais" e também aceitando, obviamente, como exagero que não deve ser tomado à letra a afirmação de Whitehead, *"Toda a cultura ocidental não passa de um conjunto de notas de rodapé aos diálogos de Platão!"*, lembraria simplesmente o seguinte:

1. A falta da filosofia e da cultura filosófica no mundo contemporâneo é tão sentida que até vamos vê-las ressurgir em áreas onde menos seria de esperar, caso, por exemplo, da citada reportagem da revista italiana "L'Espresso" às grandes Escolas contemporâneas de Gestão e da sua provocadora conclusão: *"Quer tornar-se diretor da Fiat? Leia Kant, estude Filosofia!"*.

Quem não se recordará também de tudo o que foi dito e escrito sobre a gritante ausência de cultura filosófica em governantes e outros "opinion-makers" da praça lusitana, que os impede de ser verdadeiros economistas em vez de simples contabilistas e lhes torna aplicável a frase do, para o caso, insuspeito antigo ministro brasileiro da Fazenda, Delfim Neto: *"Matemática é fácil, difícil é Economia!"* ou a não menos dura classificação do grande economista italiano Sylos Labini: *"Un economista puro é um asino puro!"* ou, mais simples e profundamente, a célebre máxima de Abel Salazar: *"Um Médico que só sabe medicina nem medicina sabe!"*.

E quem já não se surpreendeu a pensar que é também por falta de cultura filosófica que a maior parte da nossa classe política tem tanta falta de classe e de visão e de projeto e de estratégia e etc.?

As recorrentes "guerras do alecrim e da mangerona" entre os exércitos do Prof. José Manuel Baptista (o "cientista puro e duro") e do Prof. Boaventura Sousa Santos (o "puro e duro cientista social") não deixam de remeter igualmente para a evidente lacuna de uma atualizada "filosofia" daquilo que Jean Piaget e Armando Castro chamaram **"Lógica e Teoria do Conhecimento Científico"** e do que eu próprio denominei, em "Congresso Internacional sobre as Estruturas Emergentes para uma Nova Revolução nas Ciências" (Lisboa, 1986), de **"Ruptura Epistemológica Primordial"**...

2. A Universidade Lusófona, além de ter criado nas Universidades Portuguesas uma pioneira disciplina de **"Introdução ao Pensamento Contemporâneo"** (que existe, transversalmente, em to-

das as suas várias dezenas de licenciaturas de Humanidades e Tecnologias e reconhecidamente constitui já um dos seus mais apreciados ex-libris), criou, também, em 1998, uma simultaneamente clássica e inovadora **Licenciatura em Filosofia,** adaptável a candidatos já com diplomas de ensino superior e com disciplinas que constituem estreias absolutas nas Universidades Portuguesas, como, por exemplo, "Eco-Filosofia ou Filosofia Economológica", "Filosofia da Vida Quotidiana", "Introdução às Ciências Cognitivas", "Inter-transdisciplinaridades", "Filosofia no(s) Espaço(s) Lusófono(s)", etc. Seria triste e dramaticamente sintomático que a afluência de alunos a esta que continua a ser a única Licenciatura em Filosofia de todas as Universidades Privadas Portuguesas não viesse a corresponder às legítimas expectativas, ou, pelo menos, às profundas necessidades do Espaço Português, do Espaço Lusófono e do Espaço Universal.

Terminarei este breve mas convicto *"louvor da filosofia",* em todos os graus de ensino, com dois testemunhos, que também são dois apelos, de duas Personalidades sobejamente conhecidas na Sociedade Portuguesa. O primeiro é do emblemático historiador Prof. José Mattoso, quando escreve, com alguma surpresa para todos os distraídos, sobre as vantagens da ... **história** (leia-se, também e sem dúvida ainda mais, **"filosofia"**) relativamente às **"saídas profissionais"** no mundo de hoje: *"Nos tempos de globalização e polivalência, tal formação promete as mais variadas saídas profissionais, mais do que muitas engenharias e especializações científico-tecnológicas. Tal formação abre hoje em dia possibilidades de colaboração proveitosa nos campos de turismo e lazer, na recuperação do património histórico e cultural, nas assessorias da comunicação social e relações internacionais, na dinamização cultural de mais variadas formas..."*

O segundo testemunho e apelo é da internacionalmente reconhecida autoridade máxima na própria Filosofia, tendo leccionado, há alguns anos, com grande êxito, na Faculdade de Letras da Universidade de Lisboa e leccionando, desde o seu início, na referida Licenciatura de Filosofia da Universidade Lusófona de Humanidades e Tecnologias, Prof. Oswaldo Market, que me escrevia sapientissimamente em recente carta:

"Lamento muy sinceramente la escasez de alumnos que acuden a la Filosofia. Supongo que se debe a factores conyunturales y, sobre todo, a la falta de formacion básica. De todos modos, permitanme mis supremas autoridades académicas decirles que una Universidad puede prescindir de otras materias de gran interés, pero nunca de la filosofia. Podrá cambiar el cuadro de Professores, reducir el número de materias, dejando las esenciales, buscar tal vez a alguna institución que quiera apoyar económicamente a nuestra Licenciatura de Filosofia... pero nunca prescindir de la Filosofia..."

Simplificando, não será que à "Ciência do Ter" (Economia), à "Ciência do Poder" (Política), à "Ciência do Agir" (Ética), à "Ciência do Fazer" (Técnica), à "Ciência do Prazer" (Psicanálise)... deverá juntar-se, incontornável e permanentemente como fundamento último de todas elas, a "Ciência do Ser" (Filosofia), em ordem a uma "Ciência integral do Homem" (Antropologia-Antropopraxia Omnitotidimensional)?

Pelo menos enquanto o homem não deixar de ser completamente humano e tiver a característica de **"animal racional, pensante e falante"** que o distingue dos outros animais, hão-de continuar a ser ultrapassados todos os "idealismos" e "materialismos" e "cientismos" e "sociologismos" e demais "ismos" simplistas e hão-de ser as grandes "ideias" dos grandes filósofos que continuarão a interpretar e a transformar o "mundo"!

13

PARA A (RE) UNIÃO DEMOCRÁTICA DE TODA(S) A(S) ESQUERDA(S) EM PORTUGAL E NA EUROPA*

Na linha de dois artigos publicados no jornal "Diário de Notícias" há mais de 20 anos (abril 1986) com os títulos, respetivamente, de **"Renovação da Esquerda Democrática ou Renovação Democrática da Esquerda?"** e **"Convenção da Esquerda Democrática ou Convenção Democrática da Esquerda?"** (que foram republicados no livro "A Política não é Tudo, mas Tudo é Político...", Âncora Editora, 2013) e no momento de crise portuguesa, europeia e mundial em que, inevitável e felizmente, as questões essenciais voltam a estar na ordem do dia (e designadamente os dois gritos de alerta e de salvação: *"É a Política, Estúpidos!"* e *"Vivam os Estados Unidos da Europa, Estúpidos!"*), permito-me relembrar dois ou três parágrafos que apontavam para caminhos que nunca deviam ter sido abandonados, até porque, não obstante o descrédito que os banqueiros e usurários atuais (também por vezes denominados economistas e beneméritos) provincianamente lançam sobre o Povo Helénico, os antigos filósofos gregos é que tinham razão quando disseram que *"as mesmas causas ou a falta delas produzem sempre os mesmos efeitos ou a falta deles..."*

"... Não se trata de servir, mais uma vez, os super-requentados pratos da existência ou não de diferença entre a Esquerda e a Direita, da superação do paradigma marxista, etc. O ponto da questão ou o fundo do problema aqui é outro: onde está essa Esquerda que importa renovar (e

---

* Texto produzido no atual momento de todas as loucuras e traições a todas as ideias lúcidas e ideais generosos dos "Pais Fundadores" da União Europeia.

reunir, acrescento eu agora), sob pena de se perder uma oportunidade histórica, para além de se comprometerem futuras provas eleitorais?"

"... A fundamental descoberta é a descoberta da Democracia omnitotidimensional como via exclusiva e exaustiva de todos as Esquerdas e de todas as Revoluções (o que é, também, ironicamente, descobrir a pertinência do humor de Churchill quando se referia à "Democracia como o pior de todos os regimes à exceção de todos os outros..."

"... Qual Esquerda, pois? Toda a Esquerda, evidentemente, sem exclusivismos, expulsões e anátemas... Neste sentido, não haveria mesmo inconveniente em utilizar o plural e tal pluralismo seria talvez o princípio da Democracia e «toda a Esquerda» seria, simplesmente, igual às «Esquerdas todas» ..."

Por outras palavras, eis as palavras a dirigir hoje a toda(s) a(s) Esquerda(s) Portuguesa(s) e Europeia(s)sem exceção:

A Democracia será Revolucionária ou não será de nenhum modo! A Revolução será Democrática ou não será de nenhum modo! Consequentemente, toda(s) a(s) Esquerda(s) será(serão) simultânea e concretamente, além de genética e obviamente revolucionária(s), também necessária e até prosaicamente democrática(s), ou não será(serão) de nenhum modo! Entenda e aja quem puder e quiser. Não foi essa, aliás, a grande intuição do "25 de Abril 1974" português que, com maior ou menor felicidade e eficiência, tentou, de uma só vez e atrasadamente, realizar a "Revolução Político-Democrática de 1789", a "Revolução Económico-social de 1917" e a "Revolução Cultural-Humanista de 1968"?

Esperemos que ainda seja possível inverter a suicida queda no abismo da presente "Europa" mediante a grande ideia e o grande ideal dos Pais Fundadores da União Europeia, fora da qual a Nação Portuguesa continua a não ter salvação, sobretudo quando estrategicamente entender que só lhe interessa ser Europeia enquanto Lusófona e Lusófona enquanto Europeia.

Esquerdas (todas!) de Portugal e da União Europeia, democraticamente (Re-) Uni-vos!

CAPÍTULO II
TEMAS LOCAIS/ GLOBAIS (LOCBAIS)

1

A "HORA DO PORTO"
NA "HORA DA EUROPA/IBÉRIA" (POR ESTA ORDEM!) E
NA "HORA DA LUSOFONIA"

Os "10 Mandamentos" ou as "11 Teses" de e sobre o Porto[*]

1. A "Hora do Porto" será a consequência inevitável da "Hora da Europa/Ibéria" (por esta ordem!) e da "Hora da Lusofonia" e nunca haverá quaisquer outras "horas" que interessem, a não ser provinciana, ilusória e contraproducentemente. O publicitado trajeto do "TGV" para Portugal é o perfeito exemplo de como não se entendeu que é pela Europa que podemos chegar à Ibéria e não pela Espanha (Madrid) que temos de chegar à Europa. Neste campo e no que ao "Porto Ibérico" diz respeito, é o conceito e realidade de "Euro-Região" (ao lado das "Euro-Regiões da Catalunha, do País Basco", etc.) que urge perceber e incrementar.

2. Esquecer Lisboa e o Terreiro do Paço (incuravelmente centralistas e ultrapassados pela História), quer no sentido de não esperar o que quer que seja de Lisboa quer no sentido de não imitá-la, por ex., nas suas eternas e saloias guerras do alecrim e da manjerona. E que nunca mais seja possível e necessário escrever artigos como o da deputada portuense Elisa Ferreira no "Jornal de Notícias" de 20 de

---

[*] Em: Público, 20 novembro 2006.
Essencial das conclusões da intervenção do autor na Sede do Clube Via Norte, em 26 de junho 2006. Cf. bilhete enviado por Manuel Carvalho, Subdiretor do "Público": "... Muito obrigado pelo seu texto... São contributos como o seu que tornam, de facto, o debate sobre o Porto mais profundo e produtivo..."

Junho 2006: *"Porto, está alguém em casa?"*, como se dissesse: *"O Porto ainda existe?"* ou sentenças como a seguinte (Semanário, 15 de Setembro 2006): *"... Aparentemente não há figuras, nem opinião, de relevo nacional, fora de Lisboa"* e que nunca mais se dê azo às toneladas de acusações de "culturicídio" contra o atual Presidente da Câmara Municipal do Porto, Rui Rio, que têm invadido a generalidade dos jornais portugueses.

3. Resolver, positiva e rapidamente, o problema de ser uma grande cidade múltipla (Porto, Gaia, Matosinhos, Maia, Gondomar, etc.), deixando de ser uma cidade pequena (Porto) ao lado daquelas pequenas cidades: Paris poderia servir de exemplo, com a sua grande "Mairie" (Câmara de Paris) e as suas muitas pequenas "mairies" (câmaras de....). Não haverá ninguém capaz de pensar e agir à grande, capaz de pensar e agir à Porto?

4. Olhar para Barcelona, que agora, no recém-aprovado "Estatuto", descobriu que também ela, à semelhança do Porto, é uma "Nação". Alguma vez Barcelona pediu ou esperou alguma coisa de Madrid? O que Barcelona fez e faz democraticamente não é o Porto capaz democraticamente de fazê-lo, no sentido da sua autonomia portuguesa, ibérica, europeia e lusófona? Também à semelhança do F.C. de Barcelona, o F.C. do Porto é muito mais do que um simples clube desportivo e a sua identificação com a cidade do Porto e a Nação do Norte, desde que entendida de maneira ecuménica, em nada enfraquecerá, antes pelo contrário, a existência de quaisquer outros clubes. E só estúpidos fundamentalismos puritanos têm levado às públicas guerras e guerrilhas entre o "Porto-Cidade" e o "Porto-Clube", que servem apenas para desacreditar os seus autores e diminuir as potencialidade de uma e de outro.

5. **"Tornar-se em ato aquilo que se é em potência"**, juntando os famosos conceitos de Píndaro e Aristóteles, a saber, tornar-se efeti-

vamente a Capital de todo o Norte de Portugal (pelo menos até ao rio Mondego) e de todo o Noroeste Peninsular (até à Galiza e alguns arredores); tornar-se plenamente Europeu e Noroeste-Peninsular enquanto Lusófono e plenamente Lusófono enquanto Europeu e Noroeste-Peninsular; tomar consciência de que a Lusofonia "houve nome" e nasceu por aqui e de que em mais nenhum lugar do mundo faz tanto sentido afirmar: *"Minha Pátria é a Língua Portuguesa"* (Fernando Pessoa).

6. Ser "bairrista" à maneira da sua poetisa Sophia de Mello Breyner, (*"Porque nasci no Porto, nunca deixei de ser bairrista, mas livrei-me do provincianismo lisboeta"*) ou seja, querer ser o maior e o melhor sem nunca deixar de ser o próprio e sem nunca ser dominador ou provinciano (dos provincianismos de isolamento, atraso, heterocentramento, inveja, sentimento de inferioridade ou qualquer outro).

7. Descobrir todas as suas potencialidades naturais, económicas, culturais, desportivas, etc., globalmente sem paralelo no conjunto português. Em que outro sítio se poderão encontrar lugares, instituições, iniciativas, marcas e personalidades como no Porto e no Norte de Portugal? E que requentada história é essa de *"Portugal, país macrocéfalo"* (já agora, porque não "monocéfalo")? Como poderia permitir o Porto um tal desaforo?

8. Levar os seus "Homens Bons" a tomar, como no passado, medidas emblemáticas, heterodoxas e pioneiras. Por exemplo, porque não fazer com que, a partir de 2007, em toda a região Norte, o salário mínimo atinja o mínimo de 500 (quinhentos) Euros? Além do mais, isto seria um recado para todas as "boas almas" que pretendem lutar contra a exclusão e a pobreza sem irem ao essencial e seria restituir à Economia o seu verdadeiro estatuto de "Rainha das Ciências Sociais" e acabar definitivamente com a imagem dos "Economistas-
-Contabilistas" que não diferem dos nossos clássicos merceeiros a

não ser pelo uso do computador em vez do velho caderno e respectivo lápis atrás da orelha.

9. Tomar a sério e segundo as exigências do século XXI a norma mais democratizadora, mais revolucionária e mais desenvolvimentista de todos os tempos que é a norma da "Educação Universal, Obrigatória e Gratuita", que agora deverá ter o nível mínimo do designado 1º Ciclo da Declaração de Bolonha (Licenciatura), abertas que foram, finalmente, as portas das Universidades a todos os maiores de 23 anos, no que constitui uma verdadeira "revolução cultural copernicana" e constituirá o princípio do fim do nosso "analfabetismo" e o princípio do princípio do nosso "desenvolvimento".

10. Na linha das suas tradições liberais, democráticas e revolucionárias, tornar-se o Ex-libris do 25 de Abril de 1974 e a verdadeira "Grândola Vila Morena, em que o Povo é quem mais ordena!" e honrar a memória e as lutas do seu Bispo D. António Ferreira Gomes que pretendeu "desconstantinizar" a Igreja e a Sociedade portuguesas e propiciar a existência de Religiões livres num Estado laico. *E que não se deixe jamais instalar e vingar no Porto a "atitude persecutória própria da falta de cultura cívica e de tolerância democrática. O Porto, como dizia Garrett, troca os vês pelos bês, mas nunca a liberdade pela servidão..."* (Manuel Carvalho, "Público" de 7 Nov.2006).

11. Até aqui já se fizeram quase todas as retóricas e anti-retóricas imagináveis sobre o Porto; mas o que é preciso é efetivamente transformá-lo na metrópole moderna, desenvolvida e ecuménica como tem de ser a Capital Europeia e Lusófona de todo o Norte de Portugal e de todo o Noroeste Peninsular.

2
O ENSINO SUPERIOR COMO INSTRUÇÃO OBRIGATÓRIA, UNIVERSAL E GRATUITA*

Comentando notícias recentes e recorrentes de que "Propinas afastam um terço dos alunos de baixo rendimento", de que "Portugal é um dos líderes na sub-representação de alunos de estratos mais desfavorecidos no ensino superior", de que "Universitários engrossam pedidos de apoio social e aumentam pedidos de bolsas no Superior", de que "Portugueses têm a percentagem mais baixa da Europa de estudantes trabalhadores", etc., dei comigo a vociferar a seguinte QUESTÃO: **«quando se tomará a sério a norma mais democrática, mais revolucionária e mais desenvolvimentista da história europeia e humana que foi a norma da «Educação-Instrução Universal, Obrigatória e Gratuita» (que hoje, na Europa, corresponde aos 1ºs ciclos de Bolonha, que são as licenciaturas)"?**

Aliás, não menos recentes nem menos recorrentes são as notícias que, de uma maneira ou de outra, se escandalizam com o facto de que há "demasiados doutores", de que "as licenciaturas são o mais curto caminho para o desemprego", etc. A tais dislates se têm oposto tanto a já velha objurgação do Ministro Mariano Gago: *"Quando se calarão estes imbecis que dizem que há doutores e estudantes universitários a mais?"* como os meus vários "Manifestos sobre a Educação", em que provocatoriamente afirmo que "anseio pelo dia em que todos os desempregados que houver em Portugal sejam doutores-licenciados" (o que, além do resto, seria a maneira de haver menos desempregados e

---
* Em: Grande Porto, 13 novembro 2009.

marcaria o momento em que a Sociedade Portuguesa teria deixado de ser um "País de Analfabetos").

Seja-me permitido reproduzir uma vez mais as primeiras linhas das "ONZE TESES SOBRE O ENSINO-EDUCAÇÃO SUPERIOR EM PORTUGAL", que publiquei no Semanário "Grande Porto" de 18 de Setembro de 2009:

"O Ensino Superior deverá ser considerado, como a «Instrução» ou a «Educação» ou a «Alfabetização» ou a «Literacia» própria do nosso tempo, à semelhança do que, noutros tempos, foi considerada «escola primária» e a «escola secundária»... "Consequentemente, o Ensino Superior deveria ser normal e constitucionalmente proclamado, em sentido análogo ao que noutros tempos se fez relativamente à «escola primária» e à «escola secundária», como «Universal, Obrigatório e Gratuito», e a imposição de qualquer espécie de «numerus clausus», para além de constituir um crime e um absurdo em si mesmo, significa também a condenação de um país e de um povo ao subdesenvolvimento... "consequentemente, também, é mesmo verdade e deveria ser já para todos uma evidência que o Ensino Superior é a «nova riqueza essencial das nações contemporâneas» e faz parte da panóplia dos direitos humanos fundamentais..."

Quando se quererá verdadeiramente acabar com o vergonhoso "Estado da Nação" no que concerne à existência de uma pobreza indigna de um país europeu e começar a seguir os caminhos há muito cientificamente indicados e demonstrados de que, para tal, bastaria mas seria indispensável: 1º aumentar os miseráveis salários; 2º aumentar as miseráveis reformas (e para uns e outras já há mais de três anos a "XIII Semana Sociológica da Associação dos Cientistas Sociais do Espaço Lusófono" propôs, à revelia de todos os «economistas-contabilistas» da nossa praça, a imediata quantia mínima de Quinhentos Euros); 3º erradicar o analfabetismo (cuja fronteira, hoje, se situa ao nível das licenciaturas)?

Tornar-se-á, então, evidente que tudo o que for no sentido de possibilitar a todos o acesso ao Ensino Superior (por exemplo, mediante bolsas minimamente dignas tanto nas Escolas Estatais como nas Privadas) é o que de melhor se poderá fazer pela democracia e pelo desenvolvimento económico-social dos Portugueses. E, neste sentido, nunca serão assaz louvadas, mesmo se já tardias, medidas como a abertura das Universidades aos maiores de 23 anos, a obrigatoriedade do ensino secundário para todos, a campanha das "Novas Oportunidades", o acesso fácil ao crédito para estudantes, a distribuição generalizada do "computador Magalhães", etc., medidas bem mais importantes e decisivas para o futuro de Portugal do que, por exemplo, todo o barulho mediático sindicalista-politiquês feito à volta da "Avaliação dos Professores".

E tudo o resto, sem isso, é inútil se não contraproducente. Ou será que, para isso, não bastará a Democracia e será necessária mais uma Revolução?

3
DA "REGIONALIZAÇÃO LUSA" À "REGIONALIZAÇÃO EURO-LUSÓFONA"*

Em 1998, a quando do tristemente famoso "Referendo sobre a regionalização de Portugal" ("embuste" lhe viria a chamar muito justamente o Eng.º Valente de Oliveira), escrevi um livrinho guerreiramente intitulado *"Contra Leviatão: Onze Teses contra o Estado Centralista e a favor da Regionalização Democrática"* (Edições Universitárias Lusófonas, 1998), sobre o qual o jornalista Carlos Magno simpática e exageradamente me disse, uns anos mais tarde, que continuava a ser uma das suas *"leituras de cabeceira"*... Simpatias e exageros à parte, nesse livrinho podiam ler-se, entre outras coisas de caráter mais obviamente circunstancial, "teses" como as seguintes:

... É uma contradição histórica ser-se a favor da "União Europeia" e contra a "Regionalização Portuguesa", pretender-se "Europeu" (e, por vezes, até, "federalista") e pretender que a Regionalização é um "erro", mais ou menos "colossal".

A "União Europeia" é o princípio do fim de um certo conceito e realidade de "Nação", a que os saudosistas e conservadores se agarram e o princípio do princípio do novo conceito e realidade de "Regiões", as quais, paradoxalmente, são o resultado e a condição do incontornável e não necessariamente catastrófico fenómeno da "globalização societal contemporânea"...

O desenvolvimento e o protagonismo do Porto e do Norte não são nem contra a unidade de Portugal nem contra a grandeza de Lisboa,

---
* Em: Grande Porto, 31 julho 2009.

mas sim o resultado de potencialidades únicas numa perspetiva transfronteiriça europeia e condição **sine qua non** para que o Porto não deixe de ser aquilo que, não obstante todas as miopias centralizadoras, realmente e reconhecidamente é, a saber, a Capital de todo o Noroeste da Península Ibérica. Maximamente saudável e maximamente promissor é também verificar que tal discurso, que quando comecei a utilizar era olhado como simples provocação, se vai tornando o discurso progressivamente consensual...

Em ano de celebrações Darwinianas, não ficará mal mostrarmos que também nós somos capazes de evoluir e que a "Regionalização daquele tempo" já não pode nem deve ser a "Regionalização deste nosso tempo". Mas o processo da lusófona "Eurorregionalização do Noroeste Peninsular", sem a qual quaisquer outras lusas regionalizações seriam inúteis e até prejudiciais para o Porto e respetiva Eurorregião, também não será empecilho a todo o processo regionalizante do antigo Estado-Nação chamado Portugal.

E relativamente a Portugal, nunca será de mais lembrar: é enquanto "Europeu" que se deve tornar "Lusófono" e é enquanto "Lusófono" que se deve tornar "Europeu"...**Será que a institucionalização política efetiva da "Eurorregião do Noroeste Peninsular" virá a constituir, entre nós, o primeiro e pioneiro sinal da passagem da "Regionalização Lusa" à "Regionalização Euro-Lusófona" e o primeiro e pioneiro passo da "Euro-Lusofonia Certa na Hora Certa"?**

<u>Post-Scriptum</u>
Licenciatura em Estudos Europeus, Estudos Lusófonos e Relações Internacionais[*]

---

[*] De grande significado foi a reestruturação e a mudança de nome da antiga licenciatura em "Estudos Europeus" para "Estudos Europeus, Estudos Lusófonos e Relações Internacionais", para, designadamente, mostrar que a Portugal e ao Porto só interessa serem Europeus enquanto Lusófonos e Lusófonos enquanto Europeus.

Despacho n.º 19066/2009

Nos termos dos artigos 75.º a 80, do Decreto-Lei n.º 74/2006, de 24 de Março [Regime jurídico dos graus e diplomas], alterado e republicado pelo Decreto-Lei n.º 107/2008, de 25 de Junho, a alteração de planos de estudos e de outros elementos caracterizadores de um ciclo de estudos que não modifiquem os seus objectivos apenas produz efeitos após comunicação prévia à Direcção-Geral do Ensino Superior e publicação em 2.ª série do *Diário da República*.

Assim:

Considerando o disposto no artigo 77, do Decreto-Lei n.º 74/2006, de 24 de Março, na sua redacção actual;

Considerando que pelo Despacho n.º 13.375/2006 (2.ª Série), de 26 de Junho, foi registada a adequação do 1.º ciclo de estudos em Estudos Europeus e Relações Internacionais e que nos termos do n.º 6 se promoveu a publicação da estrutura curricular e do plano de estudos através do Despacho n.º 18066/2009 (2.ª série), de 4 de Agosto de 2009.

Comunicada a alteração, em 10 de Agosto de 2009, à Direcção-Geral do Ensino Superior;

Nos termos dos Estatutos da Universidade Lusófona do Porto;

Manda o Presidente da Direcção da entidade instituidora da Universidade Lusófona do Porto que se alterem a denominação, a estrutura curricular e o plano de estudos do primeiro ciclo de estudos em Estudos Europeus, Estudos Lusófonos e Relações Internacionais, nos termos constantes do "Formulário" (Despacho n.º 10543/2005, de 11 de Maio), anexo ao presente despacho.

10 de Agosto de 2009. — *O Presidente da Direcção*, **Manuel de Almeida Damásio**.

Formulário

1 — Estabelecimento de ensino: Universidade Lusófona do Porto

2 — Unidade orgânica (faculdade, escola, instituto, etc.): Departamento de Ciências Sociais e Humanas

3 — Curso: Estudos Europeus, Estudos Lusófonos e Relações Internacionais.

4 — Grau ou diploma: Licenciado (1.º Ciclo)

5 — Área científica predominante do curso: Estudos Europeus / Relações Internacionais

6 — Número de créditos, segundo o sistema europeu de transferência de créditos, necessários à obtenção do grau ou diploma: 180 ECTS

7 — Duração normal do curso: 6 Semestres

8. Opções, ramos, ou outras formas de organização de percursos alternativos em que o curso se estrutura (se aplicável): N/A

9 — Áreas científicas e créditos que devem ser reunidos para a obtenção do grau ou diploma:

Licenciatura em Estudos Europeus, Estudos Lusófonos e Relações Internacionais

QUADRO N.º 1

Área científica	Sigla	Créditos obrigatórios
Estudos Europeus/Relações Internacionais	313-EE/RI	75
Estudos Lusófonos/Relações Internacionais	313-EL/RI	20
História	225-HIST	10
Direito	380-DIR	10
Linguística	233-L	10
Ciência Política	313-CP	5
Economia	314-ECO	5
Filosofia	226-FIL	5
Gestão	345-G	5
Informática	480-INF	5
Outras Áreas	OA	30
Total		180

10 — Observações

11 — Plano de estudos

Universidade Lusófona do Porto

Departamento de Ciências Sociais e Humanas

Estudos Europeus, Estudos Lusófonos e Relações Internacionais

Licenciatura

Estudos Europeus e Relações Internacionais

1.º ano

QUADRO N.º 1

Unidades curriculares	Área científica	Tipo	Tempo de trabalho (horas)		Créditos	Observações
			Total	Contacto		
História Moderna e Contemporânea	225-HIST	Semestral	135	TP: 45	5	
Introdução à Economia e ao Desenvolvimento Sustentado	314-ECO	Semestral	135	TP: 45	5	
Ciência Política	313-CP	Semestral	135	TP: 45	5	
Introdução ao Pensamento Contemporâneo	226-FIL	Semestral	135	TP: 45	5	
Língua Portuguesa I	233-L	Semestral	135	TP: 45	5	
Opção	OA	Semestral	135	TP: 45	5	a)
Socioeconomia Política da União Europeia e da CPLP/Lusofonia	313-EE/RI	Semestral	135	TP: 45	5	
Introdução ao Direito	380-DIR	Semestral	135	TP: 45	5	
Instituições e Organizações Internacionais	313-EE/RI	Semestral	135	TP: 60	5	
Informática	480-INF	Semestral	135	TP: 60	5	
Língua Portuguesa II	233-L	Semestral	135	TP: 45	5	
Opção	OA	Semestral	135	TP: 45	5	a)

2.º ano

QUADRO N.º 2

Unidades curriculares	Área científica	Tipo	Tempo de trabalho (horas)		Créditos	Observações
			Total	Contacto		
Direito Europeu I	313-EE/RI	Semestral	135	TP: 60	5	
Direito Político-Constitucional Comparado I	313-EE/RI	Semestral	135	TP: 45	5	
História Económica e Social	313-EE/RI	Semestral	135	TP: 45	5	
Economia Internacional	313-EE/RI	Semestral	135	TP: 45	5	
Geopolítica e Geoestratégia das Relações Internacionais I	313-EE/RI	Semestral	135	TP: 60	5	
Opção	OA	Semestral	135	TP: 45	5	a)
Geopolítica e Geoestratégia das Relações Internacionais II	313-EE/RI	Semestral	135	TP: 60	5	
Direito Europeu II	313-EE/RI	Semestral	135	TP: 60	5	
Direito Político-Constitucional Comparado II	313-EE/RI	Semestral	135	TP: 45	5	
A Globalização societal contemporânea e a Lusofonia	313-EE/RI	Semestral	135	TP: 45	5	
História Contemporânea de Portugal	225-HIST	Semestral	135	TP: 45	5	
Opção	OA	Semestral	135	TP: 45	5	a)

3.º ano

QUADRO N.º 3

Unidades curriculares	Área científica	Tipo	Tempo de trabalho (horas)		Créditos	Observações
			Total	Contacto		
Demografia e Migrações Internacionais	313-EE/RI	Semestral	135	TP: 60	5	
Direito Internacional Público	313-EE/RI	Semestral	135	TP: 45	5	
Políticas da União Europeia	313-EE/RI	Semestral	135	TP: 60	5	
Orçamento, Fiscalidade e Fundos Comunitários	313-EE/RI	Semestral	135	TP: 60	5	
Gestão dos Recursos Humanos	345-G	Semestral	135	TP: 45	5	
Opção	OA	Semestral	135	TP: 45	5	a)
Direito Empresarial	380-DIR	Semestral	135	TP: 45	5	
Estudos Noroeste-peninsulares	313-EL/RI	Semestral	135	TP: 45	5	
Estudos Brasileiros	313-EL/RI	Semestral	135	TP: 45	5	
Estudos Africanos	313-EL/RI	Semestral	135	TP: 45	5	
Estudos Timorenses e Luso-asiáticos	313-EL/RI	Semestral	135	TP: 45	5	
Opção	OA	Semestral	135	TP: 45	5	a)

a) A escolher de entre quaisquer das áreas da ULP ou de um menor de outros cursos

4

COMO SE REANIMA A REGIÃO NORTE? É A POLÍTICA, ESTÚPIDOS! É A EURORREGIÃO DO NOROESTE PENSINSULAR, ESTÚPIDOS!*

Um Jornal do Porto incluiu, recentemente, um muito oportuno suplemento intitulado *"Des-norte"*, reproduzindo, nas páginas centrais, as respostas de alguns notáveis à pergunta decisiva: *"Como se reanima a Região Norte?"*

Tanto a pergunta como as respostas (como, aliás, todo o dossiê) pressupõem alguns "dados adquiridos" ou "certezas" que, à semelhança de Bachelard quando falava das "evidências do conhecimento vulgar", necessitam que se lhes aplique o que também aqui poderíamos chamar uma "rotura epistemológica" e, mais propriamente, uma "rotura política". É que, também aqui, "as mais evidentes evidências iludem" como a evidentíssima evidência de que é o sol que se move e não a terra...

Para começar, alguém já pensou no arbitrário que é encerrar o "Norte sem mais" na "Região Norte das Cinco Regiões Portuguesas"? E se, por exemplo, o "Norte" fosse limitado a sul pelas fronteiras do rio Mondego e continuasse, a norte, pela Galiza adentro, para formar a, até do ponto de vista jurídico-institucional, já designada "Eurorregião do Noroeste Peninsular"?

O que a seguir vou dizer digo-o tanto mais à vontade quanto, no momento próprio (o "tempo cairológico" do "Referendo sobre a Regionalização"), escrevi (no opúsculo *"Contra Leviatão: Onze Teses contra o Estado Centralista e a favor da Regionalização Democrática"*) provavel-

---
* Em: jornal "Grande Porto", outubro 2009.

mente as coisas mais fortes que então se disseram... a favor da "Região Norte", ainda inserida no "Estado-Nação chamado Portugal".

Só que, entretanto, os tempos mudaram ou, melhor, foram amadurecendo... no sentido da reforçada "integração" de Portugal na União Europeia (quer contra o que designei, primeiro, de "doença infantil do Europeísmo luso" quer contra o que designei, a seguir, de "doença senil do luso patrioteirismo") e também, mesmo se em grau menor, no sentido da "construção" da CPLP/Lusofonia.... E esses tempos ou ventos da história tornam cada vez mais evidente e imperativo, para a tal "Região Norte", esquecer Lisboa, Capital do Estado-Nação Portugal e olhar para o Norte do seu Norte e constituir a Lusófona Eurorregião do Noroeste da Península Ibérica, de que a cidade do Porto tem de ser considerada e considerar-se a Capital indiscutível... Até porque o resto já é, historicamente, e será cada vez mais, geopoliticamente, o passado!

É também por isso que uma certa "regionalização" (de que muitos voltam a falar, uns para dizer que agora é que sim, outros para continuarem a dizer que não), além de ser factualmente impossível (em linguagem aristotélica, diz-se que as mesmas causas produzem necessariamente os mesmos efeitos!), deixou já de ter qualquer interesse humano e político-estratégico, para o Porto, para o Grande Porto, para o Norte e para o Noroeste Peninsular! Por tudo isso, retomando o já clássico slogan eleitoral: *"É a economia, estúpido!"* e fazendo uma aplicação ao caso da *"região norte"* para que remete a pergunta do título, eu não posso deixar de responder, obviamente sem nenhuns intuitos ofensivos:

"É A POLÍTICA, ESTÚPIDOS!"
"É A LUSÓFONA EURORREGIÃO DO NOROESTE PENINSULAR, ESTÚPIDOS!"

5

PORTO, "SURGE ET AMBULA"!

Porto, "levanta-te e anda!"*

Os discursos (talvez, e felizmente, mais do que a situação real) do Norte e sobre o Norte são paradoxais (e desde já se esclarece que o Norte, independentemente das "5 ou mais regiões" e de qualquer processo de Regionalização, com ou sem referendo, corresponde àquilo que se convencionou chamar o "Eixo Atlântico" e a "Euro - Região do Noroeste da Península Ibérica", incluindo todo o Norte de Portugal pelo menos desde Coimbra e toda a Região da Galiza e alguns arredores, "Euro – Região do Noroeste Peninsular", de que o Porto sempre foi e é considerado como a capital natural e indiscutível).

Por um lado, e para nos cingirmos à parte lusa, é comummente aceite e, aliás, demonstrado pelas estatísticas, que quer demograficamente, quer industrialmente, quer economicamente, quer culturalmente, etc., substancialíssima parte das grandes personalidades, das grandes iniciativas, das grandes riquezas, etc. estão ou vêm do "Norte", que sempre constituiu, por vezes não sem ambiguidades, a "reserva da velha Nação Portuguesa"; por outro lado, só se ouvem anunciar desgraças atuais e sombrios futuros para essas terras e para essas gentes. Há qualquer coisa, para não dizer toda a coisa, que não bate certo. Há revoluções a fazer, e a menor, a menos urgente e, possivelmente, a menos difícil não é a "Revolução Cultural" das mentalidades d'aquém e d'além Mondego.

---

* Em: *O Primeiro de Janeiro*, 28 de janeiro, 2008.

Que se passa então e que deverá passar a passar-se? Permita-se-me re-transcrever os seguintes extractos de *"Os 10 mandamentos ou as 11 teses sobre o Porto"*, que editei no Jornal "Público" de 20 de Novembro de 2006:

- *A «Hora do Porto» será a consequência inevitável da "Hora da Europa/Ibéria" (por esta ordem!) e da "Hora da Lusofonia" e nunca haverá quaisquer outras "horas" que interessem, a não ser provinciana, ilusória e contraproducentemente...*

- *Esquecer Lisboa e o Terreiro do Paço, incuravelmente centralistas e ultrapassados pela história... Olhar para Barcelona, que agora, no recém-aprovado Estatuto, descobriu que, também ela, à semelhança do Porto, é uma "Nação". Alguma vez Barcelona pediu ou esperou o que quer que fosse de Madrid?...*

- *Descobrir todas as potencialidades naturais, económicas, culturais, desportivas, etc., globalmente sem paralelo no conjunto português...*

- *Resolver, positiva e rapidamente, o problema de ser uma grande cidade múltipla (Porto, Gaia, Matosinhos, Maia, Gondomar, etc.), deixando de ser uma cidade pequena (Porto) ao lado e não raro desavinda daquelas pequenas cidades. Paris não poderia servir de exemplo, com a sua "Mairie" mem maiúsculas e as suas várias "mairies" em minúsculas?*

- *Tomar a sério e segundo as exigências do século XXI a norma mais democratizadora, mais revolucionária e mais desenvolvimentista de todos os tempos que é a norma da "Educação Universal, Obrigatória e Gratuita" e que, no século XXI, deverá ter o nível mínimo do designado "1º ciclo da Declaração de Bolonha" (licenciatura), abertas que foram, finalmente, as portas da Universidade a todos os maiores de 23 anos, quaisquer que sejam os seus diplomas oficiais...*

Depois do grande impacto da notícia *"Vozes do Norte contestam obstáculos da ANA à RYANAIR",* pelo intolerável e arcaico centralismo lisboeta há muito revelado pela ANA – TAP, não deveria ser menor o impacto das sábias, sadias e desafiantes palavras do Primeiro - Ministro Eng. José Sócrates que, segundo as mesmas notícias ***"estiveram na ementa de longo jantar que reuniu alguma da nata financeira e forças vivas... e aquilo que ficou claro foi que o Primeiro--Ministro entende que depende de nós, no Norte, tirar a região do estado em que se encontra, lembrando a existência de um conjunto de instituições de referência, para sublinhar que o queixume não chega para ultrapassar os problemas – é preciso juntar forças e andar mais!"***. É como se o Primeiro – Ministro quisesse recordar a taumatúrgica ordem do Evangelho e dissesse, dirigindo-se ao Porto e a toda Região Norte e mesmo a toda a Euro – Região do Noroeste Peninsular: **"Surge et Ambula!"** (**"Levanta-te e Anda!"**), que teve muitas traduções e interpretações ao longo da nossa história (até aquela, forçada e dirigida aos invasores de então: *"Levantai-vos, tomai as vossas coisas e ide-vos embora para a vossa Terra!"*), mas que, no caso, tem a mais simples, evidente e oportuna das aplicações: **Gentes do Porto, do Norte e do Noroeste Peninsular!** Nesta "Hora", que, sendo a "Hora da Europa" e da "Lusofonia", é, necessariamente, a "Vossa Hora", deixai-vos de lamentações, deixai-vos de olhar e de fugir para Lisboa inclusivamente com as vossas empresas, os vossos capitais, as vossas capacidades e as vossas ilusões. Como disse melhor e mais profundamente que ninguém o Poeta máximo do Ecumenismo Universal (***"Deus quis que a terra fosse toda uma... "***), Fernando Pessoa, podendo-se e devendo-se pensar também nos fundos dos QRENs, FEDERs, TSEs, FCs, etc. mas indo muito mais fundo e muito mais além, **"*É a Hora!*"**. Ou, mais prosaicamente mas não menos importantemente, glosando palavras de famoso manifesto: **"GENTES DO PORTO, DE TODO O NORTE DE PORTUGAL E DE TODO O NOROESTE PENINSULAR, UNI-VOS!".**

6
VIVA O NORTE ATLÂNTICO!*

Ignoro ainda se a nova designação proposta para a região de "Entre Douro e Minho" (que passaria a chamar-se de "Norte Atlântico", foi ou não aceite pelos orgãos competentes e se as várias campanhas a favor das "cinco Regiões" surtirão ou não concretos resultados. Espero que sim, com votos de que as muitas razões apresentadas e apresentáveis sejam percebidas pelo clássico provincianismo lisboeta, o qual, mais exacta e simbolicamente, se chamaria "complexo do Terreiro do Paço" ("complexo" que, mais do que de "superioridade" ou de "inferioridade", não passa de um "complexo de tacanha pequenez").

E, já agora, no que à primeira questão diz respeito, queria reafirmar o que muitas vezes e em muitos lugares tenho dito e constitui um elementar ato de justiça:

António Guterres foi o primeiro "político lisboeta" que falou do Porto e do Norte de uma maneira lúcida e não provinciana, quando, publicamente e ainda antes de tornar-se primeiro-ministro, reconheceu que o desenvolvimento e o protagonismo daquela região não eram nem contra a unidade de Portugal nem contra a grandeza de Lisboa, mas sim o resultado de potencialidades únicas numa perspetiva transfronteiriça europeia e condição para que o Porto não deixasse de ser aquilo que, não obstante toda a miopia centralizadora dos governos realmente é, a saber, a capital de todo o noroeste da Península Ibérica.

Tal miopia não é, evidentemente, caso único e tem raízes históricas e sociológicas tais que levam, por exemplo, a que, quando se fala e pensa "Lusofonia", "Espaço Lusófono", "CPLP" – Comunidade dos

---
* Em: Jornal Galego "A Nossa Terra", 26 fevereiro 1998.

Países da Língua Portuguesa -, etc., a terra e o povo da Galiza sejam mais ou menos sistematicamente esquecidos e ignorados.

É, aliás, por todas estas razões que, pessoal e institucionalemte, tenho feito questão de que o projeto da "Universidade Lusófona de Humanidades e Tecnologias", ao lado da "Universidade Lusófona de Moçambique" (já em notável funcionamento, sob a designação de ISPU –Instituto Superior Politécnico e Universitário) e das fases mais ou menos avançadas da "Universidade Lusófona do Brasil", da "Universidade Lusófona de Angola", da "Universidade Lusófona da Guiné", da "Universidade Lusófona de Cabo Verde", da "Universidade Lusófona do Algarve" etc., inclua também, com toda a brevidade, a criação da "Universidade Lusófona do Noroeste da Pensínsula Ibérica"! (cf."Jornal de Noticias", de 19 ae Agosto de 1997: "Um projeto de ensino superior para Portugal e todo o Espaço Lusófono").

Tanto a designação de "Norte Atlântico" como o mapa das "cinco Regiões", além de me parecerem extremamente felizes sob outros aspetos, seriam o sinal do princípio efetivo do fim do "centralismo primário" (Vital Moreira dixit) e o princípio efetivo do fim da quintessência provinciana que se reflete em manifestações caricatas como aquela de António Pedro Vasconcellos no programa da SIC, "Donos da Bola", 16-01-98 ("Tu quoque... Brute?") de requerer que "a sede da Liga dos Clubes de Futebol venha do Porto para Lisboa, para evitar o provincianismo (sic)...", fim do "centralismo primário" e do "provincianismo" que significariam, simultaneamente, a descoberta da complementaridade e até da identidade da verdadeira "integração europeia", da verdadeira "cooperação lusófona", da verdadeira "globalização mundial" e da verdadeira "modernização e desenvolvimento" da sociedade portuguesa contemporânea. **Será demasiada areia para a maioria das camionetas de lusa classe política?**

7

"AEROPORTO DE LISBOA" OU "AEROPORTO DE PORTUGAL"?

"CAVEANT PORTUCALENSES"!*

"Que venha então o barulho sobre o Aeroporto, o TGV e tudo o resto. Chama-se democracia. Habituem-se".
(Pedro Magalhães, Público, 25/06/07)

"... Sejamos claros: se a ANA for privatizada e associada ao investimento no NAL, o País corre o perigo de assistir à completa subordinação da estratégia aeroportuária nacional à necessidade de pagar o investimento no novo aeroporto de Lisboa....
(Honório Novo, Deputado pelo Porto)

Aparentemente, a localização de Alcochete constitui um verdadeiro "ovo de Colombo", embora precise também de um verdadeiro milagre (minister dixit!) para vencer a psicologia de uma decisão, segundo todas as más línguas e mentideros, já tomada pelo governo, a quem, no entanto, relembraria as sábias palavras de Miguel Cadilhe: *"Saúdo as pessoas que evoluem nas suas ideias. Isto não é um recuo, é um avanço e uma evolução que, espero, levará à melhor decisão...".* Aqui e agora, queria, simplesmente, chamar a atenção para algo que está e estará subjacente e, na maioria dos casos, inconsciente à escolha definitiva da localização para o novo Aeroporto de Lisboa. **"Aeroporto de Lisboa", digo e não "Aeroporto de Portugal"!**

---

* Enviado a diversos media em 12/06/2007.

Foi nos anos 70 do século passado que introduzi na língua portuguesa o vocábulo *"cairologia"*, a contraponto do vocábulo *"cronologia"*, para significar o prometido *"aggiornamento"* da Igreja Católica pelo Concílio Ecuménico Vaticano II. *"Cairologia"*, escrevi então, remete para um *"tempo"* (*"Kairos"*) não cronológico (*"Xronos"*), mas para o *"tempo oportuno"* da *"graça de Deus"* e da *"salvação bíblica"* ou para aquilo que hoje designaríamos de *"hora certa da modernidade histórica"*.

E qual seria, hoje, a *"cairologia"* ou a *"hora certa da modernidade histórica portuguesa"*?

Remetendo para tudo quanto desde há muito venho escrevendo sobre o assunto, direi que as duas ou, melhor, a dupla grande vertente dessa *"Hora Certa"* é, por um lado, a já muito institucionalmente avançada e irreversível *"Hora da Europa ou da União Europeia"* e, por outro lado, a muito menos institucionalmente avançada mas não menos importante *"Hora da Lusofonia"* (de que a CPLP pouco mais ainda é do que um esboço ou um soluço).

Neste momento, interessa-me sobretudo fazer uma brevíssima reflexão sobre a *"Hora Cairológica (não apenas cronológica) da Europa e da União Europeia"* em Portugal e sobre as suas incidências a ter em conta... também na escolha da localização do Aeroporto de Lisboa! **"Aeroporto de Lisboa"**, insisto, e não **"Aeroporto de Portugal"**!

Por exemplo, embora a muitos possa ainda não parecer até porque não o desejam e o que desejam é a manutenção do *"statu quo"*, já estamos mais no *"tempo"* (cairológico) das *"Euro-Regiões"* do que no *"tempo"* (cronológico) dos *"Estados-Nação"* (os quais e toda a respectiva "aparelhatura", como o "Banco de Portugal", etc., etc., etc., tentam desesperadamente ir adiando o inadiável...). Neste cenário do presente-futuro e não do presente-passado, uma das incontornáveis *"Euro-Regiões"* é a *"Euro-Região do Noroeste Peninsular"* que, do lado espanhol, inclui principalmente a Galiza e, do lado português, se estende pelo menos até Coimbra e ao Mondego e tem como capital reconhecida a cidade metropolitana do Porto.

Em tal contexto, que é, felizmente, o contexto português e europeu do futuro próximo, qual o sentido de localizar o *"Aeroporto de Lisboa"* (**uma vez mais, "Aeroporto de Lisboa", não "Aeroporto de Portugal"!**) num local tão a norte como seria a Ota? A não ser que continuemos com as categorias saudosistas e quase sempre inconscientes de que *"Portugal é Lisboa e o resto é paisagem e província..."* (de que todos os dias vamos ouvindo novas versões e, sobretudo, vendo e sofrendo novas concretizações centralistas *"cairologicamente"* ultrapassadas).

Ou me engano muito ou a revolução político-institucional das *"Euro-Regiões"* e da *"União Europeia"* (que já começou a fazer os seus benfazejos "estragos" e "escândalos" na Catalunha, no País Basco, etc.) vai chegar a "Portugal" e a "Espanha" antes da *"Revolução Cultural e Mental"* dos velhos Portugueses e dos velhos Espanhóis (as próprias ultimíssimas considerações de José Saramago sobre a "espanholização-iberização" de Portugal já relevam de um "tempo-cronos" cairologicamente ultrapassado!). Mas uma e outra chegarão ainda a *"tempo"* de evitar, relativamente a este "Aeroporto", que se cometam erros irremediáveis, porque próprios de um outro *"tempo"*?

Todos os Portugueses Europeus e Lusófonos esperam que sim e desde já agradecem; e todos os Europeus e Lusófonos habitantes da Euro-Região do Norte de Portugal e do Noroeste Peninsular deveriam estar particularmente atentos e vigilantes. ***"Caveant Portucalenses!"***

8

PARABÉNS, PORTO-GAIA!
PARABÉNS, PORTUCALE!*

A propósito do festival aéreo organizado conjuntamente pelas Câmaras Municipais de Porto e de Gaia, poderá ter-se gostado mais ou menos do próprio espetáculo das "máquinas voadoras" e de todo o circo mediático algo bizarro que o acompanhou, mas é impossível não se regozijar com o facto de que, pela primeira vez, os atuais Presidentes do Porto e de Gaia se aliaram na aceitação e na realização do óbvio e do inevitável que é a unidade histórica, demográfica, económica, turística, paisagística, etc. . das duas margens do Rio Douro onde, segundo o Poeta, *"como é fama, origem teve o nome eterno de Portugal..."*

Desde há muito que, também eu, tenho chamado a atenção para esse tal "óbvio inevitável", cuja falta de aceitação e de realização está a condicionar da maneira mais negativa e mais provinciana o presente e o futuro do Porto, do Norte de Portugal e de todo o Noroeste Peninsular. A própria "Regionalização", de que agora se volta a falar, já chegará tarde e a más horas; a presente "Hora da Regionalização" é já a "hora" de outra regionalização, não de Portugal, mas da Europa/ Ibéria (por esta ordem!) e da Lusofonia / Espaço(s) Lusófono(s). É neste sentido que fará cada vez mais sentido, ao contrário até do que Saramago parece pensar e desejar, a frase para muitos ainda escandalosa e certamente provocadora: *"Portugal e a Espanha acabaram, viva a Europa e a Lusofonia!".*

E a "Hora" desta regionalização "europeio-ibérica" e "lusófona" será também necessariamente a "Hora do Porto", a "Hora do Portucale"! Além

---
* Em: Jornal de Notícias, 7 outubro 2007.

do mais, como recorrentemente tenho escrito (em público e em privado!) será a única, uma vez mais, óbvia e inevitável maneira de o Porto se tornar uma grande cidade múltipla (Porto, Gaia, Matosinhos, Gondomar, Maia...), deixando de ser uma cidade pequena (Porto) ao lado de todas aquelas outras pequenas cidades, ridiculamente se degladiando na sediação de movimentos cívicos, teatros, exposições, estádios, etc. Ninguém pensou, por exemplo, no caso de Paris (para não falar no ainda mais simples caso de "Budapeste"...) com a sua grande "MAIRIE" (Câmara de Paris) e as suas numerosas pequenas "mairies" (a que no nosso caso correspondem as Câmaras de Porto-Centro, Porto-Gaia, Porto-Matosinhos, Porto-Gondomar, Porto-Maia...)? Ou já não haverá ninguém capaz de pensar e agir à grande, capaz de pensar e agir à Porto, capaz de pensar e agir à Europeia e à Lusófona, capaz de pensar e agir "glocalmente"? Onde está o *"bairrismo anti provinciano"* de que gostava de falar Sofia de Melo Breiner e o *"bairrismo cosmopolita"* de que ultimamente tem falado o jornalista Carlos Magno?

Agrada-me sobremaneira realçar este embora pequeno passo dos dois Presidentes do Porto atual e da atual Gaia; à semelhança dos astronautas sobre a Lua e guardadas as devidas proporções, pode haver pequenos passos de homens individuais que signifiquem passos enormes das sociedades humanas!

Como também escrevi em "Os 10 Mandamentos ou as 11 Teses de e sobre o Porto", até aqui já se fizeram quase todas as retóricas imaginárias sobre o Porto; mas o que é preciso é efetivamente transformá-lo na metrópole moderna, desenvolvida e ecuménica como tem de ser a Capital Europeia e Lusófona de todo o Norte de Portugal (pelo menos desde Coimbra) e de todo o Noroeste Peninsular (incluindo a Galiza e alguns arredores)!

Poderá parecer exagerado mas, por todas as razões explicitadas e sobretudo pelas implícitas e simbólicas, não me coíbo de gritar:

Parabéns, Porto-Gaia!
Parabéns, Portucale!

No momento crepuscular dos velhos Estados-Nações, os "glocais" Portucalenses Europeus e Lusófonos agradecem!

9

SE O RIDÍCULO MATASSE...
A PROPÓSITO DOS "APITOS DOURADOS, FINAIS E OUTROS QUE TAIS..."*

António Barreto acertou no alvo quando, no Jornal "Público" de Domingo, 11 de Maio 2008, intitulou a sua carismática crónica semanal: *"Futebol, não é admissível que um clube do Norte provinciano exerça uma hegemonia quase sem falhas; o Porto haveria de pagar!"* (O meu receio é que tal frase irónica seja demasiado profunda para o entendimento de grande parte dos seus visados destinatários...). Já há muito, aliás, também ironicamente, Rita Guerra perguntara, indo ao fundo da questão, como era possível aceitar que surgisse um dragão a reduzir a águia e o leão a um pardal e a um gato inofensivos...

A propósito dos *"apitos dourados, finais e outros que tais..."*, eu só não acrescento que *"tudo o resto é literatura e conversa"*, pela grande consideração que tenho pela boa literatura e pela boa conversa...

Menos mal que o ridículo não mata... Porquê, ao menos, não fazer as coisas com um bocadinho mais de inteligência e bom senso? Castigar o Porto por aliciar árbitros em jogos com o Estrela da Amadora e com o Beira-Mar, em ano em que o mesmo Porto, além de campeão nacional, foi "somente" campeão europeu e campeão mundial de clubes... e em ano (este de 2008) em que passeou sobranceiramente a sua classe de maneira a estabelecer uma diferença de mais de 20 (vinte!) pontos sobre o 2º classificado... é mesmo de gente desesperada e de

---
* Texto enviado aos media em maio 2008.

uma falta de imaginação só explicável pela cegueira do ódio e da inveja dos impotentes...

Enfim, se o ridículo matasse, há muito que teríamos de lamentar uma verdadeira hecatombe de nomes sonantes e onde alguns até com certeza publicamente prefeririam não aparecer associados a tais companhias...

Sem esquecer, e para não me alongar mais, o pernóstico Presidente da Comissão Disciplinar da Liga de Clubes, a quem, aparentemente, nunca na Faculdade de Direito de Coimbra ensinaram a velha sentença dos clássicos que o Professor Marcello Rebelo de Sousa se sentiu na obrigação de gentilmente lhe recordar: *"O que há de mais feio é o louvar em boca própria, pois que louvor em boca própria é vitupério"*.

10
A "SELEÇÃO DO POVO / EQUIPA DE TODOS NÓS QUE PODERIA GANHAR O EURO*

Escrevo as presentes linhas antes do início do Euro 2004 e quero, de imediato, esclarecer o seguinte:

1. Nada tenho contra e até tenho quase tudo a favor da realização do Euro2004 em Portugal, ao contrário da moda intelectualóide e economistóide de afirmar que tal realização hipoteca o desenvolvimento do País. Bastaria refletir um segundo para nos darmos conta de que nunca houve, antes deste, Euros de futebol em Portugal e não parece que tal ausência tenha contribuído para um grande desenvolvimento... Logo, as razões dos atrasos de Portugal deverão ser outras, bem mais profundas e mais antigas e são essas razões (o analfabetismo, os retrógrados lóbis uivantes das nossas corporativas pseudo-elites, os salários e as reformas miseráveis, etc.) que interessaria atacar e não o "Euro 2004"!

2. Em época de globalização e de cosmopolitismo, de União Europeia e de Lusofonia, nada tenho contra o facto de o selecionador nacional não ser português, quase diria também antes pelo contrário, para se acabar de vez com todas a recorrentes manifestações de repugnante xenofobia tão visível nas estúpidas reações ao fenómeno da imigração em Portugal. Nem quero pensar que as propaladas reações dos jogadores ditos "históricos" (que, para muitos, mais do que

---
* Artigo oportunamente enviado aos vários jornais portugueses (desportivos e outros).

"históricos" já são "pré-históricos"...) contra a inclusão de Deco na seleção nacional possam relevar de tão baixas motivações...

Dito isto, sinto-me completamente à vontade para afirmar, que se Portugal não vencer o Euro 2004, a culpa será inteiramente do selecionador e dos seus maus conselheiros, alguns dos quais, obviamente, representam o "provincianismo futebolístico lisboeta" no que ele tem de mais antiquado, o provincianismo daqueles que ainda vivem ao ritmo de há 20-30 anos atrás e ainda não acordaram para o facto de que há muito tempo os tempos são outros e de que o epicentro do futebol português há muito deixou de morar dentro das fronteiras alfacinhas... Também aqui aos conhecidos três "Dês" do "25 de Abril 1974" (Descolonização, Democratização, Desenvolvimento) haverá que acrescentar o quarto "Dê" da "Descentralização"; ao menos neste aspecto, a vitória do 25 de Abril no sector do futebol deverá considerar-se emblemática!

Não é preciso entender muito de futebol para entender aquilo que mente lisboeta minimamente lúcida como a de António Pinto Leite escreveu no já famoso artigo do jornal "Expresso" intitulado "PORTO-GAL", e que poderia ter sido escrito e elogiado por todas as mentes lúcidas de Lisboa e arredores: por circunstâncias, não casuais mas causais, existia uma equipa que dava (e deu!) todas as garantias de sucesso, a equipa do Futebol Clube do Porto, que, depois de ganhar os dois últimos campeonatos nacionais e a Taça UEFA do ano passado, ganhou, mesmo nas vésperas do Euro 2004, a "Liga dos Campeões Europeus" (provavelmente para desagrado e grande chatice do Sr. Scolari). O raciocínio de A. Pinto Leite era linear e incontornável: à semelhança do que se fizera com a equipa do Benfica dos anos 60 (que levou ao brilharete do Campeonato do Mundo de 1966, em Londres), o que havia a fazer era utilizar, agora, a equipa do Futebol Clube do Porto, com os acrescentos indispensáveis e óbvios. Como é possível ser tão cego ou tão obcecado para não se render a tão evidente evidência?

Queremos uma seleção nacional potencialissimamente Campeã da Europa? Ei-la: Vítor Baia, Paulo Ferreira, Ricardo Carvalho, Nuno Valente, Costinha, Maniche, Deco, mais um defesa central (dada a indisponibilidade de Jorge Costa) que poderia ser Jorge Andrade e Fernando Couto, mais três avançados a escolher entre Figo, Pauleta, Nuno Gomes, Simão Sabrosa, Cristiano Ronaldo, Postiga...). Por uma vez em que, desde os anos 60, tínhamos uma grande equipa de futebol, a jogar o melhor futebol da Europa e em que era democraticamente consensual a formação de uma verdadeira *"Selecção do Povo"* e de uma verdadeira *"Equipa de Todos Nós"*, fez-se tudo para a destruir e... (oxalá me engane!) para perdermos uma ocasião única de Portugal sagrar-se campeão europeu!

Mas, enfim, dir-se-á, há coisas bem mais importantes do que o futebol e não é nenhuma tragédia que Portugal não seja o vencedor do Euro 2004. De acordo, mas nada justifica tamanha estupidez e tanta "sem-vergonhice" (Scolari dixit!), por exemplo no modo infame como foi tratado Vítor Baía (o guarda-redes que pelo menos 90% dos Portugueses sabem que é de longe o melhor e não merecia que lhe fizessem e nós permitíssemos que lhe fizessem tal vexame!) e que foi um paradigma da dignidade que faltou a tantos outros (alguns dos guarda-redes convocados inclusive). Como antes disse, escrevo estas linhas antes do início do Euro 2004 e como é da boa filosofia e da sã razão que as más causas produzam normalmente maus efeitos, não me admiraria que a seleção imposta pelo Sargentão levasse ao descalabro (de que nenhuma Nossa Senhora, mesmo brasileira, poderá medievalmente valer-nos!).

E terminaria, recordando com José Esteves (não o do Herman José mas o autor de um dos maiores livros do século XX português, *"O Desporto e as Estruturas Sociais"*, ultimamente reeditado pelas Edições Universitárias Lusófonas) que o Desporto é e deve ser estudado como um *"fenómeno social total"* e, parafraseando uma outra citação famosa, que o Desporto e o Futebol são algo demasiado importantes para poderem ser deixados exclusivamente a "Sargentões" e quejandas companhias, mesmo se mais ou menos ilimitadas.

11
A PROPÓSITO DAS ELEIÇÕES 2009 PARA A CÂMARA MUNICIPAL DO PORTO: É A "EURO-LUSOFONIA", ESTÚPIDOS! É A LUSÓFONA EURORREGIÃO DO NOROESTE PENINSULAR , ESTÚPIDOS!*

Depois do clássico grito: *"É a Economia, Estúpido!"*, recorrente se tornou adaptar o *slogan* a outras circunstâncias: **"É a Cultura, Estúpido!"**, disseram e dizem uns, preocupados com a situação que designam de "culturicídio" vigente na cidade do Porto atual presidência de Rui Rio; **"É a recuperação urbana, estúpido!"**, alvitram outros ou **"a segurança"** ou "a **habitação social**" ou "a **perda de protagonismo sociopolítico do Porto**" ou mil e uma outras coisas, conforme as sensibilidades, os interesses e as perspetivas...

No caso das eleições para a Presidência da Câmara Municipal do Porto e remetendo designadamente para os meus textos: **"A hora do Porto na hora da Europa-Ibéria"**, **"Dez Mandamentos ou Onze Teses sobre o Porto"** e **"Da Regionalização Lusa à Eurorregionalização"** (publicados em vários órgãos de comunicação social), permitir-me-ia chamar a atenção dos candidatos e dos votantes para aquilo de que muitos ainda não se deram conta e que é o que, nos próximos tempos, mais decididamente afetará e condicionará o desenvolvimento da "Cidade do Porto", da sua indefinida "Área Metropolitana" (que, de qualquer modo, já inclui concelhos da "Região Centro", que seria uma das míticas "Cinco

---
* Texto escrito em outubro de 2009.

Regiões") e de todo o Norte de Portugal e que é o facto da emergente realidade (económica, cultural e até já europeiamente jurídico-política!) da **Lusófona Eurorregião do Noroeste da Península Ibérica** (Portugal a Norte do Rio Mondego e a Galiza)...

E só para dar um exemplo de coisas eternamente adiadas e que já nem sequer interessará que venham a existir tais quais porque não existiram no tempo próprio, bastaria pensar no caso, mais que todos triste, sintomático e desastroso para o Porto que foi a farsa (para não lhe chamar outros nomes ainda mais feios que outros muito justamente lhe têm chamado) do Referendo e quejandos discursos sobre a Regionalização Portuguesa, que, obviamente, só poderá voltar a interessar no âmbito da "**Eurorregionalização**" e com a "**Lusófona Eurorregião do Noroeste Peninsular**", tendo a cidade do Porto como capital natural e incontroversa (exceto, possivelmente, para os lusíadas centralistas dos "velhos tempos").

Será necessariamente por aí, pela via da "Euro-Lusofonia" que tudo o mais virá (ou, pelo menos, poderá vir) por acréscimo e nunca haverá acréscimos que possam dispensar ou substituir, a não ser ilusória e até contraproducentemente, este "absolutamente necessário"!

É a Euro-Lusofonia, estúpidos! É a Lusófona **Eurorregião do Noroeste Peninsular, Estúpidos!**

12

"DEUS MORREU?"
A 1ª licenciatura em Ciência das Religiões na cidade do Porto*

A proclamação mais ou menos solene da "morte de Deus" no mundo de hoje em nada alterou e por vezes até exacerbou o lugar incontornável da "religião" nas sociedades contemporâneas, em que as mais variadas formas de "regresso do sagrado" constituem, para uns, a demonstração da sua essencial conaturalidade humana e, para outros, apenas mais uma prova da permanência da alienação e da necessidade de prosseguir a luta pela total libertação da humanidade. E quem não se lembra daquele grafiti maximamente dessacralizante e pós-moderno de "Paris-Maio 68": *"Deus morreu, Marx também e eu mesmo já não me sinto lá grande coisa"*!

No projeto, totalmente laico, da nova Universidade Lusófona do Porto, cujos objetivos, na letra dos respetivos Estatutos, são *"o ensino, a investigação e a prestação de serviços nos domínios da cultura, arte, ciência e tecnologia, numa perspetiva interdisciplinar, em ordem ao desenvolvimento dos países e povos lusófonos, designadamente no âmbito da Eurorregião do Noroeste Peninsular"*, esta licenciatura em Teologia/Ciência das Religiões, ao arrepio de todos os dogmatismos e fundamentalismos, procurará, simplesmente, no quadro epistemológico das ciências atuais, fazer uma "ciência omnitotidimensional de Deus ou do religioso ou do sagrado" no universo humano.

Pretende-se, assim, abrir o campus interdisciplinar a uma área científica, que não tem tido uma presença suficiente na sociedade portuguesa, com prejuízo para todas as partes. Criar uma tal licenciatura

---
* Em: Grande Porto, 11 setembro 2009.

em Teologia/Ciência das Religiões, situada ao lado de outras, com um estatuto de paridade epistemológica, é, por isso, responder a uma carência científica e social. E, além de completar o quadro das ciências e a educação global das pessoas do nosso tempo, ambiciona também contribuir para a formação de investigadores e de profissionais que nas mais diversas atividades – comunicação, intervenção social, política institucional, educação, saúde – se confrontam com o facto religioso e suas multímodas caras e caricaturas. Como oportunamente escreveu Frei Bento Domingues, *"a primeira licenciatura portuguesa em Ciência das Religiões torna possível, num espaço universitário não confessional, investigar o fenómeno religioso nos seus diversos aspetos, e é, sem dúvida, um grande acontecimento cultural"*.

Esta licenciatura, que, também nós, sem hipócritas modéstias, temos a consciência de constituir uma das inovações mais significativas da Cultura, da Universidade e da Sociedade Portuguesa Contemporâneas, não deixa de situar-se na linha das intenções profundas das "Semanas Portuguesas de Teologia" e dos "Cursos de Mundivivência Cristã" que, nos anos 60 e pelo tempo que os tempos religiosos e políticos de então permitiram, organizei, em Portugal e em Angola, com o objetivo de colocar os cristãos ao ritmo do Concílio Vaticano II (que, mediante os conceitos de "refontalização" e de "aggiornamento", tentou acabar com a "era constantiniana" da Igreja Católica) e toda a sociedade ao ritmo dos tempos modernos.

13

UMA VIDA A TENTAR ACERTAR AS HORAS DE PORTUGAL PELA HORA DA MODERNIDADE*

Certos títulos, como certas horas, são felizes e este parece ser um deles. Só me lembro, em 30 anos de profissão, de ter encontrado um título assim, que quase diz tudo numa única frase, foi numa viagem relâmpago a Paris para reportar um encontro entre Cavaco Silva, então Primeiro-Ministro de Portugal, e o Presidente angolano José Eduardo dos Santos. O tema era o das negociações de paz para Angola e o título encontrado adaptava uma expressão atribuída a Luís XIV como se tivesse sido proferida pelo mediador português – "La paix, c'est moi".

O secretismo das negociações de paz em Angola justificaria a reserva que o primeiro-ministro de Portugal colocava neste dossier, a tal ponto que o então Ministro dos Negócios Estrangeiros (João de Deus Pinheiro, se a memória não me falha) saberia tanto como os jornalistas sobre o que se estava a passar-se no encontro de Paris... Era, pelo menos, o que ele dizia quando se cruzava com os jornalistas portugueses nos passos perdidos de um dos mais requintados hotéis de Paris.

Esta memória aparentemente desgarrada tem a sua razão de ser. Fernando dos Santos Neves, português da Foz do Sousa também já andou por Paris, a leccionar Ciência Política, e por Angola, onde "desde os anos 60 do século XX vem chamando a atenção para as "horas certas" das inadiáveis modernizações, quer na Igreja quer na sociedade laica, do

---

* Entrevista conduzida pelo jornalista Júlio Roldão e publicada em: "Página da Educação", nº 174, Porto, Janeiro 2008, revista de que era Diretor o saudoso Professor e Mestre de Professores do Norte José Paulo Serralheiro.

Concílio Vaticano II ao 25 de Abril de 1974, passando pela descolonização portuguesa".

Uma luta contra essa constante da história de Portugal, um Portugal que passou ao lado do Renascimento, da Reforma e de outros saltos qualitativos que se viveram na Europa, numa fatalidade que dizem inerente à própria condição de país periférico e que, citando como tenho estado a citar o próprio Fernando dos Santos Neves, fez com que na Enciclopédia de Diderot & d'Alembert, Portugal não seja sempre referido de forma simpática – um dos enciclopedistas refere ter recebido um livro português, datado do século XVIII, segundo ele por gralha já que o conteúdo só se justificaria se editado dois séculos antes...

Os enciclopedistas – recorde-se – diziam que Portugal era um país saudável, de clima temperado e ar puro, com abundância de cereais, com frutas e azeitonas deliciosas, mel, sal, laranjas e vinho: um verdadeiro local bíblico onde não faltavam minas de ouro e de prata, pedreiras de mármore, rubis e esmeraldas. Mas também um país de religião única e Inquisição severa, duas causas de algum certo atraso.

Um pensamento contemporâneo

Esta vontade de acertar as horas pelas várias e inadiáveis modernizações leva o Prof. Fernando dos Santos Neves a fazer com que a área científica do "Pensamento Contemporâneo" seja um dos grandes ex-líbris da Universidade Lusófona e cadeira obrigatória, das várias dezenas de cursos de licenciatura, quer de humanidades quer de tecnologias. Fernando dos Santos Neves cita, a propósito, Abel Salazar, com a célebre frase deste sábio da Renascença – "o médico que só sabe Medicina, nem Medicina sabe". A cultura integral do indivíduo continua a ser, como já referia Bento de Jesus Caraça, em 1933, o problema central do nosso tempo.

Programa cuja solução se equaciona permanentemente na Lusófona, nomeadamente na Universidade Lusófona do Porto, escola que beneficia da experiência de mais de vinte anos do grupo Lusófona em todos os países onde se fala a língua Portuguesa.

"Com uma oferta científica estruturada de acordo com as necessidades reais do mercado, num projecto que se desenha desde o seu início com a ambição de contribuir para um ainda maior enriquecimento da região Norte do nosso País", como refere Fernando dos Santos Neves em entrevista impossível de aprovisionar num clássico texto de perguntas e respostas, tal a riqueza e a complexidade do discurso do nosso entrevistado.

Se parece certo – como disse Jorge Sampaio, citado também por Fernando dos Santos Neves, que «Portugal não tem futuro fora do quadro europeu», também parece certo que o não terá fora doutros quadros, designadamente fora do quadro lusófono.

"Que Portugal não tem futuro fora da Europa e da União Europeia aí estão a demonstrá-lo todo o seu passado dos últimos séculos (passado de afastamento da Europa, de obscurantismo, de provincianismo e de subdesenvolvimento) e todo o seu passado recente de global modernização (que vai muito para além dos «fundos estruturais e de coesão» visíveis nas auto-estradas e demais grandes obras que mudaram a geografia de Portugal) ".

Isto escreveu Fernando dos Santos Neves, sublinhando que "a União Europeia é, essencialmente, a concretização do que poderíamos chamar o "ideal europeu" consubstanciado na dupla do "desenvolvimento económico-social" e da "democracia político-partidária" que, utilizando as palavras de Sartre, parecem exprimir o «horizonte inultrapassável do nosso tempo» e o objectivo desejado de todos os povos da terra". Lembrando Antero de Quental e a primeira das Conferências do Casino sobre as causas da decadência dos Povos Peninsulares.

Um futuro que, a nível universitário (público e privado, pois para este professor esta distinção fará cada vez menos sentido), passa pela Declaração de Bolonha, caminho que também apaixona o actual Reitor da Universidade Lusófona do Porto na exacta medida em que o considera o caminho da contemporaneidade e da modernidade das Universidades portuguesas. O Prof. Fernando dos Santos Neves faz mesmo questão de dizer que não compreende como se chegou a fazer manifestações de rua contra a Declaração de Bolonha.

As Universidades que seguem a Declaração de Bolonha estarão condenadas a fazer mais em menos tempo e a estreitar a banda com cursos menos "universitários"? – perguntei. "Não, longe disso" foi a resposta. "Pelo contrário, o primeiro ciclo é mesmo um ciclo universitário de banda larga". Acrescentou o universitário que assinou um artigo ("Quem tem medo da declaração de Bolonha") a defender "a integração definitiva do nosso ensino universitário na circunstância europeia (igual, no caso, à circunstância da modernidade), e que, por isso, já foi apelidado de "apóstolo-mor da Declaração de Bolonha em Portugal", título que, aliás, muito preza.

O homem que criou a palavra Lusofonia

Assim se exprime o Prof. Fernando dos Santos Neves, o homem que dizem ter inventado a palavra Lusofonia. Sobre esta matéria, este universitário de mais de sessenta anos de idade que fala com o entusiasmo de um jovem apaixonado pelas causas que abraça, diz ser possível que sim, que tenha sido ele a inventar a palavra Lusofonia, embora prefira revelar que muito boa gente, na hora de baptizar a Universidade Lusófona, disse que a palavra "soava mal". (Não resisto a dizer que é o segundo criador de palavras que eu conheci – o primeiro foi o poeta, o ensaísta, o matemático Joaquim Namorado, tido como pai da palavra neo-realismo).

Mas o que é a Lusofonia? Responde o Prof. Fernando dos Santos Neves: "'é enquanto projecto de geoestratégia política e de desenvolvimento economológico que a Lusofonia tem a sua primordial razão de ser, para realização própria de Portugal e de todos os Países e Povos Lusófonos e como contributo para a realização do "Fenómeno Humano" universal".

"Uma tal Lusofonia, um tal Espaço Lusófono (a que deverá juntar--se a lusofonamente hetero e auto-esquecida Região da Galiza) e uma tal CPLP em nada se opõem, antes pelo contrário, ao diálogo omnitotidimensional com os outros espaços humanos e geopolíticos do mundo contemporâneo".

Um diálogo que – dirá noutro contexto – se oporá "frontalmente, à loucura terrorista e à histeria antiterrorista que o dia 11 de Setembro de 2011 desencadeou nos Estados Unidos e na Humanidade e que, uma e outra, constituem, por razões diversas mas com possíveis idênticos resultados, sérias ameaças de regresso à barbárie, mediante o incumprimento ou o esquecimento da tão longa e tão difícil conquista que foram o Estado Democrático de Direito e o primado do Direito Internacional sobre a força bruta bem como da única e para todos ("terroristas", "não-terroristas" e "antiterroristas", incluindo qualquer potência ou superpotência de ontem, de hoje ou de amanhã) obrigatória "Carta Magna" da Civilização que é a Declaração Universal dos Direitos Humanos"...

CAPITULO III
"ORAÇÕES DE SAPIÊNCIA "
nos "Dias da Universidade"*

---
* Como escrevemos na "APRESENTAÇÃO", estas designadas "Orações de Sapiência" constituem, segundo nós e não obstante algum circunstancialismo retórico e para além da evidência de um tal Reitor estar demasiado à frente da sua instituição e do seu tempo, um exemplo de síntese quase perfeita de lições académicas públicas, simultaneamente «globais» e «locais», ou seja, académica e socialmente «glocais» e «locbais» (Nota de Justino Santos).

1
O "DIA", A "HORA" E O "TEMPO DA UNIVERSIDADE LUSÓFONA DO PORTO*

Mais que simplesmente "o dia" e até a "hora", eu faço questão de que este seja também o "tempo" da Universidade Lusófona do Porto. É que ele há diversas maneiras de entender e de falar do "tempo". E eu, obviamente, não pretendo falar nem do "tempo meteorológico" nem do "tempo cronológico" nem do "tempo simplesmente histórico", em que até os séculos podem ter mais ou menos de 100 anos (cf., por exemplo, o livro do excelente historiador britânico E. Hobsbawm, *A Era dos Extremos, História do Breve Século XX*", Ed. Presença, que o não tão excelente tradutor, provavelmente julgando que um século não poderia ter nem mais nem menos de 100 anos, "corrigiu" para "*História Breve do século XX*"...) nem dos "belos tempos de antigamente" (próprios dos eternos "*laudatores temporis acti*" que já Horácio referiu...) nem dos apregoados "maus tempos económicos" que por aí correm (e que sendo, em teoria, iguais para todos, não deixam de ser "mais iguais para uns do que para outros", aliás sempre os mesmos...) nem sequer do prosaico "tempo do relógio" (acerca do qual eu costumo gracejar, sem resultados práticos evidentes, que "por sermos e para sermos lusófonos e para mantermos e reforçarmos a nossa identidade, não é necessário ou obrigatório continuarmos a chegar atrasados ..."), mas de outro "**tempo**", a que vou chamar "**tempo cairológico**". E se mesmo do "tempo cronológico", Aristóteles deu a estranha definição nunca plenamente entendida: "O *tempo é o número do movimento segundo o antes e o depois*" e

---
* Dia da ULP, 08/03/2008.

Santo Agostinho retoricamente "confessou": *"Se não me perguntarem o que é o tempo, sei o que é, mas se me perguntarem já não sei!"*, o que designei "**tempo cairológico**" será ainda mais difícil de definir, sendo que a resposta de um dos cantores–ícones do "tempo da contestação" juvenil dos anos 60 do século passado, Bob Dylan, (*"The times, they are a-changing", "The answer, my friend, is blowing in the wind"*) parecerá demasiado "aérea" (e, de facto, "ar" ou "vento" ou "sopro" constituem os termos originais do que a Bíblia Vulgata viria a traduzir por "Espírito" e "Espírito Santo"...famosa é, por exemplo, a passagem da primeira página do livro do Génesis, em que a dita Vulgata de S. Jerónimo poeticamente diz que *"o Espírito de Deus pairava sobre as águas"*, referindo-se aos fortes vendavais do caos primordial...). E todos saberão e alguns ainda se lembrarão de que o carismático Papa João XXIII fez dos "Sinais do Tempo" e respetivo "Aggiornamento" a trave-mestra e o motor central do Concílio Ecuménico Vaticano II (que Papas posteriores se encarregariam de substituir pelos "velhos tempos de sempre"), muito, aliás, à semelhança do que teria sucedido com os novos "tempos da Perestroika e da Glasnost" de Gorbachev, que outros se teriam também encarregado de destruir ou desvirtuar...

Referências teóricas e históricas à parte, a palavra "**Cairologia**" foi por mim introduzida na Língua Portuguesa (o que não quer dizer que já conste dos dicionários oficiais...) e a primeira definição escrita formal aparece no livro "*Ecumenismo em Angola, Do Ecumenismo Cristão ao Ecumenismo Universal*" (Luanda, 1968, Reedição Lisboa, 2005), páginas iniciais: "*...«Cairologia» é a visão, o tratado, a teologia do tempo, no seu conteúdo histórico-bíblico. «Cairos» não é um tempo ("Xronos"), um dia, um momento qualquer, é o «tempo da graça», o «tempo oportuno e propício», a «hora certa»...*" ("The right time" ou, mais simples e prosaicamente, "the timing", na língua que já Fernando Pessoa designou como o "latim" e outros, mais displicentemente, chamaram o "esperanto" do nosso tempo...).

E se também é verdade que todos os "dias" e "horas" e "tempos" têm de ser "Dias" e "Horas" e "Tempos" da Universidade (segundo um dos grafitis dos muros de Paris de 1968, já lá vão quase 40 anos: *"A Revolução ou é quotidiana ou não é!"*), nada impede que se aproveite do **"Dia da Universidade propriamente dito"** para tentar, de maneira mais consciente e mais explicita, responder à pergunta: **O que é e o que quer ser a Universidade Lusófona do Porto?** E apesar de também ser verdade que as perguntas são sempre mais importantes do que as respostas, porque quem pergunta é porque já sabe de algum modo responder, na linha de pensadores tão diversos como Pascal (*"Ninguém procuraria Deus, se já não o tivesse encontrado!"*) ou Marx (*"Uma sociedade só avança para as revoluções que já é capaz de fazer!"*) ou Agostinho da Silva (*"Quem discute é porque já está de acordo!"*), para não falar do provocatório título de livro recente *"Se não sabe, porque é que pergunta?"*, eu pergunto e vou procurar responder e nem sequer vou limitar-me a citar o claríssimo artigo dos Estatutos da Universidade, em que se decreta que a mesma tem como objetivos ..."*o ensino, a investigação e a prestação de serviços nos domínios da cultura, ciência e tecnologia, numa perspetival interdisciplinar, em ordem ao desenvolvimento dos países e povos lusófonos, designadamente no âmbito da Euro-Região do Noroeste Peninsular.*"

O que talvez até bastasse, mas no fim das nossas explicações, já que, como todas as boas definições, também esta deverá vir no fim e não no princípio da investigação. Além de que será também a maneira de a ULPorto fazer sua a divisa paradigmática e programática de Píndaro: *"Torna-te naquilo que és e podes, deves e queres ser!"*.

1. A ULPorto "é" (quer ser, quer tornar-se...) uma Universidade pós- 25 de Abril 1974 (em vários sentidos e com várias consequências)

Numa periodização generalíssima das Universidades Portuguesas, às "épocas" já consagradas da "Universidade de Lisboa/Coimbra" (1ª época), das "Universidades de Lisboa e Porto (2ª época, implantação da República), das "Universidades Novas" (3ª época, dos anos 70 do século passado), o Professor Catedrático de Coimbra, Doutor J. Gomes Canotilho, acrescentou a 4ª época das "Universidades Privadas" como fruto histórico "do 25 de Abril" (aquele "25 de Abril" que foi justamente e aliás previamente caracterizado por J. Medeiros Ferreira com os três Dês da "Descolonização", da "Democratização" e do "Desenvolvimento", a que eu mesmo tenho acrescentado vários outros "Dês" e, para o caso, o "D" capital da "Desanalfabetizarão" da Sociedade Portuguesa).

A Lusófona do Porto é (e sobretudo quer ser, quer tornar-se) uma **"Universidade Abrilista"**, o que significa que não é nem do "24 de Abril" nem do "11 de Março" nem do "25 de Novembro" e, neste sentido, o seu hino, que é o poema de Fernando Pessoa: *"Deus quer, o Homem sonha, a Obra nasce..."* também podia ser: *"Grândola, Vila Morena..."*, a emblemática canção de Zeca Afonso...**"25 de Abril de 1974"** que, como já escrevi, constitui a *"primeira revolução simultaneamente político-democrática, económico-social e cultural-humanista do século XX"*.

2. A "ULPorto", mais que uma "nova Universidade", quer ser uma "Universidade Nova" de Humanidades e Tecnologias.

O primeiro projeto, em Portugal, de uma tal Universidade foi, nos anos 70 do século passado, o projeto da "Universidade Nova de Lisboa", o qual, por razões várias, não passou disso mesmo, de um projeto, inviabilizado e tornado velho ainda antes de nascer, não obstante as louváveis mas frustradas tentativas do Prof. Leopoldo Guimarães na Faculdade de Ciências e Tecnologia do Monte da Caparica e a renovada metodologia introduzida pelo Prof. Freitas do Amaral na sua Faculdade de Direito, não por acaso combatida ou simplesmente ignorada pelas outras Faculdades Jurídicas. E o tal projeto novo, que não chegou a sê-lo, era essencialmente o seguinte: uma Universidade situada num campus, com as diversas áreas científicas estruturadas não em Faculdades autárcicas e autistas mas em Departamentos autónomos a comunicarem entre si, ou seja, utilizando uma terminologia mais académica: um campus universitário, uma interdisciplinaridade científico-pedagógica, uma departamentalidade institucional. Infelizmente, 20 anos mais tarde, ao enveredar por tal "novidade-modernidade", como consta da sua filosofia e vem exarado nos seus Estatutos, a "Universidade Lusófona de Humanidades e Tecnologias" fez entre nós figura de reconhecido e muito isolado pioneirismo.

A "ULPorto" quer retomar, aprofundar e alargar esta nova e moderna visão de "Humanidades e Tecnologias" que, em última análise, se funda, naquilo que, desde há 30 anos, venho denominando a "**Rotura Epistemológica Primordial**", situada ao nível do próprio conceito de ciência e podendo laconicamente definir-se como a passagem de uma conceção monoparadigmática, reducionista e totalitária a uma conceção pluriparadigmática, aberta e democrática de todas as ciências, e que definitivamente exorcize todos os perigos autárcicos, autistas e quejandos...

3. A "ULPorto" quer ser uma Universidade da Lusofonia, com a Lusofonia, para a Lusofonia!

O "estado da arte ou da nação "da Lusofonia reaparece todos os dias em todo o seu esplendor na "*vexata* (*vexatíssima*, diria eu) *questio*" do "**Acordo Ortográfico**", a que a próxima 12ª Semana Sociológica, a organizar pela ACSEL (Associação dos Cientistas Sociais do Espaço Lusófono) aqui mesmo na Universidade Lusófona do Porto, nos dias 7-8 e 9 de Abril, dedicará todo o seu programa, perguntando: "**O Acordo Ortográfico da Língua Portuguesa, problema linguístico ou problema político?**" e chamando desde o início as atenções para o denominado "*síndroma salazarista de Badajoz*", que continuaria a dar razão às tristemente célebres atitudes e palavras do ditador «*orgulhosamente só*»!"

"*Eppur si muove!*", como terá sido o grito anti obscurantista de Galilleu! E, no entanto, a "**Hora da Lusofonia**" está aí e, desculparão a imodéstia, está aí em grande parte devido à Universidade Lusófona de Humanidades e Tecnologias! Os próprios vocábulos "Lusofonia" e "Lusófono" só terão sido introduzidos na linguagem e nos dicionários portugueses depois da existência e por influência desta. Até me recordo de que, ainda nos anos 80 do século XX, uma das grandes objeções à denominação da Universidade Lusófona era de que a palavra *"lusófona"* não existia e *"soava mal"*...

Mas o que é, então, a "Lusofonia" de cuja existência nos teríamos tornado os grandes responsáveis históricos e de que a C.P.L.P. (em cujo nome, não por acaso, nem sequer o termo "Lusofonia" ou "Lusófono" aparece...) poderia vir a ser o motor e a realização política essencial?

Remetendo, neste momento, para quanto tenho vindo a escrever sobre o assunto, direi apenas o seguinte:

a) **A Lusofonia é, obviamente e antes de mais nada, uma essencial questão de Língua, a questão da "Língua Portuguesa"** como uma das pouquíssimas línguas potencialmente universais do século XXI e como tal podendo e devendo tornar-se instrumento único de comunicação e desenvolvimento, sendo tempo de abandonar, definitivamente, os fantasmas de reais colonialismos passados ou de possíveis colonialismos futuros. Há muito que deixaram de existir os "Países e Povos de Expressão Portuguesa, os Países e Povos Lusíadas", dando lugar a "Países e Povos de Língua Portuguesa, a Países e Povos Lusófonos!" Quando perceberão isto os "colonialistas de antanho" e os "anticolonialistas de sempre"?

Compreender-se-á também porque é que eu permanentemente desassossegue as consciências de todos os Lusófonos com perguntas, só à primeira vista secundárias, como, por exemplo: Para quando a criação de uma Academia Inter-lusófona da Língua Portuguesa? Para quando a feitura e a entrada em vigor legalmente obrigatória de um (nem sequer disse "do") Acordo Ortográfico Lusófono? Para quando, designadamente da parte dos governos de Portugal e do Brasil, a ultrapassagem do provincianismo que impede de entender que o investimento em Leitores e Professores de Português no mundo inteiro (a começar, obviamente, no Espaço Lusófono) é, além do resto, o investimento económico-político mais rentável? Para quando a promoção das "Feiras Lusófonas do Livro" e, de maneira mais vasta, do "Mercado Editorial e Comunicacional Lusófono"? Porque é que uma revista histórica como "Présence Africaine, Revue Culturelle du Monde Noir" se tornou, desde há muito, "Cultural

Review of the Black Word" e ainda não "Revista Cultural do Mundo Negro", já que o Português é reconhecidamente a 3ª maior língua europeia do Continente Africano? Porque é que nos grandes centros europeus e mundiais tanto Portugal como Brasil se esquecem de colocar os seus jornais, revistas e outras publicações de Língua Portuguesa? Porque é que, sendo o Brasil demograficamente o maior país católico do mundo, a Língua Portuguesa ainda não se impôs no Vaticano como uma das grandes línguas da Igreja Católica? **Etc. Etc. Etc.**
E aproveito da oportunidade para saudar uma vez mais a inauguração do **"Museu da Língua Portuguesa"** na maior cidade lusófona (e quase também não lusófona) do mundo que é a cidade brasileira de S. Paulo, até porque isto poderá bem ter sido, para os Brasileiros, o princípio do principio, ou seja, o principio da perceção de que, sem o Brasil, dificilmente haverá Lusofonia, mas também de que, sem a Lusofonia, dificilmente haverá Brasil que deixe de ser o eterno *"país do futuro"*!

b) **A Lusofonia é, também e sobretudo** (como mais uma vez e demoradamente expliquei no "I Congresso Internacional da Lusofonia", Sociedade de Geografia de Lisboa, 8, 9 e 10 Fevereiro 2007), **um decisivo projeto ou uma decisiva questão de estratégia comum de Desenvolvimento Humano Sustentável e de Espaço Geopolítico Próprio no globalizado mundo contemporâneo".** O que também é válido para a CPLP (Comunidade dos Países de Língua Portuguesa), que deveria adotar o nome menos restritivo e mais Cairológico de "Comunidade Lusófona".

E sobre a questão da "**Universidade da Lusofonia, com a Lusofonia e para a Lusofonia**" nada mais direi aqui e agora, a não ser que penso cabalmente justificada e desculpável a minha repetida confissão pública de que o julgamento de que mais gosto de ouvir é que a "Universidade Lusófona de Humanidade e Tecnologias" seja por todos reconhecida como "**a Universidade Certa na Hora Certa para a Lusofonia Certa!**".

4. A "ULPorto" quer ser, exaustivamente, uma "Universidade Bolonhesa" e uma "Universidade Europeia"!

A "Universidade Lusófona do Porto" quer ser, em Portugal, uma "Universidade Bolonhesa "por excelência e os dois livros que publiquei nas "Edições Universitárias Lusófonas" sobre *"A Declaração de Bolonha e o Ensino Superior em Portugal"* com títulos voluntariamente provocatórios: *"Quem tem medo da Declaração de Bolonha? (2005) e "Adimplenda est Bolonia, É preciso cumprir Bolonha!"*(2006) dispensam-me de mais alongamentos.

Recordando que os benefícios e exigências da "Declaração de Bolonha" se encontram apenas no seu início e que, também aqui, é necessária uma permanente *"Crítica da Razão Bolonhesa"*, permitir-me-ia re-citar o breve texto em que, no "XII Encontro da Associação das Universidades de Língua Portuguesa" (Luanda, Maio 2002), lancei o desafio a que, depois, com grande satisfação da minha parte, seria dado o nome de *"Declaração de Luanda"*, adotada, no essencial, pelos Ministros da Educação da CPLP, na cidade brasileira de Fortaleza, em Maio de 2004:

"À semelhança do que está a acontecer na Europa com o instrumento designado «Declaração de Bolonha» e com a criação do comum «EEES- Espaço Europeu do Ensino Superior», também no âmbito do "Espaço Lusófono" deveria avançar-se de imediato para a criação de um comum **«ELES - Espaço Lusófono do Ensino Superior»** *e todas as diversidades reais e reais dificuldades não deveriam constituir obstáculos mas apenas estímulos, já que a construção de um tal «Espaço Lusófono do Ensino Superior (ELES)» não deverá ser considerado um mero epifenómeno mas conditio sine qua non da construção do «Espaço Lusófono sem mais» ou da C.P.L.P.... A Lusofonia real, que não cesso de proclamar como a única real via de afirmação, no concerto ou desconcerto das Nações, de todos, insisto, de todos os Países e Povos de Língua Portuguesa, também passa necessariamente e até primordialmente por aí, ou não fosse a «Educação de Excelência para Todos» o princípio e o motor insubstituíveis de todo o desenvolvimento humano e não fosse a norma da*

«Educação Universal, Obrigatória e Gratuita» o programa mais revolucionário de toda a história moderna e válido para toda a Humanidade e não só para o mundo ocidental".

Será que ainda não deu para entender que é enquanto Lusófono que Portugal deve tornar-se cada vez mais Europeu e que é enquanto Europeu que Portugal deve tornar-se cada vez mais Lusófono?

O que é particularmente válido e urgente para o Porto e para o Norte (pelo menos desde Coimbra), no âmbito não de uma *"regionalização"* de que agora se volta a falar mas que já está fora de "tempo" (...) mas sim no âmbito da "Euro-Região do Noroeste Peninsular" de que já é e será cada vez mais o "tempo", o tal "tempo cairológico" de que venho falando quase *"usque ad nauseam"*...

Terminemos piedosa e biblicamente: *"Quem é capaz de entender que entenda e quem tem ouvidos para ouvir que ouça"*! E, acrescento eu, *"quem tem obrigação de agir, que aja!"*

5. Como todas as Universidades, a "ULPorto" não pode deixar de ter como objetivos os clássicos objetivos "da docência, da investigação e da extensão ou prestação de serviços à comunidade..."

Sobre tudo isso, não saberia dizer mais nem melhor do que o dito e publicado, por exemplo, nas **"Onze Teses sobre o Ensino Superior em Portugal e em todo(s) o(s) Espaço(s) Lusófono(s), Que Ensino Superior para o Século XXI?"** (Anuário da Educação 99/2000)*.

Maximamente oportuna e maximamente decisiva para o futuro da Sociedade Portuguesa é a nova filosofia de abertura das portas das Universidades a todos os candidatos com mais de 23 anos, independentemente das suas habilitações oficiais (Decreto Lei nº64/2006 de 21 de Março). Arrepiando caminho da velha mentalidade subjacente, por exemplo, aos antigos "Exames Ad-Hoc" (que visavam não a inclu-

---

* Cf., designadamente, obra do autor: QUE ENSINO SUPERIOR PARA O SÉCULO XXI, EM PORTUGAL E NO ESPAÇO LUSÓFONO? O Ensino Superior como a "Alfabetização/Instrução/Educação Universal, Obrigatória e Gratuita" do nosso tempo, Âncora Editora, 2014.

são, mas a exclusão do universo do ensino superior aos adultos portugueses), esta legislação poderá vir a significar aquilo que já foi definido como uma verdadeira *"Revolução Cultural"* e como a hora cairologicamente certa da "Universidade para Todos".

Juntamente com a implementação da "Declaração de Bolonha", de que, aliás constitui um elemento essencial, é uma das grandes e últimas oportunidades de as Universidades Portuguesas e, de maneira mais global, a Sociedade Portuguesa no seu conjunto e, em particular, a Região Norte, retomarem os caminhos da modernidade e do desenvolvimento. **Será que, por exemplo, como já foi proclamado,** *"a descoberta de uma pobreza crónica e anacrónica no Portugal Europeu do século XXI poderá levar, além do mais, também à conclusão de que a Sociedade Portuguesa ainda não é nem verdadeiramente europeia nem verdadeiramente do século XXI ou moderna?"*

A estas e a todas as outras questões procurará a Universidade Lusófona do Porto responder de maneira cada vez mais plenamente Lusófona, Europeia e Humana, procurando, "simplesmente" realizar os objetivos que constam dos seus Estatutos, a saber, *"o ensino, a investigação e a prestação de serviços nos domínios da cultura, ciência e tecnologia, numa perspetival interdisciplinar, em ordem ao desenvolvimento dos países e povos lusófonos, designadamente no âmbito da Euro-Região do Noroeste Peninsular."*

2
ONZE TESES SOBRE
A UNIVERSIDADE LUSÓFONA DO PORTO*

Vou começar por revelar-Vos um segredo: quer *"Sobre a Educação em Portugal e no(s) Espaço(s) Lusófono(s)"*, quer *"Sobre a Lusofonia e Para uma Crítica da Razão Lusófona"*, quer *"Sobre a Regionalização Democrática Anti-Leviatão"*, quer *"Sobre a «Hora do Porto» na «Hora da Europa-Ibéria e da Lusofonia»"*, quer *"Sobre a Criação do Ministério da Lusofonia e a Institucionalização do Passaporte-Cidadania Lusófono"*, quer *"Sobre a Lusofonia Certa na Hora Certa para a Lusofonia Certa na Eurorregião do Noroeste Peninsular"*, etc., etc., etc., a minha apetência pelo número **"Onze"** tem a ver, sobretudo, com a *"Décima Primeira de todas elas"*, que glosa a brevíssima e também *"**Décima Primeira e Última**"* que Marx dedicou *"a"* (não era propriamente *"sobre"* era *"contra"*) Feuerbach e se tornaria de todas a mais famosa: **"Até agora os filósofos contentaram-se em interpretar o mundo de diversas maneiras, mas o que verdadeiramente interessa é transformá-lo!"**.

Já estão a ver qual vai ser a minha *"Décima Primeira das Onze Teses sobre a Universidade Lusófona do Porto"*? De maneira ainda mais lacónica do que Marx, poderia eu dizer-me e dizer-Vos: *"Res, non Verba!"*. Hoje, tenham paciência, é dia mais das palavras que das coisas, espero que, a partir de amanhã, as interpretações e as palavras não substituam as coisas e as realizações.

---

* Dia da ULP, 28/03/2009.

1

A Universidade Lusófona do Porto quer ser uma "Universidade" e, por isso, não pode deixar de ter como objetivos aqueles que lhe são assinalados nos seus Estatutos, a saber, a *"criação, transmissão, crítica e difusão da cultura, arte, ciência e tecnologia, numa perspetiva interdisciplinar, em ordem ao desenvolvimento dos países e povos lusófonos, designadamente no âmbito da Eurorregião do Noroeste Peninsular"* (art.2º). **E mais que uma nova Universidade, a Universidade Lusófona do Porto quer ser uma Universidade nova**, recordando-se constantemente do aviso de Teilhard de Chardin: *"Uma multidão dos nossos contemporâneos ainda não são modernos!"*

Como tenho relembrado, o primeiro projeto, em Portugal, de uma tal Universidade foi, nos anos 70 do século passado, o projeto da "Universidade Nova de Lisboa", o qual, por razões várias, não passou disso mesmo, de um projeto, inviabilizado e tornado velho ainda antes de nascer. E tal projeto novo, que não chegou a sê-lo, era essencialmente o seguinte: **uma Universidade com as diversas áreas científicas estruturadas não em Faculdades autárcicas e autistas mas em Departamentos autónomos a comunicarem entre si, ou seja, utilizando uma terminologia mais académica, um campus universitário, uma interdisciplinaridade científico-pedagógica, uma departamentalidade institucional.** Infelizmente, 20 anos mais tarde, ao enveredar por tal "contemporaneidade-modernidade", como consta da sua filosofia e vem exarado nos seus Estatutos, a "Universidade Lusófona de Humanidades e Tecnologias" de Lisboa fez, em Portugal, figura de reconhecido e muito isolado pioneirismo.

A "**Universidade Lusófona do Porto**" quer retomar, aprofundar e alargar esta contemporânea e moderna visão de "**Humanidades, Artes, Ciências e Tecnologias**" que, em última análise, se baseia naquilo que, desde há 30 anos, venho denominando a "**Rotura Epistemológica Primordial**" (R.E.P.), situada ao nível do próprio conceito de ciência e podendo sinteticamente definir-se como a passagem de uma conceção monoparadigmática, reducionista e totalitária a uma conceção pluriparadigmática, aberta e democrática da ciência e de todas as ciências…

E nem é por acaso que uma das unidades curriculares obrigatórias em todos os seus cursos tanto de "Humanidades" como de "Artes" como de "Ciências" como de "Tecnologias" se denomina *"Introdução ao Pensamento Contemporâneo"*, que adotou como um dos seus fios condutores a sentença lapidar (espero que não seja só por estar gravada numa lápide…) do Prof. Abel Salazar, fundador do Instituto de Ciências Biomédicas do Porto: *"Um médico que só sabe de medicina, nem de medicina sabe"!*

2

A Universidade Lusófona do Porto quer ser uma Universidade Lusófona e, depois do *"crime original"* de ter feito com que a palavra **"Lusofonia"** adquirisse finalmente um lugar nos vocabulários da Língua Portuguesa (sabiam que, por exemplo, tal não era o caso ainda nos anos 80 do século passado e que, provavelmente por isso, a própria CPLP não se chamou "Lusófona", como não se chamavam "Lusófonos" os "Congressos Luso-Afro-Brasileiros de Ciências Sociais", para já não falar das "Luso-Brasileiras mas não Lusófonas Enciclopédias", etc.) e também depois do *"crime continuado"* de ter escrito tudo quanto escrevi sobre a mesma (a começar pelas já citadas *"Onze Teses sobre a Lusofonia, Para uma Crítica da Razão Lusófona"*, que até me dei ao trabalho de ir entregar em mão no Palácio do Planalto, em Brasília, ao Presidente Lula), talvez possa, aqui e agora, limitar-me a transcrever, uma vez mais, a minha **"Tese Geral Sobre a Lusofonia"**:

«Mais que projeto ou "questão cultural" e até "linguístico-literária", a Lusofonia é, obviamente, um importante projeto ou uma importante "questão de Língua" e, sobretudo, um importantíssimo projeto ou uma importantíssima "questão de estratégia comum de Desenvolvimento Humano Sustentável e de Espaço Geopolítico Próprio no globalizado mundo contemporâneo". O que também é válido para a CPLP (Comunidade dos Países de Língua Portuguesa), que deveria adotar o nome menos restritivo e mais cairológico de "União ou Comunidade Lusófona"».

E estou confiante de que, ainda mais que todas as demonstrações, também a mim *"a história me absolverá"* de todos estes *"crimes e pecados lusófonos"* e me dará pleníssima razão. *"Valeu a pena? Tudo vale a pena, se a alma não é pequena!"*

3

A **Universidade Lusófona do Porto quer ser uma Universidade da Lusofonia, com a Lusofonia e para a Lusofonia** da maneira mais ecuménica e global, mas também da maneira mais incarnada e local (será a isso que deverá chamar-se a **"Glocalização"**, de que a **"Lusofonia"** poderia vir a constituir um dos casos mais emblemáticos?) e tal é o sentido último do que já se tornou quase um slogan publicitário e diz que **a Universidade Lusófona do Porto quer ser a Universidade Certa na Hora Certa para a Lusofonia Certa na Eurorregião do Noroeste Peninsular!**

No momento em que os Estados-Nação crepuscularmente vão fenecendo em mais ou menos dramáticos casos de *"Finis Patriae"*, não será chegada a **"Hora Porto-Galaica da Euro-Lusofonia"**?...

4

"Universidade da Lusofonia, com a Lusofonia, para a Lusofonia", **a Universidade Lusófona do Porto não pode deixar de ser uma Universidade da Língua Portuguesa...** Quando é que os Lusófonos perderão os seus complexos linguísticos e se darão conta de que a Língua Portuguesa é uma das pouquíssimas línguas potencialmente universais do século XXI, o que já Fernando Pessoa intuiu nos princípios do século XX quando falou das condições para que uma língua pudesse tornar-se universal: ser falada, muito ou pouco, em todos os continentes e ter uma grande Nação que a fale... (a grande Nação não é, obviamente, Portugal mas o Brasil e, porque não daqui a uns tempos, também Angola, etc.). **Estará, finalmente, a fazer-se a revolução mental do** *"tempo ou hora dos Por-*

tugueses" e até do *"tempo ou hora dos Lusíadas"* para o *"tempo ou hora dos Lusófonos"*? Entenda quem puder...

E ninguém estranhará que este "Dia da ULP" seja também o dia da "Proclamação da entrada em vigor oficial do Novo Acordo Ortográfico da Língua Portuguesa na Universidade Lusófona do Porto".

5

A **Universidade Lusófona do Porto quer ser uma "Universidade Bolonhesa e Europeia por excelência"** e os dois livros que publiquei nas "Edições Universitárias Lusófonas" sobre *"A Declaração de Bolonha e o Ensino Superior em Portugal"* com títulos voluntariamente provocatórios: *"Quem tem Medo da Declaração de Bolonha"?* (2005) e *"Adimplenda est Bolonia! É Preciso cumprir Bolonha!* **(2006)**, dispensar-me-ão de acrescentar mais coisas sobre o assunto.

Relembraria apenas, mais uma vez, as terríveis palavras que a *"Mãe de todas as Enciclopédias"*, a *"Enciclopédia"* de Diderot-D'Alembert, na entrada sobre "Filosofia Escolástica" (escrita precisamente por D'Alembert), dedica às nossas Universidades de então e que todos os estudantes ibéricos deveriam re-meditar antes das suas patéticas e patetas manifestações contra os moinhos de vento das "suas" "Declarações de Bolonha":

"As Universidades de Espanha e de Portugal, graças à Inquisição que as tiraniza, estão muito menos avançadas (do que as restantes Universidades Europeias); nelas a filosofia está ainda no mesmo estado em que entre nós esteve do século XII até ao século XVII; os professores chegam a jurar que jamais ensinarão outra: a isto chama-se tomar todas as precauções possíveis contra a luz ... **Num dos jornais do ano de 1752, na secção das Novidades Literárias, não é sem espanto nem aflição que se pode ler o anúncio de um livro ultimamente impresso em Lisboa (em pleno século XVIII): Systema** *aristotelicum de formis substantialibus, etc., cum dissertatione de accidentibus absolutis (Ulissipone, 1750). Quase é de crer que se trata de uma gralha tipográfica e que é 1550 (e não 1750) que devemos ler. On serait tenté de croire que c'est une*

faute d'impression et qu'il faut lire 1550..." (Encyclopédie ou dictionnaire raisonné des sciences des arts et des métiers, 1751-1772, entrada: École philosophie de l'; trad. port. em: A Enciclopédia, textos escolhidos, Editorial Estampa, 1974, pag.59).

Será preciso explicar mais? Ou será que os Estudantes Portugueses, à semelhança dos seus antepassados e ultrapassados Mestres, preferirão continuar a perder os comboios da História, da Europa e da Modernidade?

6

Além da "Declaração de Bolonha", a **Universidade Lusófona do Porto quer ser protagonista dos denominados "Apelos-Declarações de Luanda-Angola 2002 e do Mindelo-Cabo Verde 2008" sobre a criação do "Espaço Lusófono do Ensino Superior" (ELES) e em que "declarei-apelei"** ao seguinte:

*"À semelhança do que está a acontecer na Europa com o instrumento designado «Declaração de Bolonha» e com a criação do comum **«EEES-Espaço Europeu do Ensino Superior»**, também no âmbito do "Espaço Lusófono" deveria avançar-se de imediato (eventualmente, se fosse o caso, em parceria convenientemente estudada e preparada com o "EEES – Espaço Europeu do Ensino Superior" da "Declaração de Bolonha") para a criação de um comum **«ELES - Espaço Lusófono do Ensino Superior»** e todas as diversidade reais e reais dificuldades não deveriam constituir obstáculos mas apenas estímulos, já que a construção de um tal "Espaço Lusófono" não é mero epifenómeno mas condição sine qua non da construção do "Espaço Lusófono sem mais" ou da C.P.L.P./União ou Comunidade Lusófona. A Lusofonia real, que não cesso de proclamar como a única real via de afirmação, no concerto ou desconcerto das Nações, de todos, insisto, de todos os Países e Povos Lusófonos, também passa necessariamente e até primordialmente por aí, não fosse a **«Educação de Excelência para Todos»** o princípio e o motor insubstituíveis de todo o desenvolvimento humano e não fosse a norma da **"Educação Universal, Obrigatória e Gratuita»** o programa mais revolucionário de toda a histó-

ria moderna e válido para toda a Humanidade e não só para o mundo europeu e ocidental".

Quantos "Apelos" e "Declarações" mais serão necessários para se passar a efetivas realizações?

7

A "Universidade Lusófona do Porto" faz inteiramente suas as "Onze Teses sobre o Ensino Superior em Portugal e em todo (s) o(s) Espaço(s) Lusófono(s), Que Ensino Superior para o Século XXI?" (Anuário da Educação 99/2000), designadamente as seguintes:

O Ensino Superior deverá ser considerado, nos alvores do século XXI, como a "instrução" ou a "educação" ou a "alfabetização" ou a "literacia" própria do nosso tempo, à semelhança do que, noutros tempos, foi considerada a "escola primária" e a "escola secundária"... Consequentemente, o Ensino Superior deveria ser normal e constitucionalmente proclamado, em sentido análogo ao que noutros tempos se fez relativamente à "escola primária" e à "escola secundária", como "universal, obrigatório e gratuito" (tal foi, aliás, o sentido provocatório da minha "opinião publicada e discursada" sobre o assunto, em que até falei, "não já de rendimento mínimo mas de habilitação mínima nacional garantida"); e a imposição de qualquer "numerus clausus", para além de constituir um crime e um absurdo em si mesmo, significa também a condenação de um País e de um Povo ao subdesenvolvimento. O que, por exemplo, em Portugal, se passa no âmbito das candidaturas a Medicina configura um mais que evidente "crime de lesa-Pátria e de lesa-humanidade".

Consequentemente também, é mesmo verdade e deveria ser já para todos uma evidência que o Ensino Superior faz parte da panóplia dos direitos humanos fundamentais, contra todos os aristocratismos serôdios e elitismos provincianos daqueles para os quais escola democrática para todos e qualidade aparecem como incompatíveis e não querem que todos se tornem "doutores" para continuarem eles com o exclusivo e os privilégios de "Senhores Doutores" ou, nas palavras agrestes do Ministro Mariano Gago, contra "todos os imbecis que vão continuar a dizer que há doutores e estudantes universitários a mais". E oxalá esteja para breve o tempo em que, obviamente, não haja desempregados mas em que todos os desempregados que houver tenham o diploma de licenciatura (1º Ciclo da "Declaração de Bolonha). **Nesse momento e só nesse momento Portugal teria deixado de ser um país de analfabetos!**

8

Maximamente oportuna e maximamente decisiva para o futuro da nossa Sociedade é a nova filosofia e a nova prática da abertura das portas das Universidades a todos os candidatos com mais de 23 anos, independentemente das suas habilitações oficiais (Decreto-Lei nº 64/2006, de 21 de Março). Arrepiando caminho da velha mentalidade subjacente, por exemplo, aos antigos *"Exames Ad-Hoc"* (que visavam não a inclusão, mas a exclusão do universo do ensino superior à esmagadora maioria dos Portugueses), esta legislação, se bem entendida e não boicotada, poderá vir a significar aquilo que já foi definido como uma verdadeira **"Revolução Copernicana Cultural, Social e Económica"**. Como é sabido e na altura até considerado escandaloso, essa foi uma batalha que há muito travávamos no interior do "Grupo Lusófona" (*"Campanha de Alfabetização Universitária para Adultos"* lhe chamávamos então) e juntamente com a implementação da "Declaração de Bolonha", de que, aliás, constitui um elemento essencial, é uma das grandes e últimas oportunidades de a Sociedade Portuguesa no seu conjunto e, em particular, toda a Região Norte, retomarem os caminhos da modernização e do desenvolvimento.

Como Universidade maximamente empenhada em tal modernização e desenvolvimento, a Universidade Lusófona do Porto fará desta nova política um dos seus eixos estratégicos essenciais.

9

A Universidade Lusófona do Porto não quer ser uma "Universidade Regional", no sentido antinacional, antieuropeu e antiecuménico, mas quer ser e será uma Universidade que, na linha da tradição do "Grupo

Lusófona", continuará a lutar contra todos as espécies de "Estados-Leviatão" centralistas e a favor da regionalização democrática.

Como por acaso, *"Ad Leviathan, 11 Teses contra o Estado Centralista e a favor da Regionalização Democrática"* era o título do livrinho com que, em 1998, procurei dar o meu apoio ao "Sim" no malfadado "Referendo" e onde se podem ler frases como as seguintes e que não terão perdido ainda toda a atualidade: *"O Eng.º António Guterres terá sido o primeiro "político lisboeta" que falou do Porto e do Norte de uma maneira lúcida e não provinciana quando, publicamente e ainda antes de tornar-se Primeiro-Ministro, afirmou que o desenvolvimento e o protagonismo daquela cidade e daquela região não eram nem contra a unidade de Portugal nem contra a grandeza de Lisboa, mas sim o resultado de potencialidades únicas numa perspetiva transfronteiriça europeia e condição sine qua non para que o Porto não deixasse de ser aquilo que, não obstante toda a miopia centralizadora de anteriores governos, realmente e reconhecidamente é, a saber, a* **Capital de todo o Noroeste da Península Ibérica.** *Maximamente saudável e maximamente promissor é também verificar que tal discurso, que quando comecei a utilizar era olhado como simples provocação, se vai tornando o discurso oficial das Autoridades de Portugal e da Galiza. E é também neste sentido (simultaneamente regional, nacional, ibérico, europeu, lusófono e ecuménico) que faz todo o sentido o projeto em curso da "Universidade Lusófona do Noroeste Peninsular" (que viria a ser a "ULP – Universidade Lusófona do Porto"), além de poder contribuir para que a "C.P.L.P. – Comunidade dos Países de Língua Portuguesa" venha a deixar de ser um nado-morto."*

10

A Universidade Lusófona do Porto "é" (quer ser, quer tornar-se ...) uma Universidade do 25 de Abril 1974 (em vários sentidos e com várias consequências).

Como criador da 1ª Licenciatura de Ciência Política em Portugal, tenho a obrigação de não ignorar sábias sentenças como as seguintes: *"A Política não é tudo, mas tudo é político, principalmente quem ou o que pretende não sê-lo..." "Se alguém me diz que não é de esquerda nem de direita, já sei que é de direita"* (Alain), etc.

Numa periodização generalíssima das Universidades Portuguesas, às "épocas" já consagradas da "Universidade de Lisboa/Coimbra" (1ª época), das "Universidades de Lisboa e Porto (2ª época, implantação da República), das "Universidades Novas" (3ª época, dos anos 70 do século passado), o Professor Catedrático de Coimbra, Doutor J. Gomes Canotilho, acrescentou a "4ª época" das "Universidades Privadas" como facto histórico do "25 de Abril 1974".

A Universidade Lusófona do Porto é e quer ser uma "Universidade omnitotidimensionalmente Abrilista", daquele "25 de Abril de 1974" que, como há muito venho repetindo, constituiu a primeira revolução simultaneamente político-democrática, económico-social e cultural-humanista do século XX.

11ª Tese

Até agora e hoje mesmo já se fizeram muitos discursos mais ou menos interessantes sobre a Universidade Lusófona do Porto; **mas o que interessa verdadeiramente é realizar os seus enunciados objetivos, para que se torne, cada vez mais, a "Universidade Certa, na Hora Certa, para a Lusofonia Certa, na Eurorregião do Noroeste Peninsular"!**

3

A "ULP" e a "REGIONALIZAÇÃO"*
Regionalizar é Precisíssimo!

É sabido como o "Grupo Lusófona" se empenhou na campanha a favor da "Regionalização em Portugal", a quando do malfadado "Referendo de 1998" (a que o Eng.º Valente de Oliveira designaria muito justamente de "embuste"...), organizando congressos, publicando, nas "Edições Universitárias Lusófonas", um livrinho-manifesto intitulado "**Contra Leviatão, 11 Teses contra o Estado Centralista**...", etc. etc. etc. E nunca, no âmbito do "Grupo Lusófona", tivemos problemas "teóricos" para compatibilizar a unidade do grupo global com a diversidade e a autonomia dos diversos grupos locais... Ou seja, teórica e praticamente, temos sabido conciliar e até rentabilizar a "**globalização**" e a "**localização**" e se, no caso e ao contrário de vários outros casos, não fomos nós que inventámos a nova palavra, há muito que, quotidianamente, praticamos a realidade da "**Glocalização**"... Às vezes até me pergunto se o facto de o meu localíssimo e datadíssimo primeiro livro (Luanda, 1968) ter sido sobre o "Ecumenismo Universal" (que alguns *in illo tempore* tresleram para "Universal Comunismo"...) me curou definitivamente de toda a espécie de regionalismo provinciano ...

Nos últimos tempos, como dizia noutros tempos o poeta (mais precisamente, a poetisa do Porto Sofia de Melo Andresen), "*Vemos, ouvimos e lemos, Não podemos ignorar...*" tudo o que se tem dito e escrito e vociferado e etc. por estas bandas sobre a "Regionalização" e princi-

---

* Dia da ULP, 20/03/2009.

palmente sobre a falta dela, a ponto de até os maiores adversários se terem convertido nos seus mais acérrimos defensores....

O caso maximamente paradigmático é o caso do atual Presidente da Câmara Municipal do Porto, Dr. Rui Rio, que, como diria o Cícero de *"Oh Tempora! Oh! Mores"*, nesse aspeto, não fala agora menos violentamente nem menos virulentamente que Pinto da Costa e a instituição desportiva que, nos últimos 20-30 anos, simbolizou vitoriosamente a luta anti-leviatânica contra todos os centralismos lisboetas, à imagem do F.C. de Barcelona na Catalunha e traduzindo o seu emblemático slogan: **"O F.C. Porto é muito mais que um clube de futebol!"**

E quem não se terá surpreendido com os gritos de revolta anti centralista de Personalidades como o Dr. Rui Moreira, Presidente da prestigiada e dinâmica Associação Comercial do Porto, que fala, chamando a atenção para o sentido próprio das palavras, da necessidade já não da mera *"regionalização administrativa"* mas sim da *"regionalização política"* ou como o Dr. Joaquim Jorge, o pacífico criador do famigerado "Clube dos Pensadores" e, aliás, ilustre membro do "Conselho Geral Estratégico da ULP" que, há dias (12 de Março de 2010), terminava azedo artigo num jornal da cidade com estas palavras incendiárias *"... Só nos resta pedir a independência. Já!"*

(E também podia recordar os badaladíssimos comentários do igualmente ilustre aluno da ULP e atual Presidente da Associação dos Comerciantes do Porto, em cuja casa neste momento nos encontramos, Nuno Camilo, aquando da sequestração, em Lisboa, segundo parece, até há algumas horas atrás, dos aviões da "Red Bull Race"...).

"Caveant Consules!" Prestem atenção os responsáveis, porque, aparentemente, quero dizer, historicamente, muitas das decisivas lusas revoluções (liberalismo, republicanismo, anti salazarismo, etc.) é por estes sítios que começaram a germinar...

Mas, dir-me-ão, que tem a ver tudo isto com a Universidade Lusófona do Porto e a celebração do seu dia de festa anual?

Eu responderei com outra pergunta: que rezam os seus Estatutos quando falam dos objetivos académicos, científicos, culturais e societais da Universidade Lusófona do Porto?

Embora não seja nada politico-economicamente correto falar dos modernos gregos nas presentes circunstâncias, poder-se-á continuar a falar dos gregos clássicos e, concretamente, do superclássico filósofo Aristóteles, para relembrar que os "objetivos" da contemporânea linguagem são aquilo que Aristóteles, na sua teoria das quatro causas explicativas da realidade (e, segundo parece, a ciência continua a ser a explicação das coisas pelas causas...) designava de "**causa final**" (além das causas eficiente, material e formal) e que essa causa final, sendo embora a última na ordem da realização, era necessariamente a primeira na ordem da intenção...

Ora, que dizem os "Estatutos da ULP" sobre os seus objetivos ou a sua causa final? *"A ULP tem como objetivos o ensino, a investigação e a prestação de serviços nos vários domínios da ciência, da cultura, das artes e das tecnologias, numa perspetiva interdisciplinar, em ordem ao desenvolvimento dos países e povos lusófonos, designadamente, no âmbito da Eurorregião do Noroeste Peninsular."*

Simplificando Aristóteles e a sua clássica teoria das quatro causas, eu diria, que, no dia da ULP do ano passado, falei da sua "causa formal" (as suas características de "Universidade Lusófona", Universidade Abrilista", "Universidade Bolonhesa", "Universidade Humanista", "Universidade Científico-tecnológica", etc...), sendo que a complementar "causa material" são as suas muitas dezenas de cursos do 1º, 2º e 3º ciclos (licenciaturas, mestrados, doutoramentos) já existentes ou anunciados, os seus "Centros de Estudo e Investigação", as "suas Pós-graduações e Especializações", etc., etc., (e a obviamente essencial "causa eficiente" (aliás, causas eficientes no mais vasto plural) são todos os seus docentes e todos os seus alunos e todos os seus funcionários e todos os seus conselheiros (de todos os seus Conselhos: Universitário, Científico, Pedagógico, Geral Estratégico...) e todos os seus amigos e todos os seus colaboradores, genérica e globalmente, todos os membros da Sociedade Portuense, Nortenha, Noroeste-peninsular, desta já algo feita e sobretudo muito ainda a fazer, já existente mas principalmente ainda existitura **Eurorregião Lusófona do Norte de Portugal e da Galiza**. Já entenderam que, à imagem e na dinâmica das palavras de Fernando Pessoa que constituem o lema da Universidade Lusófona do Porto (*"Minha Pátria é a Língua Portuguesa"*), poderíamos igualmente parafrasear o seu verso famoso *"Navegar é Preciso"* e dizer *"Regionalizar é Precisíssimo!"*. Aliás, com exemplos aqui tão perto e tão frutuosos... Bastará olhar para a Espanha (Galiza, Catalunha, etc.) e até ... para o Portugal dos Açores e da Madeira!

A Universidade Lusófona do Porto, que começou em 2006/2007, devia ter começado, pelo menos, 20 anos antes e foi com essa intenção que, nessa data, oficialmente criámos no Porto ("criámos" não é plural majestático, é apenas plural, como poderão confirmar alguns dos presentes, por exemplo, o Dr. Justino Santos), com o alto patrocínio do "Senhor Norte" de então, Dr. Fernando Gomes, imaginem, a cooperativa **"Noroeste Peninsular-Educação e Desenvolvimento"**, que deveria constituir a chamada "Entidade Instituidora" da Universidade Lusófona do Porto! Como costumam dizer todos os vaidosos, era querer ter razão antes do tempo, era querer ter razão demasiado cedo... Quem, por essa altura, falava ou entendia objetivos e expressões como "**Eixo Atlântico**", "**Noroeste da Península Ibérica**", "**Eurorregião do Noroeste Peninsular**" e até conceitos e termos como "**Lusófono**" e "**Lusofonia**", hoje tornados usuais, mas que, então, nem sequer existiam nos dicionários da Língua Portuguesa, onde só entraram por nossa insistência e obstinação (quando o Doutor M. Damásio e eu quisemos criar a Universidade Lusófona de Humanidades e Tecnologias de Lisboa, ainda nos disseram que a palavra "Lusófona" até soava mal...).

De qualquer maneira, esperamos que, em parte por nossa culpa (*Oh! Félix culpa*, adotando e adaptando a famosa expressão pascal), os tempos mudaram e hoje tanto a "Lusofonia" como a "Regionalização" e a "Euro regionalização do Noroeste Peninsular" são cada vez mais incontornáveis e a ULP não quererá trair estes desígnios históricos, até porque só assim se tornará a "Universidade Certa na Hora Certa para a Lusofonia Certa!" E eu quero terminar estas palavras com a promessa-ameaça de reescrever novas "Onze Teses" sobre a nova "Regionalização Democrática de Portugal" e a "Euro regionalização Lusófona do Noroeste Peninsular" (Norte de Portugal/Galiza) e finalizá-las com a fatal 11ª Tese Marxiana: *"Até aqui os filósofos têm-se contentado em interpretar o mundo de diversas maneiras, mas o que verdadeiramente importa é transformá-lo!"*

Porque "Regionalizar é Precisíssimo"!

4
"GRANDES COISAS" E "GRANDES CAUSAS" DA "CIDADE DO PORTO" E DA "ULP"*

Nomeadamente desde os anos diversamente adjetivados de *"Maio 1968"* em que os estudantes foram caraterizados como *"os filhos de Marx e da …. Coca-Cola"* (J.L.Godard cinematográfica e provocadoramente então *dixit*), *"de Marx, da Coca-Cola e de …Freud!"* (*dixi ego*, alguns anos mais tarde, em Congresso de Psicólogos, em Cascais), todos já ouvimos dizer que *"a Revolução ou é quotidiana ou não é de nenhum modo!"* **Igualmente o "Dia da Universidade Lusófona do Porto", também ele, ou acontece todos os dias do ano ou tornar-se-ia um perigoso álibi…**

E, no entanto, podendo obviamente não fazer nenhum sentido se fosse mal interpretado (um dia da, para a, com a ULP e 365 dias sem ela para não dizer contra ela), também obviamente pode fazer todo o sentido se, por exemplo, servir para refletirmos sobre a maneira como estamos, durante os 365 dias (e até 366, se o ano for bissexto) do ano, a realizar os institucionalmente declarados objetivos da ULP, que, nos termos dos seus Estatutos, são *o "ensino, a investigação e a prestação de serviços na cultura, arte, ciência e tecnologia, numa perspetiva interdisciplinar, em ordem ao desenvolvimento dos países e povos lusófonos, designadamente no âmbito da Eurorregião do Noroeste Peninsular"* (artigo 2º).

Feito este convite quotidianamente anual ou anualmente quotidiano e não obstante a possível acusação de estarmos a falar do *"sexo dos anjos"* ou a ouvir *"belas peças musicais"* quando os bárbaros estão

---
* Dia da ULP, 09/04/2011.

às portas de Bizâncio ou o Titanic a afundar-se, eu vou defender-me recordando a sentença de que os *"pequenos políticos"* governam só para as próximas eleições mas os *"verdadeiros estadistas"* governam também para as próximas gerações... **Queria, por exemplo, aproveitar do *"Dia da Universidade Lusófona do Porto"* para chamar, pela milionésima e uma vez, a atenção para a sua dupla e complementar dimensão europeia e lusófona**, que dá, à ULP, uma das suas originalidades no conjunto das Escolas Superiores Portuguesas e que é uma das razões por que existe uma licenciatura intitulada *"Estudos Europeus, Estudos Lusófonos e Relações Internacionais"* (caso único, aliás, no conjunto de todas as Universidades Portuguesas) e uma unidade curricular bolonhêsmente transversal a todos os seus cursos denominada *"Socioeconomia Política da União Europeia e da CPLP/Lusofonia"*. **Sobretudo quando se entender também o que, pela milionésima e duas vezes tenho dito e escrito, que se trata para Portugal de tornar-se Europeu enquanto Lusófono e Lusófono enquanto Europeu...**

E, mesmo sabendo que, designadamente no que toca à *"União Europeia"*, ela está num dos seus momentos mais tristes e perigosos, tendo-se esquecido de que, muito mais do que um continente geográfico, ela é e deveria ser um conteúdo, uma ideia e um ideal de democracia, de direitos humanos e de desenvolvimento económico-social para todos os seus países e povos e para todos os países e povos do mundo... Se encontrarem por esse continente europeu fora esses conteúdos, essas ideias e esses ideais, venham dar-me essa "boa notícia" ou, em linguagem mais cristã de que ainda por cima todos esses Sarkozys e Merkels e Berlusconis e etc. tanto se vangloriam, venham dar-me esse "evangelho"... Continuando, todavia, a ser verdade que, assim como as fraquezas da Democracia só com mais e melhor democracia é que poderão e deverão ser ultrapassadas, também todos os males da União Europeia só com mais e melhor Europa é que poderão e deverão ser curados...

Um dos problemas, claro, é que, como se dizia nos tempos do 25 de Abril, é muito complicado fazer Revoluções sem Revolucionários,

Democracias sem Democratas, Europas sem Europeus e Lusofonias sem Lusófonos...

Outra das originalidades da ULP no conjunto das Escolas Superiores Portuguesas encontra-se traduzida numa outra unidade curricular também ela bolonhêsmente transversal a todos os seus cursos de Humanidade e Tecnologias e dá pelo nome de *"Introdução ao Pensamento Contemporâneo"*, a qual, por um lado, se inspira na nunca assaz louvada mas praticamente desativada máxima do cientista e artista portuense Abel Salazar: *"Um médico que só sabe de medicina nem de medicina sabe!"* e, por outro lado, contemporaneamente se traduziu, no âmbito do "Grupo Lusófona", na *"Unidade Estudo e Investigação Ciência, Tecnologia e Sociedade"*, de que a própria denominação *"CTS: Ciência, Tecnologia e Sociedade"* nós pioneiramente introduzimos na Sociedade e nas Universidades Portuguesas (cf. texto à parte a distribuir a todos os presentes).

E já agora, como é possível que uma Universidade como a ULP que até adotou como lema as palavras de Fernando Pessoa (através do seu heterónimo Bernardo Soares, autor do *"Livro do Desassossego"*): *"Minha Pátria é a Língua Portuguesa"*, ainda não se lembrou de instituir uma outra unidade curricular mais que todas transversal e disponível sobre *"Teoria e Prática da Língua Portuguesa"* e que, além de tudo o mais, tornar-se-ia um bem tanto mais precioso e economicamente rentável quanto o correto uso da Língua se vai tornando cada vez mais raro?

Que mais gostaria de e poderia dizer neste "Dia da ULP", indo contra a corrente e não falando das *"próximas eleições"* mas sim das e para as *"próximas gerações"* do Porto, do Norte de Portugal e da Lusófona Eurorregião do Noroeste Peninsular?

Apenas e para não me alongar mais o seguinte:

Para cumprir a sua *missão* ou realizar a sua *causa final* (palavras mais nobres e mais filosóficas para dizer *objetivos*) de, na linguagem dos primeiros séculos do cristianismo, *"tornar-se para a sociedade aquilo que a alma é no corpo"*, a Universidade Lusófona do Porto tem, simultaneamente, de continuar a fazer sua a tese fundamental de que a *"al-*

fabetização ao ritmo das exigências do século XXI é o ensino superior de qualidade para todos" e de que tal "educação universal, obrigatória e livre" constituiu, constitui e constituirá a norma mais revolucionária, mais democrática e mais desenvolvimentista de todos os tempos passados, presentes e futuros (sem cair nos desabusados pseudoelitismos dos habituais pseudo-fazedores de opinião nem nas ratoeiras de certas interpretações da canção dos "Deolinda" que só contribuiriam para entregar o ouro aos costumeiros bandidos!) e também de continuar a estar cada vez mais atenta e aberta a todas as "**Grandes Coisas**" e a todas as "**Grandes Causas**", de toda a Cidade do Porto, de todo o Norte de Portugal e de toda a Lusófona Eurorregião do Noroeste Peninsular. E permitam-me publicamente dizer quanto me apraz ver aqui, lado a lado, o dinâmico fundador do *"Clube dos Pensadores"* Dr. Joaquim Jorge e o não menos dinâmico Diretor do *Curso de Ciência Política e do Instituto de Estudos Eleitorais* da ULP, Prof. Paulo Morais e que tal poderá simbolizar como frutuoso diálogo entre a Universidade e a Sociedade Global...

"*Grandes Coisas*", que existem e tantas, de que Serralves, a Casa da Música, a Porto Editora, a Bial, o IPATIMUP, o Teatro S. João, o Fantasporto, o FITEI, o Coliseu, o Ateneu Comercial, a Cooperativa Árvore, o Palácio da Bolsa, o Palácio de Cristal, o Edifício da Alfandega, o FCP e o Estádio do Dragão, o Vinho do Porto, as Pontes do Rio Douro, a Ribeira, o Aeroporto Sá Carneiro, o Porto de Leixões, o Metro, a Estação de S. Bento, a Exponor, a CCDRN, a SONAE, a "Douro Azul", o Parque da Cidade, toda a nova "Movida turístico-cultural", os "Prémios Pritzer/Nobel de Arquitetura", as "galerias de Arte", o "Porto Canal", para não falar dos velhos símbolos da Torre dos Clérigos, do "Coração de D. Pedro", de todos os Templos e Palácios Barrocos, do Café Majestic, da Livraria Lello, da revista "O Tripeiro", da Serra do Pilar, do Passeio Alegre, da Foz, das Avenidas dos Aliados e da Boavista, da Festa do S. João... serão apenas alguns dos exemplos mais conhecidos...

Mas diria, sobretudo, as "*Grandes Causas*" a haver ou em risco de não haver: entre estas, como não mencionar o "Cinema Batalha", a "Cinemateca" e a "Casa do Cinema Manoel de Oliveira" (mas onde é que nasceu o cinema em Portugal e onde nasceu e ainda vive e floresce o maior cineasta português e atualmente o mais antigo do mundo?), "O Primeiro de Janeiro", a "Casa dos Jornalistas e Homens de Letras do Porto", etc., etc., etc.; entre aquelas, vou apenas referir a *"Academia Lusófona da Língua Portuguesa"*, conclusão/voto da *"Semana Sociológica"* de 2008, sobre o *"Novo Acordo Ortográfico"*, da "Academia Galega de Língua Portuguesa", do "Eixo Atlântico", e, de maneira fontalmente omnitoticompreensiva, não já (porque cronológica, cairológica e politicamente ultrapassada!) a *"**Regionalização**"* mas sim a *"**Autonomização**"*, mediante a criação (inadiável e democraticamente possível, se houver visão e coragem) da *"**Região Autónoma do Norte de Portugal**"* (alguma vez Barcelona e a Catalunha pediram licença ou esperaram o que quer que fosse de Madrid e do Governo Central? A bom entendedor ...)

Muito obrigado a Todos!

5

SOMOS TODOS HELÉNICOS:
PLATÃO, ARISTÓTELES, A "UNIÃO EUROPEIA"
E A UNIVERSIDADE LUSÓFONA DO PORTO*

Não sei porquê (maneira de dizer, porque, evidentemente, sei e todos sabemos muito bem porquê), neste "Dia da Universidade Lusófona do Porto" em que, mais que em nenhum outro dia, a relação da "Universidade" com a "Sociedade" (no caso, a "Cidade do Porto", como "Cidade Metrópole" da região Norte de Portugal e da Euro-lusófona Região do Noroeste Peninsular), vieram-me à memória palavras célebres várias, que todas não deixam de ser profundamente as mesmas, como as seguintes:

"*Eu sou um Berlinense!*" (J.F.Kennedy, Berlim, 1963), a quando do bloqueio soviético;

"*Somos todos Judeus Alemães!*" (Paris, Maio 68), a quando da expulsão do estudante Daniel Cohn-Bendit);

"*Somos todos americanos!*" (Le Monde, 11 Set 2001), a quando do ataque às "torres gémeas" de Nova York;

"*Somos todos Iraquianos*" (grito da opinião pública mundial perante os ataques de 20 março 2003, depois da famosa tomada de posição do "New York Times" de 9 março 2003: "*Saying no to war*"- "Dizer Não à Guerra");

"*Somos todos humanos*"? (interrogação minha, fazendo eco à célebre distinção de J.P.Sartre entre os "*Homens*" *(os "Ocidentais")* e os "*indígenas*" *(todos os outros)*...

---
* Dia da ULP, 24/03/2012.

"SOMOS TODOS HELÉNICOS!"

Num tempo, em que ninguém se recorda da frase do filósofo britânico, Whitehead: *"Toda a cultura ocidental não é mais que um conjunto de notas de rodapé aos diálogos de Platão"* nem do grande ideal ecuménico que era *"fazer de todo o mundo uma Atenas"*, tanto ou mais que Paris *"que valia bem uma missa"*, a Grécia valeria bem uma União Europeia (mesmo se pode começar a duvidar-se que também a inversa seja verdadeira!), eu queria prestar uma homenagem à Grécia, com mais uma nota de rodapé, não já aos diálogos de Platão, mas às lições de Aristóteles, concretamente fazendo uma aplicação da sua teoria etiológica, quer dizer, da sua teoria das quatro causas (causa eficiente, causa material, causa formal, causa final) à Universidade Lusófona do Porto. E ao menos isso, sem muitas vezes sabermos que o sabemos de e desde esse grego chamado Aristóteles, ainda continua a ser aceite e repetido: *"toda(s) a(s) ciência(s) é (são) o conhecimento das coisas pelas causas..."* Quanto ao resto, pobres dos Gregos e (ainda mais?) pobres dos Europeus que mandam em nós ou de nós que nos deixamos mandar por tais Europeus...

> E como dizia Camões em "Os Lusíadas":
> *"Fazei, Senhor, que nunca os admirados*
> *Alemães, Galos, Ítalos, Ingleses,*
> *Possam dizer que são para mandados*
> *Mais que para mandar os Portugueses..."*

Utilizando, pois, a antiquíssima terminologia do Grego Aristóteles, vamos falar, com toda a brevidade que se impõe, até para não esquecermos nesta homenagem quase sentimental o outro grande pilar do Ocidente que é o pilar cultural dos Romanos (e o seu áureo conselho: *"Esto brevis et placebis!"*...), do projeto de Ensino Superior para todo o Espaço da Lusofonia consubstanciado no "Grupo Lusófona", o maior grupo português de ensino superior privado e de que a Universidade Lusófona do Porto é parte plenamente integrante e plenamente autónoma (ousarei recordar, uma vez mais, que sempre fomos, somos e seremos atores irredentistas da Regionalização, à qual gostamos de aplicar a velha máxima: *"A vitória é difícil, mas é certa"*?)

Sem preocupações cronológicas ou outras, até porque uma causa pode ser primeira na ordem da intenção e última na ordem da realização (por exemplo, a causa final) e sem referirmos, também por exemplo, a chamada teoria compensatória das causas (se uma das causas é efetivamente mais débil, para se atingirem idênticos resultados é necessário que outra ou outras das causas sejam mais fortes), vamos brevissimamente falar do projeto da Universidade Lusófona do Porto, tentando identificar os seus "objetivos e razões de ser" (moderna designação da aristotélica "causa final"), os seus "princípios e imperativos categóricos (que seriam a causa formal), os seus "resultados ou consequências visíveis" (que seriam a causa material) e os seus "agentes ou realizadores" (que seriam o outro nome da causa eficiente). E só por falta de tempo não aludimos a outro princípio áureo do mesmo Aristóteles, segundo o qual *"todas as palavras e ações antes de mais qualificam ou desqualificam os próprios sujeitos que as dizem e as fazem e não as pessoas sobre as quais são ditas ou às quais são feitas"* ... Ai! se aplicássemos tal princípio no Portugal de hoje, desde o primeiro dos cidadãos ao último dos pseudo-fazedores de opinião ou justiceiros da nossa praça... (Em Grego não ouso citar, mas este latim é suficientemente compreensível: *"Intelligenti, pauca!"*, "A bom entendedor...").

Mas antes, também recorrendo a outra antiga terminologia filosófica e até para mostrarmos que nada temos contra os alemães em geral só contra alguns alemães ou algumas alemãs em particular, digamos duas palavras sobre os pressupostos ou prolegómenos não já, como diria Kant, "a toda a metafísica futura", mas sim a todas as futuras Universidades que, também Kantianamente, designaremos de "Crítica da Razão Universitária", ou seja, sobre as condições de legitimidade, validade, interesse e pertinência das "Universidades Contemporâneas". Obviamente, com imediatas aplicações à Universidade Lusófona do Porto.

1. Causa final: objetivos e razões de ser

Nos termos oficiais dos seus Estatutos, artigo 2º, "*a Universidade Lusófona do Porto é uma instituição dedicada à criação, transmissão, crítica e difusão da cultura, arte, ciência e tecnologia, que tem como objetivos o ensino, a investigação e a prestação de serviços nestes vários domínios, numa perspetiva interdisciplinar, em ordem ao desenvolvimento dos países e povos lusófonos, designadamente no âmbito da Eurorregião do Noroeste Peninsular*"

Na verdade, do projeto da Universidade Lusófona do Porto tais são os objetivos e razões de ser primordiais: por um lado, fazer com que o ensino superior de qualidade (a "alfabetização" ou a "literacia" própria do século XXI, correspondente à velha e bela norma mais que todas democrática e revolucionária do "*Ensino Universal, Obrigatório e Gratuito*", agora completada por essas também belas, democráticas e revolucionárias leis da "*Abertura das Universidades a todos os maiores de 23 anos, independentemente dos seus diplomas académicos*" e da "*Campanha das Novas Oportunidades*"), apareça como o grande e insubstituível motor de modernização e desenvolvimento de todas as Sociedades, incluindo de maneira urgentíssima os Países e Povos Lusófonos; por outro lado, contribuir para que a "Lusofonia" (da existência até de cujo vocábulo nos dicionários de Língua Portuguesa somos nós os primeiros responsáveis) passe de mero mito ou retórica vã a um "Espaço Lusófono" geopolítico realista, que colabore no diálogo ecuménico com todos os outros "espaços" do mundo contemporâneo, podendo oferecer ao fenómeno da "Globalização" um paradigmático exemplo de "Glocalização"; finalmente, dar, no âmbito que lhe é próprio, um decisivo contributo para aquela "Regionalização Político-administrativa, Autonómica e Descentralizada", que parece constituir uma "*conditio sine qua non*" do desenvolvimento do Norte e demais Regiões de Portugal. É por isso, aliás, que na primeira página do "Guia Oficial dos Cursos da ULP" e no seu átrio de entrada se pode ler ao longo de todo o ano:

"Queridos Candidatos e Alunos, na Unidade do "Grupo Lusófona" (o maior grupo de Ensino Superior Privado Português), sede bem-vindos à Universidade Lusófona do Porto, a Universidade Certa, na Hora Certa, para a Lusofonia Certa, na Região Norte de Portugal e em toda a Eurorregião do Noroeste Peninsular!"

2. Causa formal: princípios-imperativos categóricos

As referidas razões de ser e objetivos procedem de alguns princípios simples, hoje universalmente reconhecidos e aceites como princípios-imperativos categóricos da contemporaneidade, do progresso e da democracia.

Dado que, para responder à pergunta: *"Que ensino superior para o século XXI?"* elaborei (em *"Anuário da Educação, 1999/2000* as *"Onze Teses sobre o Ensino Superior em Portugal e em todo(s) o(s) Espaço(s) Lusófono(s)"*, que, aliás, já vinha há muito proclamando e praticando e que muito continuei a proclamar e a praticar nas mais diversas formas e fórmulas (inclusivamente, nas de "Manifestos sobre a Educação", nas "Intervenções Anuais dos Dias das Universidades de Lisboa e Porto", nos "Congressos da AULP, Associação das Universidade de Língua Portuguesa, etc. e até nas pomposamente chamadas "Orações de Sapiência" das Universidades Lusófonas de Cabo Verde, Guiné-Bissau, Angola, etc.) dispenso-me, neste momento, de acrescentar mais o que quer que seja sobre esta alínea. Permitir-me-ia só , numa publicidade que nem sequer é subliminar porque é descarada, chamar a atenção para um iminente livro meu nas "Edições Universitárias Lusófonas", intitulado "QUE ENSINO SUPERIOR PARA O SÉCULO XXI?: *A Alfabetização Universal, Obrigatória e Gratuita do nosso tempo"*. E já agora, aproveitando da mesma onda de descaramento, permitir-me-ia chamar igualmente a atenção para outro iminentíssimo livro do mesmo autor, intitulado *"O PORTO É UMA NAÇÃO: a Cidade do Porto como capital da Região Norte de Portugal e da Lusófona Eurorregião do Noroeste Peninsular"*.

3. Causa material: consequências e resultados visíveis

Factual e estatisticamente (para o resto, "*todo o louvor em boca própria seria vitupério....*"), o Grupo Lusófona" (de que a ULP constitui, como já dissemos, parte integrante e autónoma) é de longe o maior grupo português de ensino superior não-estatal ou privado. E posso revelar que, nesse "Grupo Lusófona", a Universidade Lusófona do Porto foi, cronologicamente, um dos primeiríssimos projetos, com a criação, oficialmente registada e sucessivamente renovada, da cooperativa "NOROESTE PENINSULAR, EDUCAÇÃO E DESENVOLVIMENTO" (podem informar-se de todos os dados e de todos as datas junto do sempre presente e nunca assaz louvado Dr. Justino Santos).

Por diversas razões, tal "cronologia" só viria a tornar-se "cairologia" real há meia dúzia de anos, sendo que a Universidade Lusófona do Porto pode mesmo ser considerada a mais jovem universidade portuguesa (16 de março de 2005).

Jovem, mas consciente do muito que há a fazer nesta "Nação" que é o Porto Capital da Região Norte de Portugal e da Região Euro-Lusófona do Noroeste da Península Ibérica e com algumas especificidades, como é o caso da sua Escola de Ciências Aeronáuticas (para que a Câmara Municipal de Gondomar cedeu a histórica Casa de Gramido, em honra do Gondomarense ilustre que foi o Comandante José Alberto de Sousa Monteiro) ou da sua Escola de Comunicação, Artes e Tecnologias da Informação (cujo diretor, o Prof. J. Bragança de Miranda, um dos mais ilustres intelectuais portugueses da atualidade, acabou de brindar-nos com a magnífica "Oração de Sapiência"), etc. etc. etc.

E ainda me recordo da maneira como respondi à pergunta que me fizeram quando, por grande insistência minha e não menor resistência de quem preferia a minha continuidade à frente da ULHT de Lisboa, assumi a reitoria da Universidade Lusófona do Porto: "*Quais os seus projetos imediatos?*" Disse então:

"Fazer da Universidade Lusófona do Porto uma Universidade de peso (também quantitativo) que todos tenham de ter em conta

no mundo universitário e na sociedade em geral: o que implica novos e bons cursos, novos e bons centros de investigação científica, novas e boas iniciativas socioculturais na área metropolitana do Porto, em toda a Região Norte de Portugal (pelo menos desde o rio Mondego) e em toda a Eurorregião do Noroeste da Península Ibérica, a qual também engloba a Galiza e alguns arredores..."

E, claro, sob todos os aspetos e tendo em conta tudo o que há para fazer e até a presente "crise global", a ULP está apenas no princípio dos princípios... "cronológicos" e principalmente "cairológicos"!

4. Causa eficiente: agentes e realizadores

Quem será, quem serão os autores e atores de um tal projeto, o projeto da Universidade Lusófona do Porto?

Em termos jurídico-institucionais e socioeconómicos (obviamente, de importância nada despicienda), diremos que é a COFAC – Cooperativa de Formação e Animação Cultural (a designada "Entidade Instituidora" e todo o "Grupo Lusófona"; em termos de maior visibilidade e operacionalidade carismática, para utilizarmos conceitos Marxweberianos, poderíamos apontar certos nomes prioritariamente responsáveis pela iniciativa, quer na vertente mais administrativo-financeira quer na vertente mais científico-pedagógica; é, porém, ao nível da qualidade e do empenho de todos os seus Docentes, Discentes, Diretores, Funcionários, Amigos, Familiares, Colaboradores, Conselheiros, que, definitivamente, assenta o essencial dos autores e dos atores da ULP. Glosando, sem querer banalizá-las, conhecidas fórmulas, a Universidade de Lusófona do Porto será obra de todos esses autores, atores, agentes e realizadores ou nunca será!

A todas essas Excelentíssimas Personalidades e Pessoas, nomeadamente as presentes nesta cerimónia solene, todos os cumprimentos e agradecimentos do Reitor da Universidade Lusófona do Porto, pelo Vosso indispensável contributo para que a mesma se vá tornando cada vez mais aquela, como recorrentemente dissemos, dizemos e diremos,

Universidade Certa na Hora Certa para o Desenvolvimento Humano Certo da Cidade do Porto, da Região Norte de Portugal e de toda a Lusófona Eurorregião do Noroeste Peninsular.

ANEXOS

ANEXOS

Anexo 1

MEMBROS DO CONSELHO GERAL ESTRATÉGICO DA UNIVERSIDADE LUSÓFONA DO PORTO (CGE/ULP) em Julho 2012, convidados pelo Reitor Fernando dos Santos Neves

(por ordem cronológica de aceitação)

- Prof. Doutor António José Fernandes, Ex-Reitor da ULP
- Prof. Doutor Fernando Pereira Pinto, Ex-Pró-Reitor da ULP
- Prof. Doutor Manuel R. Laranjeira de Areia, Ex-Pró-Reitor da ULP
- Prof. Doutor Ruy Albuquerque, Ex-Administrador da ULP
- Dr. António Tavares, Provedor da Santa Casa da Misericórdia do Porto, proposto e eleito no âmbito do CGE/ULP, como "Presidente-Executivo" do mesmo
- Dr. Joaquim Jorge, Fundador e Presidente do "Clube dos Pensadores"
- Dr. Justino Santos, Professor e Autarca
- Prof. Doutor José Bragança de Miranda, Professor da ULHT/ULP
- Jorge Nuno Pinto da Costa, Presidente do F.C.P.
- Dr. Rui Moreira, Presidente da Associação Comercial do Porto
- Eng. António Gonçalves Bragança Fernandes, Presidente da Câmara Municipal da Maia
- Dra. Joana Lima, Presidente da Câmara Municipal da Trofa
- Dr. M. Castro Almeida, Presidente da Câmara Municipal de S.João da Madeira
- Eng.º. Artur Neves, Presidente da Câmara Municipal de Arouca
- Dr. Paulo Patrício, Cônsul da República Democrática de São Tomé e Príncipe

- Dr. Mário Dorminsky, Presidente do Fantasporto -Festival de Cinema do Porto
- Dr. Manuel Cabral, Presidente Instituto dos Vinhos do Douro e do Porto, I. P.
- Nuno Carinhas, Diretor do Teatro Nacional S. João
- Eng.º José António Bastos da Silva, Presidente Câmara Municipal de Vale de Cambra
- Pedro Abrunhosa -Empresa Pedro Abrunhosa & Bandemónio
- Dr. Nuno Camilo -Presidente da Associação dos Comerciantes do Porto
- Eng.º Carlos Brito
- Dr. Eugénio Monteiro
- Dra. Maria José Guerra Cambôa Campos -Membro da Direção da Confederação Nacional das Instituições de Solidariedade Social (CNIS)
- Dr. Fernando Paulo -Vereador da Cultura da Câmara Municipal de Gondomar
- Prof. Doutor José Gomes Fernandes
- Prof. Doutor António Mendes
- Dr. Bento Salazar André Cônsul Geral da República de Angola no Porto
- Prof. Doutor Carlos Machado dos Santos
- Dr. Rui Alas Pereira -Diretor do Jornal "O Primeiro de Janeiro"
- Dr. Manuel Queiroz
- Dr. José Albino da Silva Peneda -Presidente do Conselho Económico e Social
- Dr. José Maria Azevedo -Assessor da Presidência da Comissão de Coordenação e Desenvolvimento Regional do Norte (CCDR-N)
- Eng.º. Domingos Simões Pereira -Secretário Executivo da CPLP
- Prof. Doutor Paulo Morais
- Professor Jorge Leite
- Dra. Fátima Torres -Diretora de Informação da RTV
- Dr. Miguel Ângelo Pinto -Diretor do Jornal "Grande Porto"
- Dr. Arnaldo Nhabinde -Cônsul Geral da República de Moçambique
- Comandante Cassiano Rodrigues -Presidente do Conselho de Administração da Nortávia, Transportes Aéreos, S.A.

- Dr. Mário Moutinho -Diretor do FITEI Festival Internacional do Teatro de Expressão Ibérica
- Dr. Rudesindo Soutelo em representação ao Presidente da Academia Galega de Língua Portuguesa
- Dr. José Alberto Lemos – Diretor da RTP-N
- Dr. Mário Jorge Maia – Diretor da Rádio Nova
- Comendador Mário Ferreira – Administrador da Douro Azul
- Dr. José Manuel Dias da Fonseca – Presidente da Casa da Música
- Prof. Doutor Paulo Jorge Fonseca Ferreira da Cunha
- Dr. Hugo Carneiro, Adjunto do Presidente da CMPorto, em representação da Câmara Municipal do Porto
- Dr. António Isidro Figueiredo – Presidente da Câmara Municipal de Oliveira de Azeméis
- Dra. Cristina Manuela Cardoso Ferreira em representação do Presidente da Câmara Municipal de Santa Maria da Feira – Dr. António Martins
- Prof. Doutor José António Franco Taboada, Professor da Universidade da Corunha

NB: Foram também institucionalmente convidados todos os Presidentes dos Municípios da Região Norte.

Anexo 2

DOUTORAMENTOS HONORIS CAUSA POR INICIATIVA DE FERNANDO DOS SANTOS NEVES ATRIBUÍDOS A D. MARIA BARROSO SOARES E D. MANUEL CLEMENTE, BISPO DO PORTO: TEXTOS DAS INTERVENÇÕES DOS DOUTORADOS E DOS PADRINHOS ACADÉMICOS DRS. A. ALMEIDA SANTOS E A. SANTOS SILVA

Palavras do Magnífico Reitor, Prof. Doutor Fernando dos Santos Neves

Sobre a Sra. D. Maria Barroso, a primeira coisa, certamente não de extrema originalidade que desejo referir, é que também é verdade que por detrás de uma grande mulher há sempre (ou pelo menos pode haver...) um grande homem... Mesmo que o Dr. Mário Soares, aqui presente, diga não estar de acordo ...

A segunda e, aliás, também última, é que a Sra. D. Maria Barroso é mesmo uma grande mulher e, fundamentalmente para o meu caso de reitor da Universidade Lusófona do Porto que nela pensou para doutora honoris causa (consciente embora de todas as lacunas que outros compensarão, bastaria recordar o seu papel na educação, nas artes, etc.), alguém definível pela sua relação com o 25 de abril 1974, que há muito tempo e de muitos modos eu caraterizei como a Revolução que emblematicamente quis sintetizar a revolução político-democrática de 1789, a revolução económico-social de 1917 e a revolução humanisto-cultural de 1968 e que foi definida, em e para Portugal, como a "Revolução dos 3 Dês" (da "Descolonização", da "Democratização" e do "Desenvolvimento", a que, obviamente, outros "Dês" se poderão acrescentar, muitos nem sequer começando pela letra "D").

Pela sua relevância e pertinência geral mas sobretudo pela sua aplicabilidade à Pessoal Personalidade de Maria Barroso, só quero acrescentar mais um "D" aos referidos e outros possíveis "Dês" do 25 de Abril e que é o "D" de "Dignidade/Dignificação" (e nem sequer estou a aludir à sua propriamente dita e nunca assaz louvada "Fundação *Pro Dignitate*"). Será que, lá por casa, Doutora Maria Barroso, não terá ouvido os primeiros ecos do inventor encartado do «Direito à Indignação», muito antes de todos os modernos «Movimentos dos Indignados» de todo o mundo?

E, até porque não quero repetir os elogios que ouviremos do Doutor Almeida Santos, fico-me por esta verdadeiramente omnitotidimensional relação ao 25 de Abril de 1974, permitindo-me juntar às vozes profundas e até justamente zangadas do tal "grande homem atrás, ou, ainda melhor, ao lado da grande mulher", um retumbante **"25 de Abril sempre, fascismo ou coisas parecidas, nunca mais!"**

Quanto a D. Manuel Clemente foi, antes de mais, no Bispo do Porto que eu pensei quando pensei no convite para que aceitasse o nosso doutoramento honoris causa e quando pensei no Bispo do Porto pensei, antes de mais, naquele Bispo do Porto chamado D. António Ferreira Gomes que, por um lado, ao ritmo dos ventos ou "sinais dos tempos" do Concílio Ecuménico Vaticano II, falou da "era constantiniana" que se vivia em Portugal e que era necessário ultrapassar para que a "Igreja se tornasse puramente igreja num Mundo plenamente mundo "(em ciência política e em ciência teológica, é aquilo a que se dá o nome de "laicidade", própria dos Estados modernos) e, por outro lado, imaginem numa homilia na Sé do Porto, ousou referir os designados três "mestres da suspeita moderna" (Marx, Freud, Nietszche) que deram origem aos três designados grandes "Paradigmas do Pensamento Contemporâneo" (sobre os quais nada mais direi, a não ser, para os eventuais interessados, que um dos Ex-libris das Universidades Lusófonas é, precisamente, a existência de uma cadeira ou, como hoje se deve dizer, uma unidade curricular de "Introdução ao Pensamento Contemporâneo" obrigatória em todos os seus cursos quer de humanidades quer de tecnologias).

Laicidade política, liberdade religiosa, modernidade humanista à Concílio Ecuménico Vaticano II, Sr. D. Manuel Clemente; Democratização, Desenvolvimento, Dignificação à 25 de Abril 1974, D. Maria Barroso, pareceram-nos razões mais que suficientes para ousarmos pedir-Lhes quisessem aceitar o doutoramento honoris causa da Universidade Lusófona do Porto, que, nos seus Estatutos, sem prejuízo da sua específica marca Euro-Lusófona do Noroeste Peninsular, considera que o "Ensino Superior deve ser considerado o "ler, escrever e contar" ou seja a "alfabetização universal, obrigatória e gratuita do nosso tempo" e o princípio e motor de todo o progresso humano, gostando até de relembrar uma sentença evangélica bem conhecida dos nossos dois doutorandos: *"Tudo o mais virá por acréscimo e nunca haverá acréscimos que possam substituir, a não ser ilusoria e até contraproducentemente, este único necessário".*

Os meus cumprimentos, os meus agradecimentos e os meus parabéns pessoais e institucionais!

Intervenção do Senhor Presidente do Conselho de Administração do "Grupo Lusófona", Doutor Manuel de Almeida Damásio

Magnifico Reitor,
Senhor Doutor Mário Soares, ex-Presidente da República, Senhor Dr. Almeida Santos, ex-presidente da Assembleia da República, Senhor Doutor Artur Santos Silva, Presidente da Fundação Calouste Gulbenkian, Senhores Representantes do Corpo Diplomático, Senhores Representantes das Ordens Profissionais, Senhores Doutores da ULP e de outras Universidades, Senhores Doutorandos, Senhor D. Manuel Clemente e Senhora Doutora Maria de Jesus Barroso, Senhores Convidados, Minhas Senhoras e meus Senhores,

O Conselho Científico da Universidade Lusófona do Porto, no uso das suas competências legais e estatutárias, decidiu, por unanimidade, homenagear com o Grau de Doutor *Honoris Causa* em "Ciência Política, Cidadania e Relações Internacionais" Sua Excelência Reverendíssima o Senhor D. Manuel Clemente, Bispo do Porto e a Exma. Senhora Doutora Maria de Jesus Simões Barroso Soares.

Com efeito, a vida do Senhor D. Manuel Clemente, além do que às funções religiosas e à dedicação à Igreja católica dizem respeito, tem sido pautada por uma relação dinâmica intensa entre atividades de ensino e de investigação, nas áreas das ciências históricas, sociológicas e teológicas, e a ação pastoral, apostólica e cívica. Ou seja, pensar na dúvida metódica e agir com fé e determinação. Em termos científicos e culturais, destacam-se as intervenções especializadas, estudos e conferências e a publicação de obras literárias e científicas de longo alcance e profundidade, de que me permito salientar as que se referem ao estudo da sociedade portuguesa dos séculos XIX e XX, especialmente no que às intervenções de leigos católicos nas revoluções liberais e republicanas dizem respeito. Cito, a título de exemplo, *"Igreja e Sociedade Portuguesa do Liberalismo à República"*, publicada pela Editora Assírio&Alvim.

Os temas da modernidade, da "questão social", do papel das forças sociais de inspiração católica no mundo contemporâneo, incluindo o papel dos últimos Papas e do Concílio do Vaticano II, têm sido, igualmente, objeto de investigação rigorosa e desapaixonada pelo Sr. D. Manuel Clemente. A obra publicada é já uma referência indispensável de consulta e de investigação, para todos quantos, na Academia ou fora dela, queiram melhor compreender e intervir no mundo em que vivemos.

A Universidade Lusófona do Porto, ao conceder a Sua Excelência Reverendíssima o Senhor D. Manuel Clemente, o Grau de Doutor *Honoris Causa* deu assim um exemplo de responsabilidade social e de cumprimento do dever de louvar os que são exemplo para as gerações mais novas.

A Universidade Lusófona de Porto, ao decidir homenagear também e, significativamente, em simultâneo, a Senhora Doutora Maria de Jesus Simões Barroso Soares, com o Grau de Doutor Honoris Causa, escolheu, acertadamente, uma das mulheres mais Ilustres da sua geração: ao seu *curriculum vitae* riquíssimo no mundo da cultura e das artes, acresce ainda mais a intervenção cívica pelos Direitos Humanos e pela Liberdade e a Democracia.

Seja no âmbito da sua família, seja nas mais diversas áreas da vida nacional, lusófona ou internacional, destaca-se a harmonia, o equilíbrio, o bom senso, a pacificação, a amizade, a entreajuda e a solidariedade da Senhora Doutora Maria de Jesus Barroso. É uma vida de luta pela felicidade de todos e de cada um dos que com ela têm o privilégio de conviver.

O *Grupo Lusófona"*, nas suas realizações e intervenções, pode testemunhar a força e a coragem que a Senhora Doutora Maria de Jesus Barroso empresta às causas que abraça. A sua participação nos nossos eventos académicos tem-nos dado mais confiança, rumo aos objetivos que pretendemos alcançar.

É, sem dúvida, uma pessoa de qualidades ímpares, espalhando o bem à sua volta e congregando vontades e meios pelo triunfo dos valores e dos princípios em que acredita.

Felicito a Reitoria da Universidade Lusófona do Porto, nas pessoas do Senhor Reitor, Professor Doutor Fernando Santos Neves, dos Senhores Vice-Reitores, Professora Doutora Alcina Manuela Oliveira Martins e do Senhor Professor Doutor Manuel Laranjeira Rodrigues de Areia, bem como os membros do Conselho Científico, pela sábia e acertada decisão que tomaram.

Apresento os mais vivos e sinceros parabéns à nova Doutora e ao novo Doutor. Sejam bem-vindos ao corpo doutoral da Academia Lusófona.

Palavras do Diretor do Curso de Doutoramento Prof. Doutor António José Fernandes

O curso de Doutoramento em Ciência Poiítica, Cidadania e Relações Internacionais destina-se a *promover* e a proporcionar o estudo e o conhecimento dos fenómenos poiíticos, sociais e culturais, decorrentes das ações do Homem e das estruturas orgânicas e institucionais em que está inserido na sua tripla dimensão: social, cultural e política.

Como ser social, o Homem relaciona-se com o seu semelhante e com o espaço geográfico que o rodeia, fazendo parte dos sistemas sócio genético e ecológico da sociedade a que pertence.

Como ser cultural, o Homem comunica e interage com os outros *através* de códigos - linguístico, estético, ético e moral -os quais integram o sistema cultural da mesma sociedade.

Como ser político, o Homem pertence ao sistema político da sociedade organizada e toma decisões, muitas delas irresistíveis e obrigatórias, destinadas a definir as normas de conduta individual e de comportamento social, a garantir a sua *observância* e cumprimento, a *promover* o bem-estar económico e social e a estabelecer as condições indispensáveis ao exercício dos direitos de cidadania.

É nesta dimensão sistemática das sociedades politicamente organizadas que se *desenvolvem* os processos de decisão e as relações de poder, os quais constituem objeto privilegiado de incidência do Doutoramento em Ciência Política, Cidadania e Relações Internacionais. Por conseguinte, aqueles que pautam a sua conduta pelos princípios da dignidade, da liberdade, da igualdade, da solidariedade e da responsabilidade, e que se destacaram, no exercício das suas funções, pela promoção das condições *favoráveis* à usufruição plena dos direitos do homem e das liberdades fundamentais, contribuindo assim para que a palavra cidadania não seja um termo semântico e *vago*, confundível e confundido com os conceitos de *civismo* e de civilidade, enquadram-

-se perfeitamente no âmbito de dimensões científicas e culturais deste doutoramento e são passíveis de ser agraciados com o Doutoramento Honoris Causa em Ciência Política, Cidadania e Relações Internacionais. E, por isso, é para nós uma honra ter o privilégio de propor para esta agraciação Doutoramento Honoris Causa:

A Sua Excelência Reverendíssima o Bispo do Porto, D. Manuel Clemente, e à Excelentíssima Sr.! Dr.! Maria de Jesus Barroso, pelas suas evidenciadas qualidades humanas, intelectuais e profissionais postas ao *serviço* da dignidade e da solidariedade humanas.

Nesta época da nossa historia coletiva, da historia da humanidade, em que o materialismo do sistema financeiro inspira a ação dos diretores do mundo, preocupa o espírito das pessoas, faz tremer e cair *governos* ao redor da terra e obnubila a capacidade *cognitiva* do ser humano, conceder doutoramentos" Honoris causa" a quem tem dedicado a sua vida a contribuir para a resolução dos problemas sociais, a promover a solidariedade humana e apoiar os mais desfavorecidos e carenciados, é um cato de coragem, mas é também, e simultaneamente, um alerta, um aviso aos senhores que dirigem as instituições e pretendem governar o mundo, dizem-do-lhes que devem arrepiar caminho, porque vão no sentido errado, e lembrando-lhes que o Homem, todo o homem, é um ser que não mais se repete, e que a vida e a dignidade do ser humano são valores incalculáveis, não têm preço, nem são transacionáveis nos mercados financeiros, são valores que devem ser acarinhados, protegidos e preservados.

Este ato de concessão de doutoramento Honoris Causa é na tradição de todas as instituições universitárias, um ato nobre, é um ato que dignifica a Universidade Lusófona do Porto, que dignifica a cidade e toda a região envolvente, que nos dignifica a todos nós.

Elogio do "Doutorando Honoris Causa" D. Manuel Clemente, Bispo do Porto, pelo Padrinho Académico, Dr. Artur Santos Silva

Doutor Fernando Santos Neves, Magnífico Reitor da Universidade Lusófona do Porto, Prof. Doutor Manuel de Almeida Damásio, Administrador da Universidade Lusófona do Porto,
Senhor D. Manuel Clemente, Excelência Reverendíssima,
Senhora D. Maria de Jesus Barroso Soares, Excelências, Minhas Senhoras e Meus Senhores,

D. Manuel Clemente é uma figura maior do nosso tempo, na Ciência, no Pensamento, na Cultura. Personalidade ímpar na Igreja Católica, respeitado historiador, afirma um sentido de cidadania ativa insuperável, é um pedagogo da palavra, revela uma excecional dimensão cultural, é dotado de contagiante simplicidade, exuberante bonomia e saudável otimismo.

Impõe-se pela força do seu pensamento e pela clareza com que se exprime, revelando também uma excecional capacidade mediática. É firme nos princípios e valores, mas afirma sempre uma grande abertura de espírito. Quer ouvir e ver para melhor compreender a razão dos outros. Com grande generosidade dispõe-se sempre a participar nos acontecimentos da Cidade e do País.

Apela permanentemente à formação de consensos que promovam a governabilidade do País, porque, só assim, poderemos responder ao desafio premente de solução da atual crise, só assim defenderemos e serviremos os mais frágeis, construindo o bem comum. Apela também a iniciativas promovidas como resposta à crise social. Com a sua participação no Júri, muito beneficiaram as decisões do Prémio Gulbenkian de Beneficência.

No plano pessoal, a minha gratidão não tem fim pela forma como acompanhou a minha Família em momento muito doloroso.

D. Manuel Clemente é um permanente evangelizador. O seu pensamento tolerante percorre os nossos grandes desafios apontando caminhos e oferecendo-nos a luz de que precisamos -da cidadania ativa, à defesa da Família, ao consenso mobilizador, à criação de um clima coletivo de esperança, à solidariedade, ao Poder Local, à melhor Educação e melhor Justiça.

Não resisto pois a percorrer a sua palavra sobre alguns desses temas.

Portugal e os Portugueses

Ninguém pode amar mais Portugal do que os portugueses (...)

(...) podemos contar com o quê, do que sobrevenha do passado para o que importa ao futuro?

Os heróis (...) não pondo em causa o real valor que tiveram tais pessoas, a sua utilização fantasmagórica mais nos distrai do presente e menos nos serve para o futuro. Viveram e fizeram o seu tempo e o melhor que nos dão é coragem para fazermos o nosso, tão particular e responsavelmente como eles próprios viveram as suas vidas.

O melhor de Portugal pouco aparece e não abre geralmente os noticiários. Mas existe e por ele mesmo continuamos nós a existir. **Em** muitas escolas (...), em muitos estabelecimentos de saúde (...) e instituições particulares de solidariedade social, deparamos com abnegações quotidianas e boas vontades que não esmorecem, antes parecem recrudescer no meio das dificuldades. **Em** muitos *jovens* licenciados há uma *vontade* de *vencer* e convencer, que consegue ultrapassar positivamente a escassez das ofertas de trabalho, criando para si para outros novas oportunidades, por *vezes* em domínios imprevistos ou pouco explorados.

(...) a inteira confiança nas pessoas que somos, os portugueses. (...) sendo verdadeiro objetivo do Estado e de todos os responsáveis sociais salvaguardar e promover a dignidade da pessoa humana, aumentaremos para isso as possibilidades materiais, culturais e espirituais existentes, que, no conjunto, constituem o nosso bem comum, na subsidiariedade e na solidariedade.

Assim acontecendo, a "história do futuro", como António Vieira a entreviu, ultrapassará os seus melhores vaticínios. Sem imperialismos serôdios nem injustificáveis desistências, seremos um Portugal à altura de si mesmo, na grande largueza do mundo. Sinal preocupante. O especto externo é o facto de os grandes centros de decisão estarem hoje fora do âmbito nacional e estatal. (...) Não sabem quem manda, o poder não tem rosto. (...) se aumentar o abstencionismo e o sentimento de que nada de essencial se decide a nível nacional, a democracia corre perigo. (...)

O que existe é uma anti ideia. A ideia de que cada um faz o seu próprio mundo, real ou virtual, desinteressando-se de ideais coletivos. As pessoas desistem porque (...) acham que as decisões mais gerais são para os outros. Mas também desistem porque aqueles que deveriam pedagogicamente propor ideais e linhas de rumo estão também no puro imediatismo.

Emprego e Família

O essencial é salvar, na medida do possível, o que não pode estar em causa: a sobrevivência digna das pessoas. É preciso que tenham trabalho, mas porque o desenvolvimento verdadeiro de cada um só se faz mediante o trabalho, e que lhes deem condições para que possam ter filhos e educá-los. É preciso fortalecer as famílias. É preciso restabelecer as redes de vizinhança, para que as pessoas não vivam no anonimato.

Se não cumprirmos isto, não cumprimos nada. Sem isto, não há democracia, nem demografia, nem coisa nenhuma. Não pode ser hoje? Então tem de ser já amanhã de manhã. Os decisores políticos, económicos e financeiros - e todos nós que defendemos a democracia e a participação - têm de assumir estes valores como prioritários. (...)

Que País quer

Eu espero que sejamos um país de vizinhança recuperada, ou seja, nós, nos nossos bairros, nas nossas empresas, nas nossas escolas, nos conheçamos e reconheçamos melhor. Que sejamos um país mais articulado nos diferentes patamares da sociabilidade, em que a família seja um bem precioso.

Temos um terço da população acima dos 60 anos. Não é uma população dispensável, é uma população que tem um contributo a dar à sociedade portuguesa, que tem um capital acumulado de saber e de experiência que a sociedade não pode dispensar. Espero que sejamos uma sociedade que tenha desenvolvido melhor outras apetências que não sejam as do lucro, que tenha a ver com a vida intelectual, com a vida artística, com a vida criativa.

(...) dar mais tempo à História (...) se nós não temos consciência de nós próprios não seremos capazes de enfrentar o futuro.

Nós somos uma memória projetada; se não há memória, não haverá projetos. Que seja um país mais humano.

Estado Central e Autarquias

Uma coisa é agilizar e funcionalizar a gestão, mas cuidado com estruturas de proximidade e de tradição que identificaram muitas pessoas ao longo de muito tempo e que ainda funcionam como primeiro balcão de proximidade e de resposta. Muito cuidado com isso. (...)

Justiça

Temos que ir por aí fora. Fazer a justiça no tempo oportuno. Porque a justiça atrasada corre o risco de não ser justiça. Aperfeiçoar o sistema é uma prioridade absoluta, até para dar confiança à cidadania. (...)

Autor de valiosa obra -na doutrina, na história, nas questões de cidadania -foi-lhe atribuído o mais prestigiado prémio cultural do nosso País, o "Prémio Pessoa" e recebeu a Medalha de Honra da Cidade do Porto, entre muitas outras distinções.

Todas bem merecidas e todas elas pouco para o muito que nos dá e vai continuar a dar. Assim acontece, também hoje, com esta justa homenagem que a Universidade Lusófona lhe dedica atribuindo-lhe o Doutoramento "Honoris Causa".

Atuação pastoral irradiante, intervenção cívica permanente, apelo à mobilização de todos na luta contra a exclusão social, é para todos nós uma referência inspiradora.

Como sublinhou o Prof. António Barreto na apresentação do livro *Um só propósito -Homilias e escritos pastorais:* "É na Terra que se ganha o Céu, é na Cidade que as Igrejas vivem ao lado dos homens" ... "Pensar em si e nos seus é próprio dos homens. Pensar nos outros é próprio dos homens de exceção". Assim é com D. Manuel Clemente que "sempre fala a todos e para todos".

Elogio da "Doutoranda Honoris Causa" D. Maria Barroso Soares, pelo Padrinho Académico, Dr. António de Almeida Santos

Magnífico Reitor da Universidade Lusófona, Prof. Doutor Fernando dos Santos Neves
Senhor Doutor Manuel Damásio
Senhor D, Manuel Clemente, Excelência Reverendíssima
Senhora Doutora Maria de Jesus Barroso Soares
Senhor Doutor Artur Santos Silva
Senhor Dr. Mário Soares
Senhores Professores
Caros Estudantes
Minhas senhoras e meus senhores,

Nada me podia ser mais grato do que a honrosa incumbência de ser o "padrinho académico", e de nessa qualidade chamar a mim o'elogio, da Dr.ª Maria de Jesus Barroso Soares, no acto solene do seu doutoramento "honoris causa" pela Universidade Lusófona do Porto.
Tenho pela ilustre doutoranda uma velha admiração sem limites.
Era eu ainda estudante de Coimbra, e presidente da Secção Cultural da Associação Académica, quando a Coimbra chegaram os ecos do seu excecional talento como jovem atriz do Teatro Nacional D. Maria II, e como declamadora de poetas, sobretudo, mas não só, dos que a ditadura salazarista considerava malditos. E como a mais esclarecida academia do meu tempo ansiava por desfeitear a PIDE, de quem frequentemente recebia os agravos mais repressivos e insólitos, lembrei-me de a convidar para vir a Coimbra declamar, como só ela sabia, os mais malditos, e de preferência neorrealistas, poetas desse tempo. É sabido que o neorrealismo poético teve, nesse então, talvez a sua expressão mais significativa nos bardos de Coimbra. Veio. E a academia ficou rendida ao seu encanto e ao seu talento. Foi um espetáculo de excecional bri-

lhantismo e um acontecimento político de poderoso impacto. Poemas bem selecionados de Manuel da Fonseca, Joaquim Namorado, Carlos de Oliveira, João José Cachofel e outros para nós heróis da indignação poética, por largo tempo ficaram no ar. A Pide roeu as unhas e vociferou ameaças que não demorou a concretizar. Pouco depois, a propósito de uma homenagem que quisemos prestar ao republicano José Falcão, no cemitério dos Olivais, quando cantávamos o hino nacional, os cavalos da GNR, que não gostaram da música, invadiram as campas sagradas e espezinharam, sem dó nem piedade, vivos e mortos. Seguir-se-ia, já na Baixa da Cidade, uma cavalgada por nós provocada, que deu eco ao acontecimento.

Resumindo: a academia de esquerda ficou apaixonada pela gentil e talentosa artista. Pelo seu excecional talento declamatório; pela vibração que imprimia à interpretação dos poemas; pelo significado político dos poetas selecionados; e pelo encanto pessoal da declamadora.

A imprensa regional, também entusiasmada, noticiou o sucesso. Pouco depois, a "Comissão Regional do Centro da candidatura do General Norton de Matos à Presidência da República", de que fiz parte, convidava o Dr. Mário Soares, o Dr. Manuel João da Palma Carlos e o Dr. Salgado Zenha -que tinha sido o mais célebre líder académico e adversário do regime -meu grande amigo desde esse então, e que tinha iniciado em Lisboa a sua brilhante carreira de advogado, para usarem da palavra num inolvidável comício eleitoral no Teatro Avenida. Eu próprio tinha feito no mesmo teatro, dias antes, o meu primeiro discurso em defesa do general, seguido de vários outros. Foi então que conheci o Dr. Mário Soares e o Dr. Manuel João, e também deles fiquei amigo para sempre.

Maria de Jesus e Mário Soares, viriam a converter a camaradagem da Faculdade de Letras da Universidade de Lisboa, que ambos frequentavam, numa linda paixão que os levou ao matrimónio, e depois disso no grande amor e companheirismo de uma comunhão de luta que viria a privá-los dos mais elementares direitos civis e políticos.

O chefe da família, Mário Soares foi, durante todo esse cativeiro, uma presença incerta, treze vezes interrompida por outras tantas prisões, a que se somaram um longo degredo em São Tomé e Príncipe, sem direito a exercer a advocacia ou o ensino, ou seja a ganhar o sustento, além de outras extensões da pena de degredo. Maria de Jesus tinha, inclusive, sido proibida de ensinar no Colégio Moderno, porque tinham herdado o próprio pai mesmo em nome, nos peno os em que o visitou e lhe fez companhia.

O próprio consulado de Marcelo Caetano, o da tal primavera política que continuou a ser de rigoroso inverno, viria a impor a Mário Soares um longo exílio em Paris, ai com direito a exercer o ensino universitário, e onde a Drª Maria de Jesus pôde mais facilmente visitá-lo.

Essa odisseia política do marido viria a cair, com todo o seu peso, sobre a sacrificada Maria de Jesus.

Tinha aliás começado mais cedo. Com 15 anos apenas, ainda frequentava o liceu, Maria de Jesus, sem pôr em risco o êxito escolar, matricula-se no Curso de Arte Dramática do Conservatório Nacional. Recebe lições particulares das várias disciplinas do Liceu e, revelando uma vontade férrea e uma determinação sem transigências, conseguiu conjugar a preparação para o curso liceal com o êxito no Curso do Conservatório, onde cedo começou a revelar excecional capacidade interpretativa de textos de peças em momentos especiais do próprio curso. E fazia-o com uma tão encantadora naturalidade que acabou por chegar a hora dos primeiros aplausos. Essa hora, foi a da interpretação do "Velho da Horta", já no palco do Teatro Nacional. As palmas e os elogios deram entrada na sua ambição de vir a ser uma grande atriz. Nunca mais pararam.

A futura grande declamadora que também veio a ser, e ainda é, mal teve a oportunidade de revelar mais essa inclinação, começou a receber as primeiras referências elogiosas.

Chegada a hora do exame final da Secção de Teatro do Conservatório Nacional, a jovem Maria Barroso, no papel da Emilinha da peça "Os Velhos", de D. João da Câmara, obteve a classificação final de 18 valores, a melhor nota de todas as concorrentes e a única com direito a prémio. A imprensa da especialidade destaca-a com os mais rasgados elogios. Tinha nascido uma atriz. Tinha despontado uma estrela.

Findo o Conservatório fez o 7.º ano do Liceu. E continuou a desejar ser atriz, sem prejuízo de querer tirar também um curso superior. Optou pelo de Histórico-Filosóficas. E voltou a ter de conciliar o curso superior e a prática representativa, a correr de um lado para o outro e dormindo menos do que convinha. Até porque os convites para entrar em novas peças e representar novas figuras, passaram a ser uma constante dos seus dias.

A crítica dá por ela e, por regra, cobre-a de elogios, sobretudo, mas não apenas, quando fazia papéis de ingénua. Não caberia aqui a menção dessa então suposta interminável sequência de peças célebres e outros tantos êxitos cada vez mais consacratórios. Integra elencos em que participam os mais consagrados acores e atrizes desse então. Citarei apenas, de entre os acores, Amélia Rey Colaço, Palmira Bastos, Alves da Cunha, Robles Monteiro, Raul de Carvalho, Mariana Rey Monteiro e Erico Braga. E de entre as interpretações e as peças, "Madre Alegria", ao lado de Palmira Bastos e Alves da Costa; a figura de Elsa na peça "Vidas sem Rumo", de Olga Guerra, com Raul de Carvalho e José Gamboa; o papel de "Isménia" na Antígona de Sófocles, com Mariana Rey Monteiro, Raul de Carvalho, Álvaro Benamor e Robles Monteiro; o papel da jovem Maria de Noronha na peça "Frei Luís de Sousa" de Almeida Garrett; e por último, antes do ponto final que a censura impôs à sua carreira, o difícil papel de "Benilde" da peça "Benilde ou a Virgem-Mãe", de José Régio.

A crítica vinha-a distinguindo com os mais rasgados elogios. Por todos, o grande crítico Norberto Lopes considerou-a "uma atriz inteligente, culta, estudiosa, de uma grande sensibilidade e de uma modéstia que em teatro se não usa".

Mas o poder político não gostou de Benilde. Era complexa demais para o seu bestunto. E vá de notificar Robles Monteiro e Amélia Rey Colaço, de que Maria Barroso não poderia continuar a representar, nem a pertencer ao Teatro Nacional. Ora toma!

D. Amélia -como era conhecida -terá dito ao chegar a casa: "cortaram-lhe as pernas!". Como de facto. A grande atriz que se tinha revelado, acabava ali. As ditaduras têm a sua lógica. Proibida também de declamar em espetáculos públicos. E quando tentou dirigir o Colégio Moderno e nele seccionar, foi também impedida disso. O que tão só lhe era consentido, era morrer de fome. São assim as ditaduras.

Maria de Jesus não representou o papel de vítima. Continuou as suas aulas na Faculdade de Letras, e cuidou de ser útil na gestão do Colégio, simulando competências que oficialmente tinha sido impedida de exercer. Filha de um republicano revolucionário; nora de um republicano revolucionário; e esposa de um republicano revolucionário, aos quais foram impostas as mais duras penas de prisão e de degredo, chamou a si a coragem necessária para poder estar à altura do exemplo de todos eles. Não fraquejaria. E fazendo do Colégio Moderno o provisório "abono de família" que permitiu à família Soares continuar a suprir os défices de rendimento que a privação das mais elementares liberdades lhe provocava, conseguiu converter-se no vivo exemplo da "esposa e mãe coragem".

Mário Soares, nas horas em que lhe foi permitido seccionar e advogar, contribuiu também com o que ganhava para o equilíbrio do orçamento familiar. Mas a grande mulher que se diz estar sempre por detrás de um grande homem, caso foi ela o velho Dr. João Soares foi vivo, Maria de Jesus pôde contar sempre com o seu apoio e o seu afeto. Mas o velho Senador, Ministro republicano, Ex-Governador Civil da Guarda e de Santarém, Deputado por Guimarães e Leiria, e professor de história e geografia dos Pupilos do Exército, funções de que acabou compulsivamente afastado, e depois fundador do Colégio Moderno e seu primeiro diretor, quando chegou a sua hora, partiu. Enquanto foi vivo e não esteve preso ou degredado, teve por Maria de Jesus uma ternura e uma solidariedade sem pausas e sem limites. E deixou no Colégio uma aura e um prestígio a que Maria de Jesus, e depois de Abril sua filha Maria Isabel, asseguraram continuidade.

Quando o Pai morreu, Mário Soares, exilado em Paris, correndo o risco de ser preso, veio a Portugal despedir-se do Pai. Não foi preso. Mas foi notificado de que teria de partir sem demora, sem o que voltaria a sê-lo.

Após a revolução que nos libertou do cativeiro, o casal Soares quis transformar o Colégio numa Sociedade Cooperativa, e doar gratuitamente o despectivo capital aos professores. Tudo ponderado, não quiseram. E o Colégio Moderno continua a ser um ex-libris da família Soares. Abril abriu ao casal Soares, como aliás a todos os portugueses, um presente de exaltação e um futuro de esperança. E Mário Soares viu-se promovido à personificação dessa esperança. No choque entre ideias e projetos políticos contraditórios, Mário Soares emergiu como figura política equilibrada e sensata, tal como a política que viria a defender, padronizar e caracterizar como "socialismo em liberdade". Cativou a maioria dos portugueses, que por isso deram ao Partido Socialista, nas primeiras eleições que na primeira situação conflitual não resistiu a uma moção de censura. Liderou também o governo seguinte, que apesar de maioritário, foi o resultado de uma coligação que se desfez.

Maria de Jesus, que tinha herdado do pai, e depois de colegas da faculdade, um dos quais elegeu como seu futuro marido, exemplos de rebeldia política, acabou por sentir dentro de si um forte apelo a essa rebeldia. Acabaria por ser chamada à Pide, e o interrogatório visou intimidá-la. Depôs durante cinco dias. O objetivo era fazê-la denunciar camaradas. Mas tinham batido a má porta.

Maria e Mário sempre leram muito. Ainda lêem. Somerset Maugham, Caldwell, Steinbeck, John dos Passos, Stephan Zweig, entre os estrangeiros, e Soeiro Pereira Gomes, Alves Redol, Manuel da Fonseca, Mário Dionísio, Carlos de Oliveira, e os grandes clássicos da literatura portuguesa, russa e brasileira. É também daí que venho. E frequentavam com naturalidade exposições de arte. Já então tinham bom gosto.

As suas casas de Lisboa, de Nafarros e do Algarve, virão a converter-se em verdadeiros repositórios de arte. Tiveram ambos, no curso de letras, excelentes professores. Vieira de Almeida, Vitorino Nemésio, Jacinto Prado Coelho, Andrée Crabbé Rocha, Virgínia Rau e Delfim Santos, entre outros. Viriam, a ser proibidos de ensinar por serem bons...

Em Outubro de 1945, em reunião na Voz do Operário, Mário Soares divulga o projeto da criação do MUD JUVENIL, por ele próprio presidido. O projeto não tinha, à partida, a chancela da possível ilegalização. Mas foi ilegalizado. E Mário Soares foi preso. Em ditadura, os atrevimentos pagam-se. Quatro meses e meio de clausura.

Quando os mestres Pulido Valente, Fernando Fonseca, Andrée Crabbé Rocha e outros foram expulsos, os estudantes protestaram. Maria de Jesus entre os protestantes. Mário Soares, esse, cada vez mais na posição de líder e coleccionador de prisões, tão infundadamente gratuitas que nunca desembocaram numa condenação formal ou sequer num julgamento. As ditaduras gostam de punir. Com razão ou sem. As prisões servem também para intimidar. Não tanto os presos, que crescem em indignação, mas sobretudo os que continuam em liberdade formal. Se Soares e outros eram presos sem razão, convinha por acréscimo ser medroso, ou se possível Apesar disso, as manifestações da oposição cresciam. E Maria de Jesus crescia também em indignação com elas. Já pouco mais lhe podiam tirar. Quando ao pai, ao sogro, e ao marido se juntaram os filhos, o João e a Isabel, já não havia no clã familiar mais ninguém para passar a combater o regime odioso. Até que chegou Abril, e com ele a liberdade por quase meio século e de novo a República, a Democracia e o amor a Liberdade, invadiram as consciências e as ruas.

Ainda assim, não puderam ser uma conquista imediata. Foi preciso continuar a lutar por elas. E entre os campeões dessa luta estiveram, uma vez mais, Mário Soares e Maria de Jesus. Ele coroaria a sua vida de combate pela liberdade e a democracia fazendo tudo quanto podia assegurar eleições livres. Viria a ser líder incontestado do Partido Socialista, que Maria de Jesus havia ajudado a fundar, fora de portas, quando já perto do fim da ditadura chegou a hora disso. Foi mesmo a única mulher presente, na secreta reunião da Alemanha em que o PS nasceu. Foi o tempo em que o João e a Isabel resolveram seguir as pisadas dos pais. Mais presa à direção do Colégio, a Isabel viria a encontrar nisso a sua nova ocupação. O João, esse, viria a ser deputado e político cativo em todas as horas da alma. Ainda é.

Numa viagem à Jamba de Jonas Savimbi, um desastre de avião pô-lo às portas da morte. Levado de emergência para a África do Sul, por largos dias se manteve em coma entre a vida e a morte. Os pais nao estavam preparados para perdê-lo. Nenhum pai e nenhuma mãe está. Os médicos nada garantiam. E a Drª Maria de Jesus nada mais pôde fazer do que regressar à fé perdida e voltar a confiar na misericórdia divina. Quando o João, felizmente robusto, reabriu os olhos, a mãe dolorosa julgou ser isso um êxito das suas orações. E voltou a crer na existência de um deus misericordioso, no qual, porventura, nunca verdadeiramente tinha deixado de crer. Por isso, e a muitos títulos, é hoje outra pessoa. Se a crença em Deus é fonte de valores e virtudes, Maria de Jesus soma hoje mais essas virtudes às muitas que sempre teve.

Refeito o normal equilíbrio do João, e dos pais, foram uma vez mais os entusiasmos do Portugal de Abril a preencher o seu espírito. Soares e o PS ganhariam as primeiras eleições legislativas e bater-se-iam, com a ajuda dos deputados e militantes do partido, incluindo Maria de Jesus e o próprio João, pela constituição democrática e imbuída de um honroso lote de direitos fundamentais e sociais que impôs o novo Portugal no concerto das nações. E travou na rua, e por apelo à vontade popular, os delírios do chamado PREC. Mostrou como se perdem e voltam a ganhar eleições sem sombra de ressentimento. E de novo à frente de um governo de coligação, venceu a primeira crise financeira após Abril, e liderou a criação de condições para que Portugal fosse admitido nas Comunidades Europeias.

O esforço então feito, e a morte súbita de Mota Pinto, fez com que o então Bloco Central se desfizesse e o PS voltasse a perder o poder. E como era tempo de eleições presidenciais, concorreu contra um lote de notabilidades ao cargo de Presidente da República e, na segunda volta delas, foi eleito. Houve-se aliás tão bem no exercício desse supremo cargo que, cinco anos depois, voltaria a ganhar, desta vez folgadamente.

Esses dez anos foram também marcados por uma nova revelação: o significado e o brilho com que Maria de Jesus soube interpretar, e exercer, o papel hoje conhecido como de "Primeira Dama". Não sendo um cargo instituído, veio a ter significado e relevo.

Já referi o mérito excecional de Maria de Jesus como "esposa e mãe coragem" durante a árdua travessia da noite ditatorial. Proibiram-lhe tudo: a brilhante carreira que tinha conquistado, como atriz e declamadora; o direito de ensinar e dirigir o Colégio propriedade da família; o direito de lutar à luz do dia pelo equilíbrio económico do casal; na prática, o direito de exercer como profissional do ensino e, sem condicionamentos políticos, o papel de esposa e mãe, ou seja o complexo dos direitos e das obrigações em que esse papel se traduz. Liberta após Abril desses travões, viria a dar a medida exata de tudo aquilo de que era capaz.

Ainda que esporadicamente, voltou a representar e declamar com o velho êxito. Mas tinha agora outras preocupações. Bateu-se com galhardia e pleno sucesso nas campanhas eleitorais do seu Partido Socialista, assegurando, por três vezes, um lugar no Parlamento enquanto candidata pelos círculos de Santarém, Porto e Algarve. Agora com o pleno entusiasmo da sua fé nos direitos sagrados da liberdade, da democracia e da justiça social. A longa privação desses direitos valorizou essa como Primeira-Dama atingiu picos de catividade, de prestígio e de consagração que não têm paralelo.

Seria melhor poder exercer esse seu papel, sobretudo depois de findo o segundo mandato do marido, criou a Associação para o Estudo e Prevenção da Violência -AEPV- e a depois e ainda hoje célebre Fundação Pro-Dignitate, que passou a constituir, e assim continua, o seu principal instrumento de intervenção e de trabalho.

Dedica também o melhor do seu prestígio à Fundação Aristides de Sousa Mendes, em homenagem a esse grande português que evitou a morte de milhares de judeus, poupando-os à sanha persecutória do sanguinário nazi.

Sempre imbuída do mesmo espírito solidário com os que sofrem, aceitou exercer o alto cargo de Presidente da Cruz Vermelha Portuguesa, exercendo-o de forma a deixar saudades.

Com semelhante currículo, chega a não espantar o no entanto espantoso leque das suas distinções académicas e honoríficas. Basta mencionar, para se ter uma ideia, ainda que pálida, do seu prestígio nacional e internacional, catorze Grãs-Cruz, incluindo a da Ordem da Liberdade, quatro doutoramentos "honoris causa", oito medalhas, cinco das quais de ouro, além de outras distinções nacionais e estrangeiras.

E a longa lista das organizações nacionais e internacionais de que é presidente, ou tão só membro, ou das catividades a nível internacional a que ficou ligada, é tão vasta e tão honrosa, que a sua simples menção não caberia no tempo de que disponho para esta minha intervenção.

Mas não resisto a referir, pelo significado de que se revestiu, o seu papel de patrona do chamado Projeto Masungulo, cultural e de apoio humanitário aos refugiados de Moçambique, criado pelo Padre Jean-Pierre LeScour, que teve como resultado, em grande parte por mérito da doutora Maria de Jesus, após ter sido recebida pelo Presidente Chissano, e pelo líder da Renamo Afonso Dhlakama, e na África do Sul pelas esposas do Presidente De Klerk e do Ministro dos Negócios Estrangeiros, Pik Botim, uma forma de reintegração de numerosos moçambicanos o país vizinho e, com mais significado ainda, a abertura de um canal geográfico de paz e não agressão entre os beligerantes moçambicanos, na ligação de Maputo a Ressano Garcia, cidade fronteiriça com a África do Sul.

De "Boa Esperança" se chamou essa tão importante missão, que viria a completar-se com a recolha de donativos do valor global de mais de um milhão de euros para Moçambique, em livros e alimentos.

Pouco depois, e em alguma medida também em resultado dessa generosa missão, a paz entre os beligerantes de Moçambique era assinada em Roma, sob os bons auspícios da Comunidade de Santo Egídio.

Maria de Jesus acabaria por escrever um livro em que relata a odisseia desta missão e o papel que ela viria a ter como cato preliminar das posteriores negociações de paz. Tive a honra de prefaciar esse livro.

É tempo de terminar este meu elogio da nova Doutora. Não porém sem testemunhar a S. Ex.ª Reverendíssima o Senhor D. Manuel Clemente, ilustre Bispo do Porto, o privilégio que foi ter podido testemunhar também mais este seu doutoramento, e ter podido ouvir, encantado, o justo e talentoso elogio do seu ilustre padrinho, e meu fraterno amigo, Dr. Artur Santos Silva. Todo esse prazer acrescido do LOUVOR as seguramente brilhantes intervenções dos ilustres galardoados.

Há cerca de dez anos publiquei um livro, a que chamei "Quase Retratos", em que tentei biografar um lote de personalidades que admiro, entre elas a Dra. Maria de Jesus. "uma figura de mulher que o presente roubou à história".

E não é que não encontro melhor remate para o elogio de agora?

Palavras do novo Doutor Honoris Causa,

D. Manuel Clemente, Bispo do Porto

"Este precioso tesouro..."

Ex.mos Senhores Administrador, Magnífico Reitor e Diretor do Doutoramento em Ciência Política, Cidadania e Relações Internacionais, Excelentíssimas Autoridades Académicas; Exma. Sra. Doutora Maria Barroso, Ex.mos Senhores e Senhoras, caríssimos alunos e funcionários da Universidade Lusófona do Porto,

1. As minhas palavras, nesta tão honrosa como imprevista circunstância, começam por ser de agradecimento, como não podiam ser outras. A Universidade Lusófona do Porto quis distinguir-me com o Doutoramento *Honoris Causa* e seria presunção minha não o aceitar. Porque presunção tanto é querer mais do que se merece, como recusar o que os outros nos oferecem, sendo boa a oferta. Se no primeiro defeito não incorreria decerto, o perigo do segundo também o quero afastar.

Caríssimas Autoridades académicas desta estimada Universidade: muito grato vos fico pela lembrança, tanto como pela generosidade que demonstrais; grato e responsabilizado, pois aceitando comprometo-mo com quem oferece e assumo a honrosa referência. Com o particular gosto da "Lusofonia" que vos demarca, universo linguístico e cultural onde nasci e aprecio mover-me, aquém e além de todos os mares e continentes. Onde a língua portuguesa transmite sentimentos e permite tantas aproximações e pontes.

Nestas palavras, ainda iniciais, incluo muito reconhecidamente o forte agradecimento ao Senhor Doutor Artur Santos Silva, que teve a grande atenção e bondade de me apresentar no doutoramento. O Doutor Santos Silva está, no Porto e no País, na primeiríssima linha da cidadania plena e ativa. Do mundo financeiro à cultura, das causas sociais à vida cívica, em tudo o podemos encontrar, em fecundas décadas de pessoal exercício. E isto mesmo com o doseamento certo de reflexão e sentido prático, de serenidade e intervenção, que só se articulam em personalidades de grande consistência como a do atual Presidente da Fundação Calouste Gulbenkian. Muito obrigado lhe fico, por mais esta expressão da sua muita benevolência, caro Doutor Santos Silva.

2. Para as palavras que vos devo nesta circunstância -necessariamente breves na sequência das intervenções previstas -, escolhi as primeiras referências à universidade portuguesa, que ainda colhem e transmitem um núcleo importante de propósitos, para o que ela há de ser tantos séculos depois.

Conservam-se efetivamente algumas notícias fundacionais do "estudo geral" da altura. Começando pela petição que os dignitários de várias instituições eclesiásticas dirigiram ao papa Nicolau IV, em 12 de Novembro de 1288, pedindo-lhe a confirmação do que já tinham adiantado com o rei D. Dinis.

Escreviam assim: "Nós os acima nomeados [abade de Alcobaça, priores de Santa Cruz de Coimbra, S. Vicente de Lisboa, Santa Maria de Guimarães, Santa Maria da Alcáçova de Santarém e mais 22 reitores das principais paróquias do país]. em companhia de pessoas religiosas, prelados, e outros, assim clérigos como seculares dos Reinos de Portugal e Algarve [...], consideramos ser muito conveniente aos Reinos sobreditos e a seus moradores ter um estudo geral de ciências, por vermos que à falta dele, muitos desejosos de estudar e entrar no estado clerical, atalhados com a falta de despesas e discómodos dos caminhos largos e ainda dos perigos da vida, não ousam e temem ir estudar a outras partes remotas, receando estas incomodidades, de que resulta apartar-se de seu bom propósito e ficar no estado secular contra vontade".

Dizem, em suma, que estudar era difícil e mesmo um risco, para aqueles que o pretendiam fazer e progredir num estrito universo culto, que coincida quase com o estado clerical, bem mais vasto então do que o sacerdócio propriamente dito.

Aliás, o currículo universitário ideal ia das artes à teologia, passando pelos cânones, as leis e a medicina, como bem se assinala no nosso Pedro Hispano, único papa português (João XXI, 1276-1277). Cursando em várias escolas europeias, versara diversos saberes, sendo-lhe referidas obras de lógica e filosofia, como de medicina e teologia. Com tal fulgor, que Dante o coloca no paraíso dos sábios.

Mas estudar comportava riscos certos, pela distância dos centros e os perigos dos caminhos, além de gastos que poucas bolsas suportavam. Por isso mesmo, os subscritores da petição de 1288, tinham requerido ao rei que fundasse "um geral estudo" e pediam agora ao papa que confirmasse a iniciativa.

E continuavam assim: "Por estas causas pois, e muitas outras úteis e necessárias que seria dilatado relatar por miúdo, praticámos tudo e muito mais ao Excelentíssimo Dom Dinis nosso rei e senhor, rogando-lhe encarecidamente se dignasse de fazer e ordenar um geral estudo na sua nobilíssima Cidade de Lisboa. [...] Ouvida por este Rei e admitida a nossa petição benignamente, com consentimento dele, que é o verdadeiro padroeiro dos mosteiros e igrejas sobreditas, se assentou entre nós que o salário dos mestres e doutores se pagasse das rendas dos mesmos mosteiros e igrejas [...]. Pelo que, Padre Santíssimo, recorremos em final aos pés de Vossa Santidade, pedindo-lhe humildemente que queira confirmar com a costumada benignidade uma obra tão pia e louvável, intentada para serviço de Deus, honra da pátria e proveito geral e particular de percebamos melhor o trecho, até pela elucidação de como se podiam criar e sustentar instituições congéneres, naquele tempo tão diverso do nosso. A iniciativa parte de responsáveis eclesiásticos, que integravam o pequeno grupo dos nossos mentores culturais da altura. Em Alcobaça, Santa Cruz de Coimbra, São Vicente de Fora e poucas casas mais, funcionavam escolas internas de notável quilate: lembre-se, por exemplo, o espantoso acervo de conhecimentos gerais e específicos que, na transição do século XII para o XIII, alguém como Fernando Martins, conhecido como Santo António de Lisboa (+ 1231), tinha assimilado em S. Vicente e Santa Cruz ...

Mas agora era preciso mais, concretamente um "estudo" em que se versassem os saberes que importavam, para "proveito geral e particular de todos". E, para que tal fosse possível, ofereciam rendimentos próprios dos respetivos mosteiros ou igrejas. Acontecia, porém, que eram casas do padroado régio, sendo necessária a autorização do soberano para assim poder ser.

Os direitos de padroado sobre instituições eclesiásticas pertenciam aos respetivos fundadores e herdeiros ou a outros para que tinham passado, cabendo-lhes deveres e direitos, tanto para a manutenção das casas como sobre os respetivos servidores e rendimentos. D. Dinis já autorizara como padroeiro; mas tratando-se de instituições religiosas e de tanta envergadura, requeria-se também a confirmação pontifícia, como confiadamente se Algum esclarecimento cabe aqui sobre o "estudo geral" em fundação. Esclarecimento facilitado, pois a *Lei das Sete Partidas*, de Afonso X de Leão e Castela, avô materno de D. Dinis, já trazia assim no seu título XXI: "Um estudo é uma associação de mestres e escolares feitas num determinado lugar com a vontade e a intenção de aprender os saberes. E dele existem duas modalidades: uma é a que chamam 'estudo geral', onde há mestres de artes, assim como de gramática, de lógica, de retórica, de aritmética, de geometria, de música e de astronomia, e outrossim em que há mestres de decretos e senhores de leis; este estudo deve ser estabelecido por mandado de papa, de imperador ou de rei. A segunda modalidade é a que chamam 'estudo particular', como quando um mestre ensina nalguma cidade, apartadamente, a poucos escolares; este pode mandá-lo fazer o prelado ou concelho de qualquer.

Reparemos que a "generalidade" ou "universalidade" do estudo se distingue da "particularidade" que podia ter noutros casos. Era geral ou universal, quer pelo conjunto alargado dos que ensinavam ou aprendiam, como pela variedade dos saberes versados. Também por isso requeria o patrocínio das entidades mais vastas da Cristandade de então: papa, imperador ou rei. Era o que se pretendia em Portugal, ainda que só paulatinamente se atingisse o ideal: a teologia, que coroaria o currículo, só começou a ser ensinada no nosso estudo geral no reinado de D.

João I, bisneto do Rei Lavrador. Juntemos ainda a referência a uma carta de D. Dinis, de 1 de Março de 1290, dando-nos conta do que o rei já fizera e tencionava fazer, em relação a este assunto. Diz-nos o seguinte, no mais concreto: "Ora, desejando Nós enriquecer nossos reinos com **este precioso tesouro,** houvemos por bem ordenar, na real cidade Lisboa [...], um Estudo Geral, que não só munimos com cópia de doutores em todas as artes, mas também roboramos com muitos privilégios. Mas, porque das informações de algumas pessoas entendemos que alguns virão de várias partes ao nosso dito Estudo, se gozarem de segurança de corpos e bens, Nós, querendo desenvolvê-lo em boas condições, prometemos, com a presente carta, plena segurança a todos os que nele estudam ou queiram de futuro estudar [...]. Além disso, quantos a ele vierem nos acharão em suas necessidades de tal modo generosos que podem e devem fundamentalmente confiar nos múltiplos favores da Alteza.

Tudo muito demonstrativo do empenhamento de D. Dinis na fundação que fazia. Quanto ao assunto, que qualifica de "precioso tesouro"; mas igualmente quanto às condições de segurança e subsistência dos que acorressem ao «estudo», a quem prometia o favorecimento.

3. Ex.mas Autoridades Académicas, Ex.mas Senhoras e Senhores, caríssimos alunos: -Que podemos retirar para agora, nesta segunda, difícil e perplexa década do século XXI, das primitivas alusões à universidade em Portugal, nos longínquos finais do século XIII?

Além da evocação, sempre oportuna, no fecundo lastro da memória coletiva, creio que em dois pontos poderemos fixar-nos: no ideal integrador do saber e na conveniência geral da sociedade.

Fecundos pontos estes, especialmente para o que a universidade tem de ser na presente conjuntura. Quanto ao primeiro -quando se constata a especialização cada vez maior de humanidades e ciências e a deriva tecnicista e utilitária que tantas vezes enviesa estas últimas e eventualmente as primeiras -, urge retomar mais à frente o ideal universalista do saber, onde se aproximem demandas e partilhem conhecimentos, não deixando de fora nada do que à humanidade interesse, tanto quantitativa como qualitativamente. A multiplicidade dos conhecimentos conta hoje com uma capacidade de informação e até absorção inéditas, que devem possibilitar tal desiderato e muito além do currículo escolar profissionalizante e estrito.

Quanto ao segundo ponto, a conveniência geral da sociedade, nem necessário será insistir na magnitude dos problemas com que nos defrontamos, que requer semelhante largueza na entidade que lhes (cor) responda. E ela será a sociedade globalmente considerada e a sua expressão académica muito em particular. Existe esta Universidade - como existem as suas congéneres - num momento particular da sociedade portuguesa e internacional, onde a lusofonia tem cariz próprio e criativo. As propostas feitas, os cursos oferecidos, as viabilidades possíveis, tudo depende em grandíssima parte do acerto da Universidade com as necessidades e aspirações, evidentes ou pressentidas, do todo social e cultural em que se integra.

Da minha parte, além do envolvimento pessoal neste propósito, fica a muito grata e declarada admiração por quanto aqui se faz nesse sentido. Bom e essencial sentido.

Palavras da nova Doutora Honoris Causa,

D. Maria Barroso Soares

É um grato prazer e, obviamente, honra ser distinguida com este Doutoramento Honoris Causa.

Embora com alguns doutoramentos por grandes Universidades -duas nacionais, como é o caso de Aveiro e da Clássica e por uma de Boston, nos Estados Unidos devo confessar que me toca especialmente o fato desta Universidade me atribuir este doutoramento.

Tanto mais que o faz ao mesmo tempo que distingue -e muito bem! -o Senhor Bispo D. Manuel Clemente.

O Senhor D. Manuel Clemente é para mim e para todos os cidadãos portugueses uma figura ímpar, referência constante para todos os que o conhecem e admiram a sua extraordinária postura e ensinamentos.

E altamente lisonjeiro para mim ser homenageada no mesmo dia em que o é uma grande figura da Igreja, uma personalidade de grande estatura não só nesse sector da sociedade como - extravasando-o - em todo o nosso país e soou.

Tenho acompanhado, de perto e com muito interesse, toda a acção desencadeada por esta instituição que tem como uma das suas preocupações fundamentais contribuir para o reforço da lusofonia.

"A minha pátria é a língua portuguesa" dizia um grande poeta português. E todos nós que a falamos experimentamos um sentimento de orgulho em falarmos esta maravilhosa língua e em a partilharmos com outros povos. Essa partilha dá-nos um profundo e imenso sentido de solidariedade, de fraternidade que nos impõe ao respeito e consideração do resto do mundo.

Tantos foram - e são - os poetas que se exprimiram nela e a espalharam - e espalham - pelo mundo inteiro!

Tantos são os homens e mulheres de cultura e grandes personalidades no sector da ciência e em tantas e tão importantes áreas que se afirmam por todos os cantos do globo enfatizando, muito digna, muito orgulhosa e belamente, esta lusa língua e cultura que de há séculos vem embebendo o universo procurando toma-lo mais rico, mais fraterno e mais pacífico -mais próximo da Civilização do Amor (de que nos falava e apontava uma grande figura da Igreja).

Por tudo isto me comove e confunde a vossa generosidade em quererem atribuir-me o grau de Doutor da Vossa Universidade.

Bem hajam, queridos Amigos!

Mas este facto, além de me lisonjear e encher de satisfação e orgulho, aumenta a minha responsabilidade na sociedade a que pertenço. Impele-me, inspira-me, estimula-me no sentido de contribuir -ainda que modestamente -para a melhorar.

A satisfação e o orgulho que sinto não podem encerrar-me numa moldura autista que me faça esquecer os mais elementares deveres que temos para com os outros seres humanos. Não nos disse Toymbee que temos que ganhar a consciência de que pertencemos todos à mesma família que é a humanidade?

E essa consciência que temos de fortalecer continuadamente. E criá-la nas mentes dos jovens preparando-os para o exercício da cidadania que terão de desempenhar mais tarde quando chegar o tempo de o fazerem.

A minha contribuição será modesta, obviamente, mas insere-se numa linha de continuidade do pouco que fiz desde a minha juventude e no que venho fazendo, desde há anos, na instituição que criei e a que presido acompanhada e auxiliada por uma equipa de personalidades de grande valor em vários sectores da nossa sociedade.

Criei essa instituição -a que demos o nome de Pro Dignitate -a partir da minha preocupação com a violência nos meios de comunicação -escritos e não só -e as mensagens dessa violência que eles transmitem constantemente sobretudo aos mais novos.

Também foi minha preocupação ao criá-la estabelecer relações com os países de língua portuguesa estreitando e reforçando os laços de entendimento, afeto e cooperação com eles. Com isso enfatizando aquilo que me preocupa e nos preocupa e que é o que designamos por lusofonia.

Desencadeámos, por isso, na instituição -a Fundação Pro Dignitate -uma série de actividades inspiradas nos nossos anseios, nos nossos desejos e preocupações. Cito entre outras, uma iniciativa que tivemos nos Estados Unidos e que designamos por "Comunicação Social em Portugal deve abrir espaço para divulgar a acção dos Portugueses no Mundo". Desloquei-me a esse país, fazendo-me acompanhar da Dra. Manuela Aguiar e do jornalista meu colaborador António Pacheco.

Tivemos vários encontros com jornalistas, homens e mulheres portugueses, em Newark e Rhode Island e em que debatemos problemas com que a Comunidade Portuguesa se defronta naquela parte do mundo.

Foi um encontro fecundo, desenrolado num ambiente de grande compreensão e serenidade e que nos fez melhor perceber não só os problemas que enfrentam mas também os laços que os ligam fortemente às suas raízes.

Tivemos o prazer e honra de contar com a presença do Senhor Secretário de Estado das Comunidades de então, Dr. António Braga que foi presidir e encerrar os Encontros que se realizaram na Universidade de Berkeley, na Califórnia. Foi com o seu apoio, aliás, que foi possível realizá-los. Obviamente em conexão com a vontade e esforço dos Professores que trabalham naquela Universidade. Foi salientado o trabalho notável que ali se tem realizado e que constitui motivo de orgulho e estímulo para todos nós e muito especialmente para a nossa Fundação que tem sido nestas ações um motor muito importante.

Não posso deixar de mencionar, por essa ocasião, a possibilidade que tivemos de conhecer uma figura extraordinária de sacerdote que lá, nessa Comunidade, desempenha um papel de grande relevo e importância -o Monsenhor João da Silva Antão. Esse encontro constituiu um dos momentos mais emocionantes que tivemos. Todos os encontros que realizamos aí, na Califórnia foram chamados "Encontros para a Cidadania" (Citizenship encounters - [the role of women in the future of civic movements and associations in California)].

A interculturalidade entre comunidades foi um dos temas que deram lugar a vários debates. Os Estados Unidos, aliás, são caso típico de país com presenças fortes de diferentes comunidades de língua portuguesa (brasileiros, portugueses, angolanos e cabo verdianos).

Também outros, muitos outros países lusófonos têm sido sede de encontros altamente positivos e que tem contribuído para o reforço da Lusofonia. Foi o caso, por exemplo - e entre muitos outros - de uma viagem a Cabo Verde a convite do Ministro da Defesa daquele país, Dr. Armindo Delgado, da Presidente da Câmara Municipal de São Vicente, Dra. Isaura Gomes e do Presidente da Câmara de Porto Novo, Dr. Amadeu da Cruz para participarmos em diversas iniciativas.

Os direitos humanos, o comportamento dos Media em situações de crise foram temas entusiasticamente debatidos. Foram também aí abordadas questões relacionadas com a ética dos jornalistas e questões relacionadas com o Direito Internacional Humanitário.

A convicção que temos da importância do papel dos jornalistas nos meios de comunicação levou-nos a enfatizar esse tema e até a organizar cursos de preparação para o exercício dessa catividade, dessa profissão.

Organizámos cursos de jornalistas para a paz na Guiné e noutros países que tiveram uma aceitação e adesão entusiástica e bastante proveitosa.

Foi o caso do encontro em Cabo Verde.

Damos também destaque à assinatura de um protocolo de cooperação entre a Rhode Island College e a Fundação que permite reforçar os trabalhos de investigação sobre a violência nos media, em particular nas rádios em Africa.

Este protocolo envolve no fundo três parceiros: de um lado os promotores Rhode Island College e ProDignitate, as Comunidades Lusófonas de Rhode Island e os Países Africanos de Língua Portuguesa.

O segundo destaque vai para o seminário sobre as rádios de Paz na Guiné-Bissau, um projeto de 3 anos que liga a Pro Dignitate, a Rádio Sol Mansi da Guiné e agora à RIC

Finalmente, está a ser preparada a assinatura de um protocolo entre a Pro Dignitate e a Citizens Energy Corporation (CEC) ligada à família Kennedy, sedeada em Boston, também na Costa Leste dos USA.

Objetivo: prosseguir ações de cooperação nos países africanos de língua portuguesa e Timor, com incidência na formação, nomeadamente na comunicação social.

Continuamos a colaborar com a CEC em ações relacionadas com a Universidade Católica de Angola. Destaque para a assinatura de um protocolo de cooperação entre o Rhode Island College e a Fundação que permite reforçar os trabalhos de investigação sobre a violência nos media, em particular nas rádios em Africa.

Tem sido um trabalho constante o que temos realizado neste sector e que pensamos poder constituir um reforço muito grande dos laços que nos unem aos países lusófonos e a todas as grandes instituições que, como esta, desempenham um papel muito importante no sector da lusofonia.

Claro que quando desempenhei o cargo de Presidente da Cruz Vermelha Portuguesa que me deu o maior prazer desempenhá-lo também a acção que desenvolvi nesse sector teve em conta muitos outros povos especialmente os países lusófonos.

Mas não quero roubar-vos mais tempo, Caros Amigos quis apenas dar conta de algumas catividades que exerci e que não resisti à tentação de vo-las citar, nesta Universidade Lusófona.

Penso que no mundo em que estamos a Viver, condicionado fortemente pelos valores materiais é importante, é útil por pouco que seja para o melhorar, para o modificarmos abrindo perspetivas de esperança a todos os seres humanos que o habitam.

Tal como o grande poeta Jorge de Sena o disse angustiado perante o admirável e impressionante quadro de Goya que dá conta dos crimes perpetrados pelas tropas napoleónicas em Madrid, era necessário que os seus filhos pudessem viver num outro tipo de mundo onde não houvesse violência e o horror que ela provoca. Um mundo "onde tudo tenha apenas a dificuldade que advém de nada haver que não seja simples e natural".

E eu ouso acrescentar, servindo-me das palavras de uma grande figura da Igreja que tive a honra e o privilégio de conhecer e contactar por diversas vezes, o grande e inesquecível Papa João Paulo II, um mundo embebido pela "Cultura do Amor".

E esse caminho para a civilização do amor -baseada na justiça, na liberdade, na solidariedade e na paz -que nós todos temos de ajudar a abrir às gerações futuras.

P.S. CARTA A MEUS FILHOS sobre o Fuzilamento de Goya, poema de Jorge de Sena, recitado por Maria Barroso Soares

CARTA A MEUS FILHOS sobre os Fuzilamentos de Goya

Não sei, meus filhos, que mundo será o vosso.
É possível, porque tudo é possível, que ele seja
aquele que eu desejo para vós. Um simples mundo,
onde tudo tenha apenas a dificuldade que advém
de nada haver que não seja simples e natural.
Um mundo em que tudo seja simples e natural.
Um mundo em que tudo seja permitido,
conforme o vosso gosto, o vosso anseio, o vosso prazer,
o vosso respeito pelos outros, o respeito dos outros por vós.
E é possível que não seja isto, nem seja sequer isto
o que vos interesse para viver. Tudo é possível,
ainda quando lutemos, como devemos lutar,
por quanto nos pareça a liberdade e a justiça,
ou mais que qualquer delas uma fiel
dedicação à honra de estar vivo.
Um dia sabereis que mais que a humanidade
não tem conta o número dos que pensaram assim,
amaram o seu semelhante no que ele tinha de único,
de insólito, de livre, de diferente,
e foram sacrificados, torturados, espancados,
e entregues hipocritamente à secular justiça,

*para que os liquidasse «com suma piedade e sem
efusão de sangue».*
Por serem fiéis a um deus, a um pensamento,
a uma pátria, uma esperança, ou muito apenas
à fome irrespondível que lhes roía as entranhas,
foram estripados, esfolados, queimados, gaseados,
e os seus corpos amontoados tão anonimamente
quanto haviam vivido,
ou suas cinzas dispersas para que delas não restasse memória.
Às vezes, por serem de uma raça, outras
por serem de uma classe, expiaram todos
o erros que não tinham cometido ou não tinham consciência
de haver cometido. Mas também aconteceu
e acontece que não foram mortos.
Houve sempre infinitas maneiras de prevalecer,
aniquilando mansamente, delicadamente,
por ínvios caminhos quais se diz que são ínvios os de Deus.
Estes fuzilamentos, este heroísmo, este horror,
foi uma coisa, entre mil, acontecida em Espanha
há mais de um século e que por violenta e injusta
ofendeu o coração de um pintor chamado Goya,
que tinha um coração muito grande, cheio de fúria
e de amor. Mas isto nada é, meus filhos.
Apenas um episódio, um episódio breve,
nesta cadeia de que sois um elo (ou não sereis)
de ferro e de suor e sangue e algum sémen caminho
do mundo que vos sonho.
Acreditai que nenhum mundo, que nada nem ninguém
vale mais que uma vida ou a alegria de tê-la.
É isto o que mais importa – essa alegria.
Acreditai que a dignidade em que hão-de falar-vos tanto
não é senão essa alegria que vem
de estar-se vivo e sabendo que nenhuma vez alguém

está menos vivo ou sofre ou morre
para que um só de vós resista um pouco mais
à morte que é de todos e virá.
Que tudo isto sabereis serenamente,
sem culpas a ninguém, sem terror, sem ambição,
e sobretudo sem desapego ou indiferença,
ardentemente espero. Tanto sangue,
tanta dor, tanta angústia, um dia
-mesmo que o tédio de um mundo feliz vos
persiga – não hão-de ser em vão.
Confesso que muitas vezes,
pensando no horror de tantos séculos
de opressão e crueldade, hesito por momentos
e uma amargura me submerge inconsolável.
Serão ou não em vão? Mas, mesmo que o não sejam,
quem ressuscita esses milhões, quem restitui
não só a vida, mas tudo o que lhes foi tirado?
Nenhum Juízo Final, meus filhos, pode dar-lhes
aquele instante que não viveram, aquele objeto
que não fruíram, aquele gesto
de amor, que fariam «amanhã».
E, por isso, o mesm o mundo que criemos
nos cumpre tê-lo com cuidado, como coisa
que não é nossa, que nos é cedida
para a guardarmos respeitosamente
em memória do sangue que nos corre nas veias,
da nossa carne que foi outra, do amor que
outros não amaram porque lho roubaram.

Lisboa, 25-06-1959
Jorge de Sena

Anexo 3
TERTÚLIA SOBRE O ENSINO SUPERIOR PÚBLICO E PRIVADO: QUE FUTURO?[*]

Debate com três Reitores:
José Marques dos Santos (Universidade do Porto),
Fernando dos Santos Neves (Universidade Lusófona do Porto)
e Guilherme de Oliveira (Universidade Portucalense)

Os cortes de mais de 300 milhões de euros às universidades no Orçamento Geral do Estado são insuficientes no âmbito da austeridade que o Governo tem vindo a impor de acordo com o memorando da troika e as medidas tomadas por vontade própria. Portugal precisa de um ensino superior... nacional, com complementaridades entre o público, o privado, o concordatário e outros. Necessita de concorrência para melhorar a qualidade. Precisa que o Estado faça contas a quanto custa, efetivamente, formar os seus alunos, contrastando o público com o privado.

O objetivo da qualidade tem que ser o máximo denominador comum de um ensino superior que se desenvolve no quadro (incontornável) da globalização, independentemente de ser público ou de outro nível, precisará de ser exigente, de acrescentar valor. Mas as mudanças vão ser muito dolorosas, e também mais lentas do que se pode desejar – são algumas conclusões do debate com três reitores na 13ª tertúlia do GP, a primeira do Infante de Sagres: Marques dos Santos, da Universidade do Porto (UP); Fernando dos Santos Neves, da Lusófona

---
[*] Em: Jornal "Grande Porto", 5 abril 2012, pp. 2-3.

do Porto (ULP); e Guilherme de Oliveira, da Portucalense Infante D. Henrique (UPT).

DECLARAÇÃO DE BOLONHA
(ASSINADA POR 49 PAISES)

Marques dos Santos (MS): "Trouxe mobilidade de estudantes e graduados. A UP cresceu muito. Temos 3500 estudantes de 98 países. Sou contra os mestrados integrados. É preciso aperfeiçoar o que existe. Dar formação de base sólida. Os mestrados devem estar abertos a todos os que têm licenciatura, independentemente do curso, se tiverem saberes para isso. O mais importante, não é o tempo de formação, mas a formação que se dá".

Fernando dos Santos Neves (FSN): "O primeiro ciclo do ensino superior é o da alfabetização ou da educação universal, obrigatória e gratuita própria do século XXI".

Guilherme de Oliveira (GO): "Houve uma degradação das licenciaturas e dos mestrados. A educação ao longo da vida é mais importante. É preciso olhar para o que há de essencial na formação para todos".

QUALIDADE DOS ESTUDANTES E DO ENSINO

GO: "Os alunos chegam cada vez mais mal preparados ao ensino superior. São muito maus em Português. Não entendem as perguntas. Nas reformas que vão ser feitas é preciso incluir unidades curriculares (disciplinas) dirigidas à Língua Portuguesa".
MS: "Temos estudantes fantásticos. Os melhores são melhores do que no meu tempo. Temos de diversificar o nosso ensino superior. Temos de dar formação compatível com a qualidade dos alunos. Abandonámos a preparação de elites intelectuais. Os segundos ciclos são especiais e devem ser tratados especialmente".
FSN: "É preciso conciliar o ensino de massas com a excelência e não apresentar como exemplo a nossa sociedade antiga. Espero que esta

crise não sirva para se voltar a esse antigamente. Os erros e perigos da democracia resolvem-se com mais democracia".

ORÇAMENTO, GARANTIAS DOS CIDADÃOS, FIM DE UNIVERSIDADES

MS: "O que a UP recebe do Orçamento Geral do Estado (OGE) já não chega, apenas é financiada em 40 a 45%. Temos de procurar o contributo de receitas próprias, de ir buscar dinheiro a Bruxelas, que ainda lá há para certos fins. O caminho é o de uma verdadeira autonomia. A UP é a quarta universidade mais barata por graduado. Devido à subsidiariedade, a UP perde verbas para outras. É preciso rever a situação".
FSN: "Tem de haver um ensino superior nacional, tanto público como privado. Os impostos dos portugueses têm de ser mais bem utilizados. Há uma questão política no financiamento do ensino superior. É preciso inventar a forma de o fazer".
GO: "Vivemos num país com tradição de universidades públicas. Não assentámos bem no sistema e andámos os últimos 30 anos aos trambolhões. A UPT vai focar a sua atividade sem concorrer com as públicas. O destino mais provável para uma ou outra universidade vai ser acabar. O Estado devia reservar para si as áreas mais caras e delegar nas universidades privadas o ensino que não exigisse investimento grande. O cheque-estudante sairia muito caro".

REGULAÇÃO... E A A3ES

MS: "Há problemas com a entidade que acredita cursos. É preciso uma regulação boa. Nos EUA há grandes universidades privadas. Em Portugal, as coisas nasceram tortas. Vai haver dificuldades para algumas universidades. É preciso reorganizar a oferta regional. Temos instituições a mais".
FSN: "O que se passa na área da Saúde é escandaloso. Todas as universidades deviam ser igualmente financiadas pelo Estado. Os estudantes devem indignar-se, porque uns (os das privadas) pagam mais do que os portugueses em geral.

Ensino Superior Nacional

GO: "Estamos numa fase de avaliação, mas a adotar o regime de tolerância zero através da A3ES, que exige os investimentos todos agora. As comissões de especialistas estão cegas".

EIXO BRAGA-PORTO-AVEIRO, CONSELHO DE REITORES...

MS: "Seria bom aprofundá-lo para ganhar escala internacional. Em França há muito dinheiro para a reestruturação, com estudos privados e públicos. Há incentivo para orientações desse tipo".
FSN: "Antes é preciso resolver o problema do CRUP (Conselho de Reitores das Universidades Portuguesas) que deixa de fora as privadas, como se não fossem universidades e como se não fossem portuguesas".
GO: "O orçamento da Universidade de Oxford é igual ao de todas as universidades e politécnicos portugueses... Na área das privadas ainda é mais difícil ter dimensão. E a dimensão e a qualidade são fatores decisivos".

ESTATUTO DO ESTUDANTE ESTRANGEIRO E "ESPAÇO LUSÓFONO DO ENSINO SUPERIOR"

MS: "É preciso modificar o estatuto do estudante estrangeiro. É preciso levar Bolonha ao Brasil, a Angola, a Moçambique... Há graus das universidades portuguesas que não são reconhecidos pelos brasileiros, por exemplo. Sempre com garantia de qualidade".
FSN: "Devemos criar um Espaço Lusófono de Ensino Superior. Há tantos espaços vazios, tantos professores a necessitar de trabalho. Não há professores de Português em Angola e Moçambique".

CENTRALISMO, TELEVISÃO PÚBLICA EM... VILA NOVA DE GAIA? EMPREENDEDORISMO

MS: "Empregos de qualidade só existem em Lisboa. A concentração na capital é terrível. Mas as pessoas têm que se mexer para alterar a situação. É preciso diversificação para ter um país mais harmonioso, para o desenvolvimento de todo o território...
FSN: "Não deve esperar-se nada de Lisboa, mas pode fazer-se tudo cá. O FC Porto é um grande exemplo"...

Anexo 4
CIÊNCIAS AERONÁUTICAS VÃO TER CURSO NO PORTO?
J.A. SOUSA MONTEIRO*

Na Região Norte de Portugal e na Galiza, sente-se muito a falta do ensino graduado e pós-graduado na área do saber relacionada com a aviação civil. Neste sentido, e na ambição de colmatar tão grave deficiência, a Universidade Lusófona do Porto deu a conhecer a intenção de instituir nesta cidade um curso em Ciências Aeronáuticas com três ramos, a saber: Licenciatura em Piloto de Linha Aérea, em parceria com a Escola de Pilotos Nortávia, sediada na Maia; Licenciatura em Gestão de Operações de Voo; e Licenciatura em Gestão de Transporte Aéreo. Os cursos decorrerão segundo o modelo de Bolonha, completando-se qualquer deles em três anos.

Para o fim em vista, a Universidade Lusófona do Porto já entregou a documentação legalmente exigível no Ministério da Ciência e do Ensino Superior, acreditando que a citadas licenciaturas possam já funcionar a partir do próximo ano letivo, 2008/2009.

Desde sempre a cidade do Porto possuiu boas cabeças. E, sobretudo, cabeças com caráter, como o granito da cidade. Mas, hoje, assiste-se a

---

* Em: Jornal de Notícias, Domingo, 3 de fevereiro 2008.
Natural do Porto (Valbom), ninguém como o comandante J.A. Sousa Monteiro mereceu tantos e tão distintos louvores pela criação dos cursos de Ciências Aeronáuticas nas Universidades Lusófonas de Lisboa e do Porto, o que também constituiu total pioneirismo no conjunto de todas as Universidades Portuguesas. Será exagerado afirmar que o Comandante J.A. Sousa Monteiro ainda aguarda o merecido público reconhecimento e homenagem?
O Protocolo de colaboração "relativo à implementação da Escola de Ciências Aeronáuticas, etc. na Casa Branca de Gramido (Valbom, Gondomar) assinado entre a Universidade Lusófona do Porto e a Câmara Municipal de Gondomar, na data de 5 de Setembro de 2009" foi essencialmente obra do Comandante J. A. Sousa Monteiro e os seus prometedores frutos não resistiram ao trágico acidente aéreo que inesperadamente o vitimou.

um grande declínio, que transformou o Norte (e o Porto) na região portuguesa com menor riqueza por habitante! Como foi possível que a cidade do trabalho tenha chegado a tal ponto de subalternização? Muitas dessas "boas cabeças" tripeiras não vêm cumprindo o seu papel de elites de caráter granítico, independente, competente e reivindicativo, não sossobrante perante estultícias decisões políticas governamentais. Assiste-se a certas discussões públicas por parte de alguns responsáveis políticos que são autênticas peças de "entretém povinho", para não lhes chamar conversas da treta. Mas vão deixando passar em claro outros "golpes" que revelam nítidos esquecimentos (ou marginalizações?) da região!

Enquanto eles discutem este "sexo dos anjos", os políticos da Madeira passam-lhes a perna, em termos de criação de riqueza. E até já o Alentejo e Trás-os-Montes conseguiram esta mesma proeza, impensável há anos! A quem assacar responsabilidades? Infelizmente, a resposta inexorável (e à vista) consiste em a cidade, a região e as suas gentes ganhar o "prémio" da Região com o mais baixo índice de riqueza por cabeça, a nível nacional. Que degradação!

Ressalta a convicção da absoluta necessidade de um Plano de Desenvolvimento Local abrangente. E determinado pela seleção de imediatos pontos-fortes, envolvendo investidores locais e estrangeiros, sobretudo espanhóis. Há tempos, foi dada como importantíssima e indutora de elevado desenvolvimento económico uma ligação à Galiza, naquilo que se passou a chamar de "Espaço de Crescimento v/ Desenvolvimento do Arco Atlântico", área vasta e diversificada, de elevada identidade política e cultural, a qual deveria ser impulsionada pelo trabalho político de ambos os países. Que é feito dessa vontade? Que plano foi concebido? Que fizeram as elites politicas? Decidiu-se, também, dar todo o ênfase ao associativismo sectorial, valorizando por essa via as inúmeras potencialidades das proliferantes pequenas e médias empresas. E ainda a aglutinação, num Plano de Desenvolvimento, das universidades locais, num casamento universidade-empresas. Onde está esse Plano de Desenvolvimento (Porto e circundantes, incluindo, naturalmente, Gaia, Matosinhos, Gondomar, etc.)? Que propostas concretas nele abrangidas foram entregues ao Governo? Não haverá um agachar inaceitável perante interesses político/partidários? Não haverá, individualmente, o receio de "fazer ondas" dentro dos aparelhos partidários? Onde para o "mau feitio" dos políticos portuenses, que outrora demonstraram a sua independência de espírito e amor à cidade e à região?

O desemprego na cidade do Porto e na Região Norte, tal como publicitado pelos órgãos responsáveis, está a criar um elevado grau de insatisfação social, que vem gerando insegurança a todos os níveis. Erradicar esta pobreza e mal-estar é função dos políticos nortenhos. Entreter o povo com outras questões, ainda por cima com saloios gritos bairristas, é uma falácia. Pior, é uma autêntica fraude política.

Por tudo isto, a Universidade Lusófona do Porto decidiu dar um contributo para defender a Região Norte e a cidade do Porto, alargando-as ao envolvimento da Galiza, lançando mão da criação do curso em Ciências Aeronáuticas, no pressuposto de que desta forma fixará o Porto, a Região Norte e a própria Galiza irmanadas num projeto concreto tão importante e em tão grande expansão e desenvolvimento como é o setor da aviação civil, aeroportos, transporte aéreo, indústria aeronáutica, etc.... Assim seja bem compreendida e aceite esta iniciativa, pedindo-se ao Governo a boa vontade no sentido da sua implementação.

Anexo 5
"O CORAÇÃO DE D. PEDRO", POR JOSÉ FERRAZ ALVES[*]

É agora do conhecimento público a intenção de uma historiadora brasileira "querer de volta para o Brasil o coração de D. Pedro", para investigações do teor da sua morte. Do site da Câmara Municipal do Porto "D. Pedro IV ficou na memória dos portuenses como símbolo de liberdade, patriotismo e força de vontade que, desde sempre moveu a Cidade e os seus habitantes. A participação e o grande envolvimento da Invicta nas lutas liberais (1832-1833), sensibilizou particularmente o monarca. Entre o Verão de 1832-1833, a cidade sofreu enormes privações. Um ano de destruição física e moral que terá sido reconhecido, pelo Rei Soldado. A grande empatia e gratidão que sentia pelo Porto, leva-o, logo após a vitória liberal, a honrar a cidade com a sua visita. O período de permanência na urbe (26 de julho a 6 de agosto) foi preenchido por diversas cerimónias civis, religiosas e militares. Destaca-se a entrega das chaves da Cidade, pelo presidente da Câmara, à Rainha. A cerimónia terminava com uma oração de graças e um "Te Deum", na Igreja que, em 1835, por vontade testamental, o seu coração foi depositado".

O coração está à guarda do Presidente da Câmara do Porto e da Irmandade da Igreja da Lapa, que espero saibam representar os sentimentos dos portuenses, a quem o coração foi doado. Por isso, como cidadão, sugiro que a senhora investigadora venha cá, para estudar o coração, em

---

[*] Em: Jornal "Grande Porto", 1 de março de 2013. Como é possível, numa perspetiva portuense, portuguesa, brasileira, lusófona, política, turística, etc., continuar o Porto a ignorar quase completamente esse tesouro único que é o "Coração de D. Pedro" (ele mesmo, o do "Grito do Ipiranga" da independência do Brasil, da vitória do Liberalismo em Portugal, etc.) que o próprio tão grata e generosamente doou à Cidade do Porto e continua quase tão completa como estupidamente esquecido na Igreja da Lapa? O presente artigo não é, obviamente, mais do que um pretexto para este grito de alerta e de estupefação.

parceria com a Universidade do Porto. E agradeço a esta historiadora e ao Brasil terem-nos alertado para esta situação e do seu interesse por um soberano incomum e que soube superar a sua própria morte.

Que cidade mundial pode apresentar como seu património o verdadeiro amor de um soberano, representado pelo seu coração? De um rei tão crucial para a História de Portugal e do Brasil?

De acordo com dados do Turismo de Portugal, o Norte teve 500 mil hóspedes no primeiro trimestre de 2012. Dado que há uma permanência média de 19 dias na Região, e mantendo para o resto do ano a mesma proporção, O Norte foi visitado em 2012 por pelo menos 1 milhão de pessoas externas à região.

Do conhecimento que tenho de projectos de animação virtual e cinematográfica para museus, 500 mil euros (com apoios de 65% de fundos comunitários, não considerados) seriam para a construção, na Igreja ou nas Instalações Militares adjacentes, de um enquadramento apelativo e moderno à personalidade e história de D. Pedro, e muito viradapara novo fluxo de turistas, vindos do Brasil. Os custos correntes/ano (pessoal, segurança, investigação e manutenção) não seriam superiores a 450 mil euros. A renda financeira associada ao investimento inferior a 50 mil euros. A existência de instalações militares próximas ajuda à logística e à segurança. A requalificação pedonal adjacente, mais um contributo para o projecto.

Se existente um Museu na Igreja da Lapa associado à meória de D. Pedro e da época em que viveu, a cobrar uma média de 10 euros por vista, as receitas seriam de 10 milhões de euros/ano, para o milhão referido. Mais de 9 milhões de euros/ano ficariam disponíveis para as obras de reabilitação do património religioso, inclusive da nossa Igreja dos Clérigos. Quem tem uma renda anual assegurada de 9 milhões de euros, pode assegurar imediatamente um crédito de 150 milhões de euros. Isto é o empreendedorismo social, a capacidade de criar receitas sem recorrer à caridade.

Não nos podemos limitar a reinvindicar dinheiro deste4s e daqueles. Temos as condições para o gerar, internamente. O coração de D.

Pedro deve estar no roteiro de visitas que os nossos irmãos brasileiros fazem crescentemente à Europa. D. Pedro doou o seu coração grato e para ajudar o Porto. E escrevo esta proposta, sabendo que só encontrarei num dos candidatos à Câmara do Porto a mui nobre e leal humildade de saber escutar e fazer o que o Porto lhe pede.

Anexo 6

"Germano Silva, O homem que é património municipal"

pelo jornalista Ferreira Fernandes*

O Porto foi sempre para mim uma circunstância. Não menor, porque é terra de meus pais - a casinha onde a minha mãe nasceu, confundida com outras porque igual, de bairro pobre, por trás da que foi a quinta do Anderson, vê-se logo ao chegar pela Ponte da Arrábida, e o meu pai nasceu na Foz, na Rua do Monte da Luz, estreita para o destino largo de desembocar no Atlântico -, mas circunstância. Nem Paris, onde vivi cinco anos, foi-me mais. Tenho o destino dos amantes a quem o grande amor fugiu entre os dedos. Depois de Luanda, todas as aldeias são outras. Melhor, de outros: o sino da aldeia de Fernando Pessoa, o da lisboeta Igreja dos Mártires, batendo adentro do quarto virado para o Largo de São Carlos, eu não saberia ouvi-lo sem a infância do poeta. Nas outras cidades, confesso (confesso, mesmo, porque sei que é pecado), só entro pela mão de alguém. Também no Porto.

Vejo nesta edição da *Notícias Magazine* que muitos - mais de uma dúzia de assinaturas - escrevem sobre 100 coisas boas que o Porto tem. Percorro-as, são variadas e boas, mas sorrio porque lhes descobri uma lacuna. Eu sei de uma coisa boa que o Porto tem e não está ali. Coisa portuense, excelente e que aqueles 14 autores (digamos 13, porque adivinho a modéstia de um deles) conhecem bem e até se vão espantar por terem falhado tamanho monumento tripeiro. Falo de Germano Silva, um dos jornalistas daqueles textos. Na verdade, «o»

---
* Em: Notícias Magazine, 03 Junho 2012, pg. 20.

jornalista daqueles textos porque ninguém escreve sobre o Porto sem beber no Germano Silva.

Tem 80 anos, tem uma página dominical no *Jornal de Notícias* (assunto: Porto), vários livros publicados (assunto: Porto), passeia gente pela cidade (assunto: Porto), faz daqueles vídeos que os jornais têm agora (assunto: alho-porro, Cedofeita e assim por diante)... No dia em que ele se aposentar a sério será como se a Biblioteca do Jardim de São Lázaro ardesse. Antes disso o que ele devia era ser municipalizado, darem-lhe uma cadeirinha numa praça central ou, melhor, no empedrado da Rua da Bainharia - porque ele deve ser procurado e não encontrado por acaso, deve ser de iniciados e não de distraídos - e, ali, obrigado a preencher o seu destino: contar o Porto. Obrigado, porque é indecente que alguém tenha tanto prazer no seu trabalho.

Nem sempre foi assim, ele já foi um ignorante. O pai era guarda-freios da Companhia Carris de Ferro do Porto e ele teve de começar por tirar o curso da vida. Não estudou semiótica nem semiologia, mas foi marçano na Rua de Santa Catarina. Acreditem é bom cabouco porque dá como que pés no chão, coisa que nem as mais aturadas leituras de Ferdinand de Saussure conseguem.

Passo a contar. Um dia de 1956, já ele tinha trabalhado numa fábrica de fósforos e outra de lanifícios, tirado um curso comercial noturno e sido escriturário no Hospital de Santo António, aos 25 anos, pois, Germano Silva foi para jornalista. O *JN* enviou-o à primeira reportagem, um incêndio na mesma Rua de Santa Catarina onde se iniciara a servir. Alguém deixara um ferro ligado, houve fumaça, susto e pouco mais. E foi isso que ele relatou, sem saber que o edifício fronteiro era o Grande Hotel do Porto, que albergara Eça e o imperador brasileiro D. Pedro II (e que lá morrera a imperatriz e num quarto esteve preso Afonso Costa...), e muito menos que casa era aquela que ameaçara arder. Texto enxuto, mas demasiado enxuto: no dia seguinte, no concorrente *Primeiro de Janeiro*, o jornalista António Cordeiro fez um texto inflamado sobre a quase destruição da casa de Arnaldo Gama, insigne cronista portuense de *Um Motim Há Cem anos...*

Germano Silva aprendeu: se tenho de escrever, tenho de saber sobre o que vou escrever. E como ele queria escrever sobre o Porto, tornou-se um sábio sobre o Porto. Por duas vezes (esta semana, na *Notícias Magazine*, outra), trabalhámos nos mesmos títulos, no já extinto semanário *O Jornal* e na revista *Visão*. Quando eu ousava escrever sobre o Porto só lá entrava pela mão do Germano. Porque gostava da cara dele, de homem como agora se usa pouco, olhos risonhos e queixo firme, e sobretudo porque era bom explorá-lo. Íamos pela Rua dos Caldeireiros e eu sem vê-la, à rua toda, quanto mais aos pormenores. Ele parava, sem nunca parar de falar, «e a Nossa Senhora da Silva...», fazia-me erguer os olhos, eu via a santa no seu nicho e seguíamos...

Era bom explorá-lo assim privadamente. Mas admito que o justo é que o Germano Silva fosse declarado património municipal.

Anexo 7
CARTA ABERTA AO GOVERNO DE PORTUGAL EM DEFESA DO CRESCIMENTO ECONÓMICO E DO RESPEITO PELO PORTO*

CARTA ABERTA AO GOVERNO DE PORTUGAL

Em defesa do crescimento económico e do respeito pelo Porto

A situação em que Portugal se encontra, impõe, entre outras exigências, experiência política, conhecimento da realidade, capacidade de decisão e visão estratégica.

O relançamento da atividade económica é hoje um imperativo nacional, sob pena de o País prosseguir numa trajetória de bloqueio e de asfixia generalizada. Um dos setores de elevado potencial para ajudar a inverter as tendências recessivas é, reconhecidamente, entre vários outros, a reabilitação urbana.

É sabido que nos grandes centros urbanos, e particularmente em Lisboa e Porto, a reabilitação do edificado, público e privado, constitui uma alavanca de múltiplo potencial: regeneração das cidades, requalificação da construção civil, atratividade turística, animação do comércio, vigor da restauração e hotelaria, repovoamento dos centros urbanos e defesa do nosso património histórico edificado.

---

* Em: Jornal Público, 30 maio 2013, págs. 10 11.
Fernando dos Santos Neves, enquanto reitor da Universidade Lusófona do Porto (2007/2012) e enquanto presidente do Conselho Superior Académico do "Grupo Lusófona" (2012/...), juntou de imediato o seu nome aos nomes dos "primeiros signatários" desta histórica "Carta Aberta ao Governo de Portugal" (Nota de Justino Santos).

Em nome destes imperativos foi criada, no final de 2004, na presença do Senhor Presidente da República Jorge Sampaio, a "Porto Vivo, SRU – Sociedade de Reabilitação Urbana, SA", cujo capital social é subscrito em 40% pelo Município do Porto e 60% pelo IHRU – Instituto de Habitação e Reabilitação Urbana, em representação do Estado, diga-se Governo.

Nos termos dos seus estatutos, a "Porto Vivo, SRU" tem como missão conduzir o processo de reabilitação urbana da Baixa Portuense, nomeadamente promover a reconversão do património degradado da Área Crítica de Recuperação e Reconversão Urbanística da Cidade do Porto.

Entre 2005 e 2013, o investimento privado em reabilitação urbana concretizado na zona de intervenção da "Porto Vivo, SRU" ultrapassou largamente os 500 milhões de euros, apesar da grave recessão económica que afeta o País e, em especial, o setor imobiliário.

Até à data, por cada euro de investimento público executado neste projeto, os privados investiram, em reabilitação urbana, uma média de dez euros. Mas casos há, como no Quarteirão das Cardosas, onde este exercício ainda é bem mais expressivo. Neste caso, no fim de 2012, o investimento privado atingia já cerca de 90 milhões de euros, sendo o investimento público líquido inferior a 6 milhões de euros.

Em conclusão, no Quarteirão das Cardosas, por cada euro de investimento da "Porto Vivo, SRU" os privados investiram, até ao momento, cerca de 15 euros. Por ser um quarteirão-âncora no âmbito de todo o projeto, o seu forte efeito indireto ditou, por exemplo, que, num raio de 300 metros, abrissem ou que estejam quase a abrir 18 novas unidades hoteleiras; o que revela bem a importância decisiva que a reabilitação urbana está a ter na enorme e saudável expansão do Porto enquanto destino turístico. Mas este efeito multiplicador da despesa pública pode ser interrompido e invertido, se o investimento público se retrair e, pior, trair expectativas.

Em face do cenário aqui descrito tornou-se racionalmente inexplicável e emocionalmente insuportável, à luz dos mais elementares princípios do bom senso e dos fundamentais princípios da eficiência e

da equidade na utilização das finanças públicas, a atuação que o Governo – através do IHRU – tem tido em relação à "Porto Vivo, SRU".
A saber:

1. Desde 2009 que o Estado, diga-se o Governo, não paga a sua quota parte na reposição dos denominados prejuízos contabilísticos da empresa, correspondentes aos dois exercícios de 2010 e2011, no montante de cerca de 2,4 milhões de euros.
2. Desde há mais de um ano que o Estado, diga-se o Governo, arrasta a recomposição do Conselho de Administração da empresa e paralisa as aconselháveis alterações estatuárias que ele próprio tinha proposto.
3. Na Assembleia Geral anual do corrente ano, depois de primeiro a ter adiado para o dia 18 de abril, o representante do Estado, diga-se do Governo, resolveu votar contra todos os pontos da ordem de trabalhos, incluindo as contas do exercício de 2012.

Com estas atitudes de tão fraco sentido da responsabilidade, o Governo diz ostensivamente aos portugueses em geral, e aos portuenses em especial, que, no Porto, a reabilitação urbana não faz parte do seu programa de ação, por muito que, no discurso político, reafirme à exaustão o seu empenho nesta causa.

Há nesta atuação, para além de uma incompreensível agressão à economia local e nacional, uma notória falta de respeito pelo Porto, cuja razão de ser escapa a qualquer lógica de racionalidade e razoabilidade.

Não se pode aceitar o argumento do Governo de que dar uma contida dotação de 1 milhão de euros por ano para a reabilitação da Baixa da segunda cidade do País e do seu Centro Histórico, classificado como Património da Humanidade pela UNESCO, é um prejuízo puro e simples; pode ser uma despesa pública, pode ser um subsídio à exploração, pode ser um investimento intangível, mas não é uma perda, não é um prejuízo, não é um desperdício, não é uma delapidação, não é uma má afetação de recursos públicos, muito pelo contrário. Menos se pode aceitar a ilação contabilística, jurídica ou burocrática – aliás de uma rara pobreza intelectual e conceptual – assente em premissas absolutamente erróneas, de deixar falir a Porto Vivo e, assim, boicotar a reabilitação urbana da Baixa portuense. Além do mais, a reabilitação urbana, face ao ponto em que a degradação chegou, configura uma situação de "falha de mercado" que cabe ao Estado ajudar a colmatar com pequenas e modelares intervenções e firmes e claros enquadramentos; assim é, assim deve ser em qualquer parte do mundo desenvolvido, como a melhor teoria económica há muito concluiu.

No quadro de persistente depressão económica, elevadíssima taxa de desemprego e manifesta incapacidade para fazer crescer a economia e lutar contra a profunda crise social que Portugal atravessa, só uma estranha obsessão, conjugada com um notório desconhecimento da realidade e uma escassa visão política, podem justificar o desnorte de quem, por um só momento, possa pensar que o melhor caminho é asfixiar esta empresa, e reduzir a cinzas a confiança dos agentes económicos e, por consequência, os projetos de reabilitação programados. **Por tudo isto, os subscritores apelam ao Governo de Portugal que pondere toda a atuação do Estado na "Porto Vivo, SRU", que não provoque a falência da empresa, que pague a sua dívida, que colabore ativamente no projeto de reabilitação da Baixa portuense e de animação da atividade económica e que não desconsidere o Porto – a Cidade não tolera desconsiderações, como historicamente sempre aconteceu.**
Porto, maio de 2013.
Os primeiros signatários,

Agostinho Barrias – Empresário – *Cafés Majestic e Guarany*
Alberto Amaral – *Reitor da UP entre 9/12/1985 e 17/09/1998*
Alberto de Castro – *Economista; Prof. Universitário da UP e UCP*
Alberto Martins – *Deputado; ex-Ministro do Governo de Portugal*
Álvaro Castello-Branco – *Presidente Águas do Douro e Paiva; Presidente da Comissão Política Distrital do CDS/Porto*

Amândio de Azevedo – *Advogado; Fundador do PPD; ex-Ministro do Governo de Portugal*
Américo Amorim – *Empresário – Grupo Amorim*
Américo Óscar Martins – *Dux-Veteranorum da Academia do Porto*
Ana Maria Tavares Cunha Fernandes – *Escultora/Designer*
André Navarro de Noronha – *Advogado; Lider do CDS na Assembleia Municipal do Porto*
Ângelo Ludgero Marques – *Engenheiro; Emprfesário; Ex-Presidente da AIP*
António Cesário Jardim Moreira – *Padre; Presidente da EAPN Portugal, Rede Europeia anti-pobreza*
António Coimbra – *Professor Catedrático Jubilado da Faculdade de Medicina da UP*
António Condé Pinto – *Economista; Presidente Executivo APHORT*
António Duarte Araújo – *Gestor; ex-Administrador do Hospital de S. João*
António Faria de Almeida – *Médico; ex-Presidente da Fundação para o Desenvolvimento da Zona Histórica*
António Ferreira – *Médico; Presidente do Conselho Hospitalar de S. João*
António Mota – *Empresário; Mota Engil*
António Monteiro Magalhães – *Economista; Revisor Oficial de Contas*
António Pires Veloso – *General*
António Sousa Lemos – *Gestor; Vereador da CMP-CDS*
Arlindo Cunha – *Economista; ex-Ministro do Governo de Portugal*
Armando Alves – *Pintor; Artista gráfico e reastauro*
Arnaldo de Pinho – *Prof. Catedrático; Cónego*
Artur Santos Silva – *Presidente do BPI e da Fundação Gulbenkian*
Augusto Lopes Cardoso – *ex-Bastonário da Ordem dos Advogados*
Aureliano Veloso – *Engenheiro; Primeiro Presidente eleito da CMP*
Belmiro de Azevedo – *Empresário – Sonae*
Cândida da Agra - *Diretor e Presidente do Conselho Científico da Faculdade de Direito da UP*
Carlos Abrunhosa de Brito – *Presidente do C.A. da Fundação da Juventude*
Carlos Bessa – *Poeta popular*
Carlos Brito – *Engenheiro; ex-Ministro do Governo de Portugal*

Carlos Moreira da Silva – *Presidente do C.A. da BA Vidro; ex-Presidente da COTEC-Portugal*
Carlos Mota Cardoso – *Médico; Professor da UP*
Catarina Rocha Ferreira – *Advogada; Membro da Ass. Municipal do Porto-PSD*
D. Manuel Clemente – *Bispo do Porto*
Daniel Bessa – *Economista; ex-Ministro do Governo de Portugal*
Dionísio Pestana – *Empresário - Grupo Pestana*
Eduardo Oliveira Fernandes – *Prof. Catedrático da Faculdade de Engenharia da UP*
Emídio Gomes – P*rof. Catedrático; Ex-Administrador Executivo da Junta Metropolitana do Porto*
Eugénio dos Santos – *Historiador; Prof. Catedrático da Faculdade de Letras da UP*
Fernanda Meneses – *Gestora; ex-Presidente da STCP*
Fernanda Perpétua Rodrigues – *Prof. Universitária; Vereadora da CMP-PS*
Fernando Aguiar Franco – *Advogado; Presidente da Fundação Engº António de Almeida*
Fernando Charrua – Professor do ensino secundário
Fernando Gomes – *Administrador da GALP; ex-Presidente da Câmara do Porto; ex-Ministro do Governo de Portugal*
Fernando Guedes – *Empresário; Sogrape*
Filipe Araújo – *Engenheiro; Membro da Ass. Municpal do Porto-PSD*
Filipe de Almeida Coimbra – *Médico; Professor da Faculdade de Medicina da UP*
Francisco Almeida e Sousa – *Engenheiro; ex-Vereador da CMP; ex-Presidente da Ass. Municipal do Porto*
Francisco Barta Fernandes – *Presidente do Conselho Científico e da Ass. Rep. da Faculkdade de Arquitetura da UP*
Francisco Laranjo – *Presidente do Conselho Diretivo da Faculdade de Belas Artes da UP*
Francisco Ramos – *Administrador de Empresas*

Francisco Ribeiro da Silva – *Historiador; Prof. Catedrático da Faculdade de Letras da UP*
Francisco Rocha Antunes – *Empresário; Promotor Imobiliário*
Germano Silva – *Jornalista e Historiador*
Ginestal Machadfo – *Arquiteto*
Gonçalo Nuno de Sousa Mayan Gonçalves – *Gestor; Vereador da CMP-PSD*
Guilhermina Maria da Silva Rego – *Gestora; Prof. Universitária; Vereadora da CMP-PSD*
Gustavo Pimenta – *Advogado; Líder do PS na Ass. Municipal do Porto*
Hélder Pacheco – *Professor e Historiador*
Hélio Loureiro – *Chef; Presidente do Ateneu Comercial do Porto*
Isabel Babo Lança – *Reitora da Universidade Lusófona do Porto*
Isabel Ponce Leão – *Prof. Catedrática na Faculdade de Ciências Socias e Humanas da U. Fernado Pessoa*
João Baptista Magalhães – *Professor*
João F. Proença – *Diretor e Presidente do Conselho Científico da Faculdade de Economia do Porto*
João Lopes Porto – *Engenheiro; ex-Ministro do Governo de Portugal*
João Manuel de Matos Loureiro – *Economista; Professor da UP*
João Menéres – *Engenheiro; Artista Plástico*
João Serrenho –*Empresário – CIN*
Joaquim Poças Martins – *Prof. Universitário; Gestor*
Joaquim Silva Vianês – *Diretor da Banca Comercial; Membro da Ass. Metropolitana-PSD*
Jorge Olímpio Bento – *Diretor da Faculdade de Desporto da UP; ex-Vereador da CMP-PS/*
José Alberto Azeredo Lopes – *Prof. Catedrático na Universidade Católica; ex-Presidente da ERC*
José Ângelo Novais Barbosa – *Reitor da UP entre 18/09/1998 e 03/07/2006*
José Carlos Loureiro – *Arquiteto*
José Eduardo Pinto da Costa – *Prof. Catedrático; ex-Presidente do Instituto de Medicina Legal*

José Fernando Pacheco Fernandes – *Presidente do Clube dos Fenianos Portuenses*
José Guimarães dos Santos – *Médico; ex-Diretor do IPO do Porto*
José Luis Martins Delerue – *Médico*
José Manuel Carvalho – *Gestor; ex-Presidente do Académico F.C.*
José Manuel Dias da Fonseca – *Economista; Presidente da Casa da Música*
José Marque dos Santos – *Reitor da UP*
José Silva Costa – *Prof. Catedrático da Faculdade de Economia da UP*
José Silva Peneda – *Presidente do CES; ex-Ministro do Governo de Portugal*
José Valle de Figueiredo – *Escritor*
Júlio Lino Couto – *Escritor portuense*
Lino Ferreira – *Presidente Executivo da AMP; ex-Diretor Regional de Educação; ex-Vereador da CMP-PSD*
Lino Silva Maia – *Padre; Presidente da Confederação Nacional de Instituições de Solidariedade*
Luciano Silva Maia – *Advogado; Vereador da CMP-PS*
Luis Braga da Cruz – *Presidente de Serralves; ex-Ministro do Governo de Portugal*
Luis Oliveira Ramos – *Reitor da UP entre 29/03/1982 e 08/12/1985*
Luis Portela – *Presidente da Bial*
Manuel Correia Fernandes – *Prof. Catedrático da Faculdade de Arquitetura da UP; Vereador da CMP-PS*
Manuel Fernandes Gonçalves – *Gestor; Vereador da CMP-CDS*
Manuel Ferreira da Silva – *Economista; Vogal da Comissão Executiva do C.A. do Banco BPI*
Manuel Ferreira de Oliveira – *Prof. Universitário; Presidente da GALP*
Manuel Fontes de Carvalho – *Médico; ex-Bastonário da Ordem dos Médicos Dentistas*
Manuel Oliveira Marques – *Prof. Universitário; Gestor*
Manuel Pizarro – *Médico; Deputado; ex-Vereador da CMP-PS*
Manuel Reis Campos – *Engenheiro; Presidente da Direção da AICCOPN*
Manuel Sampaio Pimentel – *Jurista; Direotr do Centro Distrital do Porto da Seg. Social; ex-Vereador da CMP-CDS*

Manuel Sobrinho Simões – *Cientista; Presidente do IPATIMUP*
Maria Amélia Cupertino Miranda – *Presidente do CA da Fundação Cupertino de Miranda*
Maria de Sousa – *Investigaora; Professora Emérita da UP*
Maria Gerlades – *Gestora; Diretora da Fundação da Juventude*
Maria Manuela Bastos da Silva Vieira – *Jurista; Vereadora da CMP-CDS*
Maria Manuela de Matos Monteiro – *Professora; Vereadora da CMP-PS*
Mário Jorge de Carvalho – *Economista; ex-Administrador – Delegado do Hospital S. João; ex-Presidente APDL*
Matilde Augusta Monteiro da Rocha Alves – *Professora; Vereadora da CMP-PSD*
Miguel Cadilhe – *Economista; ex-Ministro do Governo de Portugal*
Miguel Pereira Leite – *Gestor; Membro da Ass. Municipal do Porto-CDS*
Miguel Veiga – *Advogado; Fundador do PPD*
Nassalete Miranda – *Jornalista; ex-Diretora de O Primeiro de Janeiro*
Nuno Macedo Silva – *Empresário – RAR*
Nuno Vidal – *Programador Cultural*
Odete Patricio – *Economista; Diretora Geral da Fundação de Serralves*
Orlando Gaspar – *Adm. das Águas Douro e Paiva; ex-Vice-Presidente da CMP; ex-Lider da Concelhia do PS/Porto*
Paulo Azevedo Preira da Silva – *Economista; Gestor de Empresas*
Paulo Rios – *Advogado; Deputado; Lider do PSD na Ass. Municipal do Porto*
Pedro Moutinho – *Gestor; Presidente da Comissão Política, Concelhia do CDS/Porto*
Pedro Pimenta – *Adm. da Obra Diocesana de Promoção Social*
Ricardo Campos Costa – *Médico; Adm. dos Laboratórios de Imagiologia Clínica Campos Costa*
Ricardo Fonseca – *Gestor; ex-Presidente da APDL e da Metro do Porto*
Rosa Mota – *Campeã Olímpica*
Rosário Gamboa – *Presidente do Instituto Politécnico do Porto*
Rúben Alves - *Estudante; Presidente da Federação Académica do Porto*
Rui Castro Neves – *Comerciante; Marcolino Joalheiros*

Rui d'Ávila – *Engenheiro; Gestor de Empresas; ex-Administrador do Grupo Sonae*
Rui Fernando da Silva Rio – *Presidente da Câmara Municipal do Porto*
Rui Moreira – *Gestor; Presidente da Associação Comercial do Porto*
Rui Nunes - *Prof. Catedrático de Sociologia Médica/Biomédica; ex-Presidente da Entidade Reguladora de Saúde*
Rui Ramos Loza – *Arquiteto; ex-Diretor do CRUAB*
Sebastião Feyo de Azevedo – *Diretor e Presidente do Conselho Científico da Faculdade de Engenharia da UP*
Valente de Oliveira – *Prof. Catedrático; ex-Ministro do Governo de Portugal*
Vladimiro Mota Cardoso Feliz – *Vice-Presidente da Câmara Municipal do Porto*

Anexo 8

DISCURSO DA TOMADA DE POSSE DO DR. RUI MOREIRA, NOVO PRESIDENTE DA CÂMARA MUNICIPAL DO PORTO

Minhas Senhoras e Meus Senhores,

Uma primeira palavra para agradecer a vossa presença nesta cerimónia de tomada de posse do novo Executivo da Câmara Municipal do Porto. Hoje, estão aqui muitos amigos, homens e mulheres que, quando pouquíssimos acreditavam, sempre me apoiaram e deram o incentivo desinteressado para liderar um grande movimento da cidadania nesta nossa querida Cidade do Porto. Sem vocês, nada disto teria sido possível.

É para mim um motivo de orgulho e de satisfação receber o encargo de presidir aos destinos da Cidade do Porto. Este é também o momento em que assumo, perante todos os Portuenses e perante o País, uma grande responsabilidade. Saberei estar à altura do que de mim é esperado.

Não duvidem, tenho uma noção rigorosa e exigente sobre o que esperam de mim e sobre o movimento de esperança que, por toda a Cidade, representou a minha eleição. A mim, cabe-me cumprir, nunca desiludir e enobrecer a função de Presidente da Câmara Municipal do Porto. Isto dito, e antes de seguir adiante, devo destacar, como imperativo de gratidão, o legado cívico e político que a Cidade do Porto e eu próprio recebemos do Dr. Rui Rio, que hoje cessa estas funções públicas, que exerceu ao longo de doze anos...

Acredite, Dr. Rui Rio, e aqui o afirmo publicamente com meridiana clareza, que me revejo nesse património imaterial que, de alguma forma, representa a marca-de-água dos seus anos como Presidente desta Câmara. E acredite, em segundo lugar, que conservarei essa alinha de rumo.

Não posso também deixar de mencionar e agradecer, nesta ocasião, a presença do Dr. António Costa, Presidente da Câmara Municipal de Lisboa. E, além de razões de amizade e respeito mútuo, entendo esta presença como sinal inequívoco de que ambos partilhamos firmemente a convicção sobre a importância decisiva do Poder Local no desejado desenvolvimento do País. Sr. Dr. António Costa, permita-me que exprima esta minha convicção profunda: tal como o Porto, é isso que Lisboa deseja.

Acredito na importância nodal da descentralização e do poder autárquico, numa perspetiva que, afinal, é de modernidade e de adaptação necessária à evolução das nossas sociedades. O poder local é mais eficiente, é mais económico, é mais racional na utilização de recursos públicos do que outros poderes, e esta Cidade é disso demonstração como, certamente, o será também a Cidade de Lisboa. O poder local, e enquanto Presidente da Câmara nunca deixarei de o reivindicar, gere melhor e decide melhor. Por conseguinte, tem o direito e o dever de exigir mais competências, e tem o direito de reclamar mais meios, lá onde (como, por exemplo, na habitação social, no ensino e nas competências das polícias) já demonstrou que faz melhor e melhor promove o desenvolvimento. E faz além disso melhor porque, estando mais próximo das pessoas e dos Cidadãos, as sabe ouvir e cumpre aquilo que é a razão de ser primeira e última de qualquer poder público: servir os Cidadãos, melhorar a sua qualidade de vida, atender às suas necessidades e anseios legítimos.

O poder local, na verdade, mais do que qualquer outro poder público, é o que melhor corporiza a ideia de um Estado de proximidade, de relação com os cidadãos, que às vezes, e quantas vezes com razão, olham para o Poder Central como poder longínquo e até temível.

Um País livre e independente, realmente, é aquele todos os cidadãos têm condições de vida dignas e uma real igualdade de oportunidades.   Um Portugal moderno e desenvolvido é um Portugal subsidiário, onde todos são respeitados e no qual as necessidades de todos são tidas em consideração. Nestes tempos perturbados em que se ouvem vozes, nomeadamente do Governo, apelando às autarquias para que olhem para os recursos e criem condições para a instalação de mais empresas e mais emprego; nestes tempos perturbados em que nos dizem que as autarquias têm de reinventar a sua missão e que o desenvolvimento não pode ser um problema só do Poder central, é também necessário que essas vozes nos esclareçam, sem inúteis ambiguidades, se estão disponíveis para transferir novas competências para as autarquias, para que estas possam valorizar os seus recursos.

Se, no próximo ciclo de verbas europeias, no quadro comunitário de apoio que vigorará até 2021, a prioridade está na competitividade da economia, se é reconhecido o papel das cidades nesse grande desígnio nacional, então é obrigatório que a reorientação desses fundos reconheça as novas competências autárquicas. De outra forma, o Estado Central estará, apenas, a alijar as suas responsabilidades, o que não corresponde a nenhuma forma de descentralização. E, da mesma forma, é necessário que, independentemente da solidariedade entre cidades, não sejam aquelas que são bem geridas que venham a pagar todas as contas daquelas que o não foram, sob pena de verem capturados os seus recursos, neste novo ciclo tão exigente que se avizinha.

Minhas Senhoras e meus Senhores,

Um País não é realmente livre e independente se nele houver cidadãos sem condições de vida dignas e uma real igualdade de oportunidades. Um Portugal moderno e desenvolvido é um Portugal subsidiário, onde todos são respeitados e no qual as necessidades de todos são tidas em consideração. Um Portugal democrático é um País onde o Poder Local assume, plenamente, o seu papel: de verdadeiro fator de equilíbrio, de crescimento e de progresso.

Tal como vejo as coisas, e a evolução da União Europeia e dos Estados que a compõem bem o confirma, as Regiões e as Cidades assumirão um papel cada vez mais relevante, porventura até mais do que as unidades estaduais. Com a diluição das fronteiras físicas ou jurídicas, com um desterritorialização acelerada do poder e das suas funções, as Cidades definem afinidades e estratégias de partilha de conhecimento, desenvolvimento e crescimento cada vez menos condicionadas por cânones até há pouco sacralizados.

No passado, a organização dos poderes assentou, de forma relevante, nas Cidades-Estado ou, mais tarde, na Liga Hanseática. A governação moderna de uma Cidade e, em particular, da nossa Cidade, não pode deixar de inspirar-se naquilo que, sendo um modelo passado, tem hoje uma renovada e tremenda atualidade, desta feita focalizada, sobretudo, para o conhecimento e o investimento.

Mas, no atual quadro geopolítico, é necessário que cidades como a nossa, como a cidade do Porto, sejam cidades livres, no sentido histórico de cidades autónomas e abertas, abertas às outras cidades, abertas ao comércio livre, abertas à tolerância de religiões, crenças e costumes.

A Cidade Livre não vive em autarcia: e fenece ou até morre se, de forma insensata, acreditar que pode fechar-se recusando abrir-se aos outros. Por tal motivo, e em coerência com o que sempre defendi, é, nomeadamente, importante que se alcancem os consensos necessários para reforçar os poderes da Junta Metropolitana, sem que isso resulte, de forma obrigatória, na diminuição das atribuições e competências das Câmaras Municipais; e é também indispensável que se desenvolva, sem complexos, uma agenda supramunicipal.

Da mesma sorte, defendi e defendo (com a mesma convicção) políticas ou consensos transmunicipais, e a existência coerente de uma pluralidade de círculos concêntricos relacionais e estratégicos que, se se vão na aparência afastando, não se deixam limitar ou condicionar pela distância física. O Porto, o Porto livre, pode, e mais do que pode, deve, assumir um papel agregador, deixando claro que não tem a pretensão do domínio, e que não aspira senão a ser capital de si mesmo.

Por isso, proponho a criação de uma Liga de Cidades que vá do Porto a Bragança, passando, entre outras, por Viana do Castelo, por Braga, e Guimarães, por Chaves e Vila Real, num traço contínuo que nos una como Norte. Em que cada Cidade compreenda e aceite que, se de alguma forma não se unir com outras Cidades em torno de interesses que são comuns e partilhados, ficará menos forte, mais limitada estrategicamente, mais isolada. Só assim, acredito, a Região Norte, que indiscutivelmente partilha interesses, problemas e um destino comum, poderá ter hipótese de reivindicar com eficiência e de forma consistente aqueles que são os seus direitos e aspirações legítimos.

Minhas Senhoras e meus Senhores,

O mandato que hoje se inicia abre um novo ciclo político na Cidade do Porto: e esse será um ciclo de evolução. De evolução, porque esse foi, e é, o nosso compromisso de honra para com a Cidade e para com os Cidadãos. Correndo o risco de me repetir: vamos manter o que está bem e vamos melhorar o que for necessário. Manter o que está bem obriga-nos à maior das exigências; melhorar o que é necessário apelará ao melhor do nosso empenho e da nossa criatividade. Este será, também, o ciclo do desenvolvimento. Um desenvolvimento social, económico e cultural, correspondendo às expectativas dos portuenses e à força, à energia e ao espírito empreendedor desta grande Cidade.

E, perguntarão, como se realizarão estes objetivos? A pergunta é pertinente, porque coloca o acento tónico na governação e na sua viabilidade. Como saberão, afirmei e aqui mantenho, que a governabilidade não é, por si, um valor absoluto. E a maioria absoluta não era, em consequência, um pressuposto indispensável. Assim tivesse sucedido, e teria o dever de procurar no dia-a-dia os devidos consensos para que as decisões, os projetas e a governação não ficassem bloqueados.

Mas por outro lado, sempre me mostrei disposto -tomando em consideração os resultados que viessem a sair das urnas - a negociar um acordo de Governo.

Esse acordo foi realizado, e foi realizado com o Partido Socialista. Não lhes escondo a grande satisfação por tal ter sido possível. Se dúvidas houvesse, e acredito que já não existissem, confirma-se de uma forma muito concreta como sempre estivemos dispostos a acolher os contributos válidos, a competência e a vontade de servir os Portuenses. De quem quer que fosse qualquer que fosse a sua simpatia partidária ou por esta ou aquela candidatura.

Esse Acordo, todos o conhecem. Porque, de forma diferente, decidimos que, a existir, sempre teria de ser publicitado, para que a contratualização que viéssemos a alcançar pudesse ser escrutinada de forma livre e consciente por todos os Portuenses.

E o Acordo, digo-o de forma inequívoca, traduz o reconhecimento de programas eleitorais que não eram incompatíveis e muito menos antagónicos. Naturalmente, sei que o meu programa foi aquele que mereceu a maioria dos sufrágios. Mas também sei, e aqui o exprimo, que há contributos que, vindos do programa com que se apresentou a votos o Partido Socialista, serão integrados na nossa governação.

Mal ficaria se não dissesse algo mais. O Partido Socialista, aqui representado pelo Dr. Manuel Pizarro, soube colocar os interesses da Cidade e dos Portuenses em primeiro lugar, e também por isso lhe agradeço e lhe digo que, doravante, há um Governo da Cidade do Porto. Sr. Dr. Manuel Pizarro: o Porto que fez história a 29 de Setembro fez de novo história a 19 de Outubro, quando selámos este Acordo ao serviço da nossa Cidade e dos Portuenses.

Deixo, também uma palavra e um sinal de apreço democrático às outras forças políticas a quem os Portuenses deram o seu voto e que estão representadas tanto na Assembleia Municipal quanto na Vereação. Nesta Câmara, cabe o Porto todo e, por conseguinte, da minha parte, contarão sempre com colaboração e com vontade de acolhimento de propostas que venham a apresentar corno, por outro lado, das críticas legítimas que venham a fazer à governação da Cidade. neste ou naquele aspecto. Saberei ouvir. Saberei ouvir. Sempre. E saberei ouvir todos, sem excepção.

Da mesma maneira, e com abertura de espírito, nunca invocarei a tolerância democrática para adiar a resolução de problemas, para protelar decisões ou para atrasar soluções.

Há um tempo para o debate plural, há o tempo para tomar decisões. Fazer política é tomar opções. Saberei ouvir. Mas saberei sempre decidir sem dilação.

Minhas Senhoras e meus Senhores,

As opções fundamentais da nossa governação estão tomadas, e tomadas há muito. No dia em que anunciei aos Portuenses que era candidato a Presidente da Câmara Municipal, disse com clareza ao que vinha. Garanto-lhes que não alterei a minha opinião. O que disse na altura, repito-o agora:

"E as três prioridades são: a coesão social, a economia e a cultura. Insisto, as prioridades desta candidatura para o Porto serão: a coesão social, a economia, a cultura".

O que disse, repito, digo-o agora. E mais lhes digo: não me afastei um milímetro destes três pilares que propus aos Portuenses. E muito menos me afastaria quanto, ao longo de vários meses, ouvi (e, essencialmente ouvi) milhares de Portuenses que me confortaram nestas escolhas.

O rigor nas contas, a gestão cuidadosa, não são portanto, ao contrário do que alguns pretenderam fazer crer ser minha convicção, uma escolha de governação, um objetivo por si mesmo. Não. As contas rigorosas e transparentes são, isso sim, o pressuposto, a condição, para que a governação e as opções estruturantes que acima enunciei possam ser levadas a cabo.

São essas as condições para sermos uma cidade livre, porque a coesão faz-nos mais livres, porque a cultura faz de nós uma cidade de liberdade, porque o crescimento económico liberta a sociedade.

Num tempo de crise grave e profunda, em que tanta gente passa mal e vive com tantas dificuldades, não temos qualquer hesitação: as políticas sociais -o combate à pobreza e à exclusão, o apoio aos desempregados e às suas famílias -serão o nosso primeiro desígnio. Seremos, assim, mais livres. Porque queremos construir oportunidades, porque não podemos tolerar que os Portuenses tenham de abandonara cidade para encontrarem emprego, porque queremos apostaremos em políticas ativas que transformarão o Porto num ambiente atrativo para o investimento.

Porque sabemos que o Porto é diferente de todas as cidades, queremos apostar na cultura, que garante essa identidade, que projeta a sua imagem e reforça o sentido de pertença e o sentimento de liberdade dos portuenses.

À luz destas escolhas fundamentais, o futuro da Cidade passa pela nossa vontade coletiva e pela nossa capacidade conjunta para fazermos um Porto mais confortável e um Porto mais interessante.

Um Porto mais confortável porque aqui todos encontram condições para viver com dignidade (e não apenas sobreviver), para estudar, para trabalhar e para envelhecer. Um Porto mais interessante porque não se fecha em si mesmo. Porque sabe acolher e incluir. Porque tem horizontes largos e, como desde sempre, integra em si o que vem de fora.

Queremos um Porto autêntico, leal e genuíno. Queremos um Porto europeu, ambicioso e desenvolvido. Queremos um Porto que, ao mesmo nível e ao mesmo tempo, conjugue tradição com modernidade. Um Porto que mantém os seus hábitos, privilegia os seus costumes e que, em simultâneo, sabe arriscar e ousa inovar. Queremos um Porto que tem orgulho na Ribeira, no Atlântico, na Casa da Música, em Serralves, no Dragão, nas Fontainhas, no Freixo. Um Porto que se revê no simbolismo da sua Muralha, uma muralha que se prolonga fisicamente na Ponte Luís I, como quem diz, que é a força da nossa identidade e só ela que nos abre o mundo.

Vamos ter uma Cidade limpa, sustentável e acessível. Vamos fazer uma Cidade segura, inclusiva e solidária. Vamos ter uma Cidade dinâmica, criativa e criadora. Vamos ter uma Cidade que se orgulha das suas tradições mas que nunca tem medo de se transformar. Vamos ter umja Cidade que sabe ser cosmopolita sem deixar nunca de ser popular.

A Cidadedo Porto, liberal e aberta, tolerante e abrangente como é, não irá negligenciar as suas responsabilidades regionais e nacionais.

O Porto terá uma voz firme na Área Metropolitana. O Porto terá uma posição integradora e afirmativa no conjunto da Região Norte.

O Porto não se fechará em si mesmo e muito menos será Porto-cêntrico. O Porto não será uma feira das vaidades nem terá a pretensão provinciana de representar, majestaticamente, o País a Sul do Minho e a Norte do Mondego. O Porto será sempre parte integrante de um todo nacional. Disso, o Porto não abdica nem capitula. O Porto terá sempre uma voz ativa, autêntica e determinada. O Porto terá sempre uma posição própria, responsável e respeitável. E o nosso País, Portugal, terá sempre o Porto que merece e o Porto de que precisa.

Peço-lhes que me desejem sorte neste mandato que agora inicio. Porque a sorte é sempre necessária. Mas, por outro lado, deixem-me que aqui lhes cite um provérbio brâmane que descobri recentemente e de que gosto muito: "a sorte ajuda algumas vezes, o trabalho ajuda sempre". Tenho a certeza de que, com o nosso trabalho e com a ajuda de todos, teremos um Porto melhor.

Não temos outra opção. Porque o Porto é a nossa Cidade. E é uma grande Cidade. O nosso desígnio é fazer do Porto não apenas a Invicta, não apenas a mui nobre e sempre leal mas também uma cidade livre, a cidade livre, a cidade livre do Porto. Invicta, nobre, leal e, agora como sempre, livre. Muito obrigado.

Rui Moreira
Porto, Paços do Concelho, 22 de outubro de 2013

Anexo 9

ACORDO PARA O GOVERNO DA CIDADE DO PORTO ENTRE "RUI MOREIRA, PORTO NOSSO PARTIDO", REPRESENTADO POR RUI MOREIRA (COMO PRIMEIRO SIGNATÁRIO) E O PARTIDO SOCIALISTA, REPRESENTADO POR MANUEL PIZARRO (COMO SEGUNDO SIGNATÁRIO)

1. Nas recentes eleições autárquicas de 29 de Setembro de 2013 na Cidade do Porto, a candidatura "Rui Moreira, Porto, Nosso Partido" foi a mais votada. Em particular, Rui Moreira, o candidato à Presidência da Câmara Municipal do Porto, alcançou 39,25% dos sufrágios. Por outro lado, a candidatura do Partido Socialista, liderada por Manuel Pizarro, foi a segunda mais votada, tendo alcançado 22,68% dos sufrágios. As duas candidaturas representam, por isso, uma ampla maioria dos sufrágios dos Portuenses.

2. Tendo a candidatura de Rui Moreira sido claramente a mais votada, não alcançou a maioria absoluta. Não sendo a maioria absoluta uma condição necessária para que aquele governo possa ser exercido, entendem não obstante os dois Signatários que será vantajoso que essa maioria possa ser alcançada através da celebração de um **Acordo de Governo**, ao serviço dos Portuenses.

3. A candidatura "Rui Moreira, Porto, Nosso Partido", sempre afirmou, sem margem para dúvidas ou ambiguidades, que aceitaria e acolheria os contributos válidos para o governo da Cidade de todos os que,

aceitando as linhas fundamentais que orientaram a sua candidatura, assentes em contas rigorosas, na coesão social, na economia e na cultura, trouxessem competência e estabilidade a esse governo.

4. Da mesma forma, a candidatura do Partido Socialista sempre afirmou a defesa do Porto como a sua motivação principal e estabeleceu as suas prioridades em termos próximos: economia e emprego, coesão social, cultura.

5. Os Dois Signatários reconhecem, por conseguinte, a existência de pontos significativos em comum no que respeita aos princípios fundamentais que orientaram os seus programas eleitorais, destacando-se, nomeadamente, o relevo que atribuem à necessidade de uma governação da Cidade que respeite especiais exigências de rigor na gestão da Câmara do Porto e, além disso, a prioridade reforçada da coesão e da solidariedade social.

6. Em consequência, o Primeiro e o Segundo Signatários assumem perante a Cidade do Porto e dos Portuenses o compromisso solene de trabalhar em conjunto no Governo da Cidade, com lealdade, boa-fé e espírito de cooperação plenos, acolhendo como princípio geral orientador a vontade dos Portuenses, tal como expressa nas eleições de 29 de Setembro de 2013.

7. Este compromisso solene terá, entre outras dimensões abaixo enunciadas de forma transparente e pública, expressão na vereação da Câmara Municipal do Porto, através da atribuição de pelouros a vereadores eleitos pelo Partido Socialista. Assim se reforça – e essa é uma vantagem de eficiência relevante – a especialização dos diferentes vereadores e a capacidade de exercerem o seu mandato de um modo o mais eficaz e profissional possível, com benefício geral para a governação da Cidade do Porto.

8. Os Dois Signatários reiteram finalmente que, com a celebração do presente Acordo, o governo da Cidade do Porto será imparcial e estará exclusivamente dirigido ao serviço de todos os Portuenses, qualquer que tenha sido o seu voto ou qualquer que seja a sua filiação partidária ou tenha sido a sua simpatia por esta ou aquela candidatura.

Nestes termos, a candidatura "Rui Moreira, Porto, Nosso Partido", representada por Rui Moreira, como Primeiro Signatário, e a candidatura do Partido Socialista, representada por Manuel Pizarro, como Segundo Signatário, celebram o seguinte

ACORDO PARA O GOVERNO DA CIDADE DO PORTO
Artigo Primeiro
(Objeto)

O Acordo para o Governo da Cidade do Porto (doravante, "Acordo"), com a duração de quatro anos, é celebrado entre "Rui Moreira, Porto, Nosso Partido" e o Partido Socialista tendo em vista garantir a governabilidade estável, eficiente e competente na Cidade do Porto e, mais especificamente, na Câmara Municipal, na Assembleia Municipal nas Juntas de Freguesia.

Artigo 2.º
(Princípios Fundamentais)

As Partes assumem o compromisso solene perante a Cidade e os Portuenses de que, na execução do Acordo:

1. Atuarão com respeito pleno dos princípios da boa-fé, da lealdade, da cooperação mútua e de serviço.

2. Respeitarão, no exercício da governação da Cidade, as prioridades que foram amplamente sufragadas pelos Portuenses: Coesão Social, Economia e Cultura.

3. Definirão níveis de cumprimento de diversos indicadores financeiros, nomeadamente, montante do défice, prazo de pagamento a fornecedores, divida de custo prazo e divida de médio e longo prazo.

Artigo 3º
(Autonomia das Partes)

Sem prejuízo dos princípios expressos no artigo anterior, as Partes mantêm autonomia nas questões de natureza política de âmbito nacional e nos assuntos da esfera metropolitana nos quais não seja possível alcançarem uma posição comum.

Artigo 4º
(Câmara Municipal)

1. Os Signatários acordam que os vereadores do Partido Socialista integrarão o Executivo da Câmara Municipal do Porto, com pelouro atribuído.

2. A governação municipal respeitará as linhas fundamentais do programa eleitoral do Primeiro Signatário, maioritariamente sufragado pela população da cidade.

3. As partes reconhecem nos programas de ambos os signatários a existência de pontos significativos em comum e que consideram fundamentais, nomeadamente:
   - A valorização da área social e da importância de uma Rede Social como instrumento prioritário de intervenção da autarquia no senti-

do de ampliar o apoio domiciliário dos idosos, qualificar os equipamentos ou retirar os sem abrigo das ruas, em colaboração e com o apoio de IPSS, paróquias e outras organizações;
- A importância dada a uma **reabilitação urbana** que assegure a manutenção da identidade da cidade, assegurando o direito dos atuais moradores permanecerem nas zonas reabilitadas e a rápida necessidade de se recuperar o Mercado do Bolhão mantendo a sua natureza de mercado de frescos;
- O reforço dos mecanismos de participação dos moradores dos **bairros sociais** e a defesa da transferência para a Câmara da gestão dos bairros sociais que pertencem ao Estado, desde que seja assegurado o financiamento da sua recuperação.
- O objetivo de reduzir as desigualdades entre a **zona Oriental** e o resto da cidade, promovendo iniciativas que permitam a reanimação económica, urbanística, social e cultural daquela zona da cidade.
- A prioridade atribuída à **Cultura** como fator distintivo do Porto e da sua criação de riqueza assegurando, nomeadamente, a devolução do Rivoli à cidade como Teatro Municipal.
- O reforço dos **mecanismos de participação** dos portuenses na gestão municipal.

Artigo 5º
(Assembleia Municipal)

1. Durante a vigência do presente Acordo, a Presidência da Assembleia Municipal do Porto será assegurada por um representante da candidatura do Primeiro Signatário.

2. O Partido Socialista terá o direito de indicar o Vice-Presidente do órgão referido no nº 1 deste artigo.

Artigo 6º
(Juntas de Freguesia)

1. As partes garantirão a maioria absoluta nas Juntas de Freguesia da Cidade onde os resultados por si obtidos permitem a realização de tal objetivo, nos termos constantes do Anexo ao presente Acordo e que dele se considera parte integrante.

2. Nas situações em que as Partes não detenham a maioria nas Juntas de Freguesia, assumem o compromisso de, em execução do presente Acordo, concertarem as respetivas posições e atuarem de forma conjunta.

Porto, 19 de Outubro de 2013

O Primeiro Signatário	O Segundo Signatário
(Rui Moreira)	(Manuel Pizarro)

Anexo 10
ENTREVISTA DE PAULO CUNHA E SILVA, "MINISTRO" DO RECRIADO PELOURO DA CULTURA DA CÂMARA MUNICIPAL DO PORTO

"O Porto pode ser uma laboratório político-cultural para o país"[*]

O novo vereador da Cultura da Câmara do Porto escolheu um gabinete bastante mais pequeno do que os dos seus colegas no executivo liderado pelo independente Rui Moreira, mas preferiu-o por ser o único que tem varanda para a Avenida dos Aliados. Esta vista direta sobre o coração da cidade também representa, diz, a política cultural aberta e dialogante que quer para o Porto. Cunha e Silva transformou o seu espaço de trabalho numa galeria de arte, enchendo as paredes de quadros que dormiam nos depósitos dos museus, senta-se numa cadeira vinda do Teatro Rivoli – "lembra-me que é o maior problema que tenho para resolver" – e, colocou um grande espelho mesmo em frente à porta, talvez para que quem entre, ainda antes de o confrontar a ele, se confronte com a sua própria imagem. Apetece citar o *Fausto* de Pessoa e sugerir que também para Paulo Cunha e Silva "tudo é símbolo e analogia".

O programador que ganhou notoriedade nos anos 90 organizando vários colóquios interdisciplinares em Serralves, e que depois concebeu, no âmbito do Porto 2001, um sofisticado metro virtual que jogava com aquele que era então o grande objeto de desejo dos por-

---

[*] Transcrição, com a devida vénia, da entrevista de Paulo Cunha e Silva aos jornalistas Luís Miguel Queirós e Patrícia Carvalho, em: PÚBLICO, 17 novembro 2013

tuenses, sonha agora com uma cidade líquida, movente, "onde tudo pode acontecer em todo o lado".

Mas este dom para criar narrativas não é em Cunha e Silva um talento meramente retórico. Como um poeta cujo engenho fosse aguçado pelo espartilho da forma, a sua criatividade um tanto frenética exige estas grelhas conceptuais. Acabou de assumir funções, mas já tem na cabeça um número assustador de projetos, e alguns pensados em considerável detalhe. Na ânsia de os enunciar a todos, foi-se mesmo esquecendo de responder a algumas das questões que lhe colocámos.

Entusiasmado com este novo desafio, depois de ter passado pelo Porto 2001, pelo Instituto das Artes e pela embaixada de Roma, onde foi conselheiro cultural, está consciente das expetativas que a vitória de Rui Moreira criou e acredita que o Porto pode mostrar o caminho ao país.

A eleição de Rui Moreira está a gerar espectativas, até a nível internacional, e elas serão ainda mais altas na política cultural, terreno em que Moreira se demarcou mais nitidamente do seu antecessor. O que fará para as satisfazer?
São expetativas muito altas, e não por culpa de Rui Moreira, mas por a população ter percebido o discurso de forma eventualmente hiperbólica. O que Rui Moreira disse é que a cultura era, a par da coesão social e do desenvolvimento económico, um dos três vértices da sua estratégica eleitoral. E que a cultura devia articular-se com os outros dois vértices, tanto assim que me convidou para mandatário da Cultura e do Desenvolvimento. A sua ideia, que eu partilho, não é a de uma cultura entregue a si própria, mas aberta à cidade, como fator de promoção e desenvolvimento. E partilhamos também a convicção de que a cultura pode ser um fator de internacionalização da marca Porto, de um Porto mais cosmopolita e turístico, menos prisioneiro dos seus estereótipos.
Mas já tem na cabeça um modelo de intervenção?
Tenho. Essa articulação do popular e do cosmopolita, de que Rui Moreira tem falado, é uma ideia central. A câmara não pode ter uma política de gosto, não escolhe artistas nem faz programação cultural. Mas

faz programação política: desenha janelas de oportunidade, territórios onde se inscrevem as políticas.

Essa recusa de uma de uma política de gosto não tende a favorecer o gosto mais instalado?
A câmara não deve ter uma política de gosto, mas deve ter bom gosto, sob o ponto de vista da governança política. A política também é um exercício de bom gosto, mas não deve escolher entre situações mais populares e outras mais eruditas. Deve articular todos os gostos. Não estamos a programar para Serralves, estamos a programar a cidade, que é feita por pessoas diversas. Poderão aparecer, no âmbito das propostas da câmara, projetos culturais com os quais não me identificaria, se fosse curador ou programador, mas que fazem sentido na lógica da cidade multivariável e multipolar, na lógica da cidade líquida, que é um bocadinho a minha ideia programática, inspirada no conceito de Zygmunt Bauman de sociedades líquidas não é uma cidade cristalizada em torno de uma ideia de bairros. É uma cidade em que tudo pode acontecer em todo o lado. (A freguesia oriental de) Campanhã, por exemplo, será uma área de intervenção cultural fundamental, justamente pela articulação que a cultura deve estabelecer com as zonas mais fragilizadas da cidade.

Está a falar de programar ou de criar novos equipamentos?
De programação. Quando falo na cultura fora do sítio, estou a pensar, por exemplo, em bairros sociais. E já tenho alguma programação definida: haverá Wagner num bairro. O dinheiro é pouco, mas vamos desenvolver uma política de parcerias e tentar capitalizar o estado de graça que Rui Moreira conquistou.

Sabe que orçamento irá ter?
Não. Tenho um problema gigantesco que se chama (Teatro Municipal) Rivoli. Mas vamos encontrar soluções para essa situação, que tanto estava na agenda de Rui Moreira como na do candidato que veio a integrar a coligação pós-eleitoral (o socialista Manuel Pizarro). É uma preocupa-

ção central, mas que nem se resolve com o orçamento que temos, nem no quadro jurídico-administrativo da câmara.

Anunciou que o diretor de programação do Rivoli será escolhido por concurso. Vai ser lançado em breve?
Está a ser preparado. Um dos trabalhos de casa que propus a um putativo adjunto foi apresentar-me o caderno de encargos, a missão, a estratégia, a comunicação e o regulamento para a contratação do futuro diretor de programação do Rivoli. E a designação do cargo é importante. Não quero um diretor artístico nem um programador. Um diretor de programação tem mais autoridade do que um programador, mas não tem uma política de gosto definida.

E quem vier a ser escolhido dirigirá também o Teatro do Campo Alegre (TCA), que já afirmou pretender articular com o Rivoli?
A intenção é ter uma pessoa responsável pelos dois polos. Ao dirigir ambos, perceberá mais claramente que os dois espaços têm identidades próprias, e isso vai obriga-la a programa-los diferentemente.

Encara a hipótese de manter a Seiva Trupe como companhia residente no TCA?
A Seiva Trupe é uma marca importante da cidade, com uma relevância histórica que ninguém contesta. Poderá reentrar no Campo Alegre, mas eventualmente em condições que se adequem melhor à sua capacidade de ocupação daquele espaço. Se uma companhia tem uma capacidade de residência muito limitada, pode continuar a chamar-se residente, mas de facto não o é.

Voltando ao Rivoli: até que ponto condiciona o orçamento de que poderá dispor?
Sem o Rivoli, a situação seria bastante mais simples. Não é por acaso que me sento numa cadeira que veio do Rivoli, é para me lembrar que é o meu maior problema. Um teatro municipal dependente da progra-

mação financeira de uma câmara tem sempre muita dificuldade em funcionar. E o teatro municipal deve ser o local onde a política cultural da cidade se exprime com maior evidência. Essa ideia de Rui Moreira de um Porto ao mesmo tempo popular e cosmopolita deve passar sobretudo pela forma como entendemos e programamos o Rivoli. O problema é que o seu alojamento numa empresa municipal implica, por força da Lei dos Compromissos e das novas exigências de políticas orçamentais, que essa empresa não seja deficitária.

A empresa municipal é a única solução?
A menos que encontremos um mecenas. Na Porto 2001, a programação do Rivoli foi de três milhões de euros. Queremos um a programação mais discreta, mas 2001 também já foi há 12 anos. Um orçamento inferior a dois milhões de euros e dificilmente exequível para um teatro que a câmara quer recuperar e devolver à cidade. Daí que também ande numa gincana mecenática, até porque tenho uma ideia para estes primeiros meses em que o Rivoli ainda não terá um diretor: chama-se *O Rivoli Já Dança* e passa por convocar as estruturas municipais e nacionais envolvidas com a dança. Um das reuniões que tive em Lisboa foi com a Luísa Taveira, da Companhia Nacional de Bailado, para ver se conseguimos orçamentos submínimos.

Foi um dos programadores da Porto 2001 e lançou vários projetos concebidos para ter continuidade. Pensa retomar algumas dessas ideias?
Há 12 anos vivíamos uma política de espaços: vamos construir e depois logo se vê. É preciso passarmos agora para uma política de conteúdos. A quantidade de espaços que temos neste momento é perigosa, e há várias patologias no âmbito da edificação cultural, a começar pela Casa do Cinema Manoel de Oliveira. Já lá fui duas vezes e estou preocupado com o que vou fazer com aquilo. É uma obra-prima da arquitetura contemporânea, mas tem 12 anos e está num estado de degradação avançadíssimo. O Porto será, para a sua dimensão, uma das cidades mais bem equipadas do mundo. Não há nenhuma cidade com 235 mil habitantes

que tenha os equipamentos culturais do Porto. Que tenha a Fundação de Serralves, uma Casa da Música, um Teatro Nacional São João (TNSJ), o Centro Português de Fotografia, o Museu Nacional de Soares dos Reis, e todos estes museus municipais.

Um desses seus projetos de 2001 foi o ciclo de conferências *O Futuro do Futuro*...
Tenho agora um projeto chamado *Fórum do Futuro*, que quer fazer do Porto, durante uma semana por ano, a capital mundial do futuro. Herdei algumas ideias de 2001, mas não vou voltar ao passado. Temos de avançar, e com a consciência de que o que fizermos pode transcender a cidade e tornar o Porto um laboratório politico-cultural para o país, mostrando como se pode transformar as cidades a partir da cultura.

O que será, em concreto, esse *Fórum do Futuro*?
Através da universidade e de outras instituições científicas e culturais, garantir para essa semana uma programação de topo em termos de ideias.

Em 2001, houve uma aposta clara na música, e talvez o cinema tenha sido o setor que pagou mais caro essa opção. O tão reivindicado polo da Cinemateca nunca chegou, a Casa do Cinema está no estado que acabou de descrever, a Casa do Cinema está no estado que acabou de descrever, a Casa da Animação enfrenta uma ameaça de despejo.
A Casa da Animação é uma marca, e se não funcionar naquele edifício, temos de encontrar outro. Isso é claro. O cinema preocupa-me, é uma área à qual vou dedicar particular atenção, até porque o Porto é uma cidade do cinema, das imagens. Por isso é que a pessoa que virá trabalhar comigo é um especialista em cinema, e também em *fund raising*, que está neste momento numa instituição cultural em Londres. O facto de se dispor a vir é indicativo do estado de graça deste executivo.

A criação de um polo da Cinemateca no Porto é uma guerra perdida?
Não creio que seja. Aliás, fui a Lisboa na semana passada fazer uma espécie de gincana político-cultural, tentando convencer os agentes nacionais de que as estruturas que estão no Porto – que não são nossas nem eu quero que sejam, porque tenho estruturas a mais na câmara -, se abram à cidade de uma forma diferente. Quero que dialoguem de forma mais ativa com esta cidade líquida em que estamos a trabalhar. Daí, também, a minha ideia de criar um museu da cidade trifásico e tripolar. Teria um polo zero, interpretativo, na Casa dos 24, o polo 1 na Casa do Infante, dedicado ao Porto medieval, o polo 2 na Alfândega, que seria o Porto fluvial, das Descobertas, e o polo 3 na Cadeia da Relação, que iria do barroco ao período romântico e à cidade contemporânea. Isto implica duas estruturas que não são da câmara – o Centro Português de Fotografia (na Cadeia da Relação) e a Alfândega -, mas senti abertura à ideia de uma participação mais ativa neste *Porto, Cidade Aberta*.

Prevê uma boa relação com a Secretaria de Estado da Cultura?
Sim, sou amigo pessoal do secretário de Estado da Cultura, Jorge Barreto Xavier, e acho que o relacionamento será fácil.

E o facto de já não haver um Ministério da Cultura, como em 2001, preocupa-o?
É um secretário de Estado com funções de ministro, portanto não me preocupa. É o meu interlocutor no Governo.

Há dois assuntos que, por razões de prazos, já lhe terão passado pelas mãos: o Fantasporto e a Feira do Livro. O Fantasporto vai manter-se no Rivoli em 2014?
Com o Rivoli a aguardar decisões, parecer-me-ia absurdo impedir a concretização do próximo Fantasporto, em Fevereiro.

Já se reuniu com a direção do festival?
Ainda não tive tempo, mas iniciarei reuniões com as estruturas externas para a semana e essa estará no topo da agenda. Da minha parte, não haverá qualquer perseguição, político-cultural ou ideológica, ao Fantasporto.

Um diferendo entre a APEL e a autarquia levou a que a Feira do Livro não se tenha realizado este ano. Vai tentar resolver o problema?
É uma situação que ainda não tive a oportunidade de avaliar, mas acho que o Porto deve ter uma feira do livro.

Rui Moreira e António Costa mostraram grande proximidade após as eleições. Essa boa relação abre oportunidades de parcerias com Lisboa?
Já me reuni com a minha homóloga Catarina Vaz Pinto e tentei desenvolver uma ideia de pendularidade entre as duas cidades. Num país com estas dificuldades não há lugar para arrivismos e protagonismos locais. A minha proposta era que acontecimentos que decorrem num sítio e no outro pudessem acontecer numa lógica pendular.

Apesar de a criação contemporânea não ter sido uma das propriedades de Rui Rio, não lhe parece que o Porto tem hoje uma vida cultural interessante, ainda que muitas vezes feita de pequenos projetos sem grande visibilidade?
Há uma cidade intersticial que sobreviveu, e que poderá vir agora a ter interlocutores e a ganhar mais visibilidade. A vontade é essa, ainda que o dinheiro não seja muito. Mas o que me parece é que a cultura no Porto é muito descontínua. Há o *top*, há o muito *down*, mas falta uma espécie de classe média da cultura. É nela que temos de investir. E é com instrumentos como o Rivoli que essa classe média pode ser recapturada. Temos as grandes instituições, como a Casa da Música e Serralves, e de pois há coisas tão alternativas que, para as descobrir, é preciso andar atrás delas com uma lupa urbana. Vou agora a Campanhã, num exercício de deteção. Já lá fui ver o Espaço Mira (uma galeria e um centro multiu-

sos instalados em antigos armazéns de vinho e carvão), mas há outras zonas quer quero identificar. O objetivo é encontrar essa cidade escondida, resistente. Mas há pessoas que não precisam de grandes palcos, e não queremos...

Integrá-las à força?
Pois. Os *homeless* da cultura, entre aspas, os que gostam de modos de vida alternativos devem ser respeitados. Quero que existam, não quero normalizar a cultura no Porto. Pelo contrário. Quando me perguntam se acho que tudo deve funcionar em rede, respondo que não, que um dos meus grandes medos contemporâneos é justamente o medo da rede, porque a rede nivela tudo. As redes de cineteatros fazem com que a programação seja igual em todo o lado, de Viseu a Faro.

Apesar desses focos de resistência, o ambiente geral na cultura é bastante depressivo. O que é que pode fazer desde já para limpar um bocadinho o ar?
Há uma coisa que vou fazer a partir de janeiro e que não custa quase dinheiro nenhum. Pedi a todas as estruturas que dependem da câmara – bibliotecas, arquivos, museus municipais, teatros -, para identificarem uma peça, e vou criar um programa que se chama *Uma Peça e os Seus Discursos*. Ao longo do ano, todas as semanas haverá uma peça do património do Porto em destaque. É uma coisa simples, porque a peça não sai do sítio, mas dará protagonismo ao nosso património municipal, que é riquíssimo e está muito esquecido.

Que tipo de peças tem em mente?
Na Biblioteca Almeida Garrett pode ser um livro contemporâneo, mas na Biblioteca Pública Municipal já poderá ser o roteiro da viagem de Vasco da Gama. E na Cordoaria pode ser a peça do Juan Munoz (uma encomenda da Porto 2001), e noutro jardim pode ser uma árvore. No primeiro ano o programa será apenas para as estruturas municipais, mas

depois quero envolver Serralves, a Casa da Música e também e também galerias de arte ou lojas de comércio tradicional.

Rui Moreira afirmou querer reforçar o papel das freguesias. Conta com elas?
É fundamental que não se reduzam à função de entreposto administrativo e que sejam convocadas para um novo protagonismo cultural. Porque as freguesias têm uma relação muito próxima com o território e com a identidade local. E nós queremos investir na arte urbana, na criação contemporânea produzida num espaço que é património mundial, e isso implica um grande trabalho local, para se conseguir que as pessoas entendam como seus esses novos objetos e tenham com eles uma boa relação.

O seu conceito de arte urbana inclui, presume-se, os *graffiti* com significado artístico?
Claro. Olhem só para aquela empena (aponta para a extensa fachada lateral de um prédio que se avista do seu gabinete). Merecia um concurso internacional.

O galerista Fernando Santos sugeriu que o bairro das galerias, muito circunscrito à Rua de Miguel Bombarda, deveria alargar-se. Concorda?
A Rua de Miguel Bombarda é importante, mas toda a cidade deve ser programável. A ideia de um bairro disto ou daquilo não me agrada, vai contra essa ideia de cidade líquida, de uma cidade que se mexe. Como disse, fui a Campanhã ver a galeria Mira, e achei que é capaz de ser mais importante, em termos de reflexão sobre a cidade e o que queremos para ela, do que aquilo que já existe. Mas também vamos apoiar a Rua de Miguel Bombarda, que quero articular com o projeto que tenho para a galeria municipal, na Biblioteca Almeida Garrett.

E que projeto é esse?
Ao contrário do que defendo para o teatro municipal, a estratégia para a galeria municipal não passaria por ter um diretor artístico. Em vez dis-

so, quero abrir concursos para três exposições por ano, uma da curadoria em arquitetura, outra de artes visuais, e uma terceira de design, de moda ou de outras áreas, como o cinema. No início de cada ano lançar-se-iam concursos e um júri escolheria três exposições, mantendo essa sequência arquitetura/artes visuais/outras. Quero ainda criar um polo da galeria nos próprios paços do concelho, abrindo a câmara à cidade. A ponto de poder haver uma obra que só é visitável no gabinete do presidente... Desde que ele não esteja em despacho.

Há outros projetos que ache significativos e que possa anunciar?
Como o programa eleitoral já anunciava, vamos apostar nas residências artísticas. Convidar um artista sénior a viver durante alguns meses no Porto e a produzir uma obra a partir dessa experiência. E a ideia é associar a cada residência um nome importante do Porto – um pouco como se faz com os prémios -, e que essa obra, esse ensaio, esse vídeo (estamos a tentar trazer o Douglas Burns), inclua o Porto e leve o Porto consigo. Outro projeto é identificar na cidade vários percursos temáticos. Vamos começar com os caminhos do cinema e da arquitetura, e à medida que acrescentarmos outros percursos, eles ir-se-ão sobrepondo, como transparências num caderno de argolas com o mapa da cidade em fundo.

O que é que o motivou a aceitar o convite de Rui Moreira?
Desde logo a circunstância de Rui Moreira me ter dito que convidava as pessoas de quem gostava, e não as pessoas que gostavam dele. E fiquei muito contente com o convite. Tinha acabado de chegar de Itália, e acho que a vida é uma oportunidade de fazermos coisas diferentes. Já fui médico, investigador, professor, comentador televisivo, crítico – ainda mantenho algumas dessas atividades -, e também programador e diplomata. Autarca é que nunca tinha sido, e a ideia de programar uma cidade sob o ponto de vista das políticas culturais é uma coisa desafiante e entusiasmante.

O seu currículo, se o recomenda para o cargo, também comporta riscos: no Porto 2001, habituou-se a trabalhar com orçamentos generosos, que agora dificilmente terá.

Julgo que estará um pouco abaixo da verba que tive para programar a minha área em 2001, mas o executivo foi generoso e deu-me um *surplus* que torna os dois orçamentos mais equivalentes. Se descontarmos, claro, o Rivoli.

Íamos também sugerir que com a sua experiência de programador não será fácil resistir à tentação de dar o gosto ao dedo.

Ou o dedo ao gosto...

Anexo 11

UNINORTE - Consórcio de Cooperação Estratégica das Universidades do Norte*

---

* Cf., também, notícia de JN, sábado, 12/04/2014: **Norte e Galiza abrem portas a 170 mil alunos**
Foi celebrado ontem, em Vigo, o primeiro convénio transfronteiriço da Europa para cooperação entre instituições de Ensino Superior público.
Onze universidades e politécnicos do Norte de Portugal e Galiza, vão, em breve, abrir as suas portas a intercâmbios entre a comunidade académica de toda a eurorregião, nas áreas cultural, científica e pedagógica.
"É um acordo de cooperação único que, no imediato, vai traduzir-se, já em 2014, num projeto-piloto de intercâmbio de docentes, investigadores e jovens cientistas, finalistas das universidades", declarou Emídio Gomes, presidente da CCDR-N e da Comunidade de Trabalho Galiza-Norte de Portugal, explicando que, em breve, será formalizado um acordo técnico referente a "um enorme e muito ambicioso programa de mobilidade de investigadores e docentes entre as duas regiões", designado IACOBUS. *"Acreditamos que vamos ter um resultado muito forte no futuro. Estamos a falar de quase 170 mil alunos do Norte de Portugal e da Galiza"*, considerou.
O projeto, que segundo o presidente da Xunta da Galiza, Núñez Feijóo, *"aspira a ser um modelo europeu"*, abrange, **por enquanto**, as Universidades do Minho, Trás-os-Montes e Alto Douro, Porto, Católica, Coruña, Vigo e Santiago de Compostela, e ainda os Politécnicos de Viana do Castelo, Bragança, Cávado e Ave, e Porto.

Universidade do Minho

**Memorando de Entendimento entre
a Universidade do Porto, a Universidade do Minho
e a Universidade de Trás-os-Montes e Alto Douro,
com vista à criação do
Consórcio das Universidades do Norte (UniNORTE)**

A Universidade do Porto, com sede na Praça Gomes Teixeira, 4099-002 Porto, doravante designada UPorto, representada pelo seu Reitor, Prof. Doutor José Carlos Marques dos Santos;

A Universidade do Minho, com sede no Largo do Paço, 4704-553 Braga, doravante designada UMinho, representada pelo seu Reitor, Prof. Doutor António Augusto Magalhães da Cunha;

A Universidade de Trás-os-Montes e Alto Douro, com sede em Quinta de Prados 5000-801 Vila Real, doravante designada UTAD, representada pelo seu Reitor, Prof. Doutor António Fontainhas Fernandes.

Considerando:

A envolvente de grande complexidade com que estão confrontadas as Universidades públicas portuguesas, nos contextos internacional, nacional e regional, em resultado de desafios e dificuldades em que avultam:

a) a **centralidade do conhecimento** como fator estratégico e competitivo das sociedades contemporâneas, afirmada expressivamente no Programa Quadro Europeu 2014-20;

b) a complexidade dos **desafios societais** contemporâneos, que exigem respostas que só as universidades podem em larga medida protagonizar, através do conhecimento que produzem e disseminam, mobilizando grupos disciplinares e multidisciplinares de larga dimensão, detentores de competências altamente especializadas;

c) a crescente **competitividade interinstitucional**, à escala nacional e internacional, na procura de mais e melhores estudantes, bem como na atração de recursos humanos e de financiamento necessário para a concretização das diferentes dimensões da missão da Universidade: o ensino, a investigação e a interação com a sociedade;

d) a **redução do financiamento** público do ensino superior na generalidade dos países europeus, acompanhado por uma grave crise socioeconómica no sul da Europa, que,

Universidade do Minho

entre outros aspetos e independentemente de considerações de ordem política, inibe a adoção de modelos de financiamento baseados no aumento dos valores das propinas;

e) a **erosão da autonomia** administrativa e financeira de que têm sido alvo as instituições universitárias, em nome de um conjunto de medidas de suposta contenção de despesa da Administração Pública, mas que apenas limitam as possibilidades de se encontrar financiamentos alternativos e inibem a prossecução de um projeto académico diferenciado;

f) a **reconfiguração do sistema** de ensino superior à escala global, com uma cada vez maior presença, entre outras, das universidades asiáticas e com a emergência de novos modelos de governação;

g) a existência de movimentos de **agregação de universidades**, sob a forma de redes transnacionais, federações ou fusões, motivados por lógicas de racionalização ou estratégias de crescimento, com procura de ganhos de escala aos níveis do impacto da formação e da investigação, da atração, da visibilidade e dos recursos humanos e infraestruturas;

h) os **desequilíbrios da rede nacional** de ensino superior com desajustes entre a oferta e a procura em várias regiões do país, seja por ausência seja por redundância, em resultado, entre outras razões, de uma deficiente definição da missão e das esferas de atuação dos subsistemas universitário e politécnico;

As oportunidades e as condições de diferente natureza que que se reconhecem nos contextos regional, nacional e internacional, nomeadamente:

i) o **aumento da procura de formações** qualificadas aos níveis da graduação e da pós-graduação nas economias emergentes, incluindo as dos países de língua oficial portuguesa, que o estatuto do estudante internacional permitirá aproveitar;

j) a emergência de **novos modelos educativos**, baseados nomeadamente no ensino não presencial e *on-line*, que poderá provocar profundas **alterações** nos modos de conceber a realização da missão da Universidade, bem como na tipologia das suas infraestruturas físicas e no perfil dos seus recursos humanos;

k) a **existência de sólidas redes** nacionais e internacionais de investigação participadas pelas Universidades signatárias, que, entre outros aspetos, vêm fomentando uma muito significativa progressão da produção científica;

l) a **experiência** acumulada pelas três Universidades na conceção e desenvolvimento de projetos de ensino interinstitucionais;

m) o reforço da **articulação** entre as instituições de ensino superior e o tecido económico-produtivo e social, nomeadamente no âmbito da construção de estratégias regionais de especialização inteligente (RIS3);

n) a imagem de **credibilidade** de que gozam hoje as Universidades públicas portuguesas.

O quadro Europa 2020 e as perspetivas e as circunstâncias que no seu âmbito se prefiguram, incluindo:

o) o aprofundamento da construção do espaço europeu de ensino superior e a importância do mesmo para o sistema universitário português e para cada uma das Instituições signatárias;

p) o aprofundamento da construção do espaço europeu de investigação e a importância que as Universidades nele devem ter;

q) a crescente importância da internacionalização das universidades;

r) as oportunidades resultantes dos objetivos e as metas do Programa Quadro Europa 2020, designadamente as decorrentes dos níveis de educação superior da população e da redução das taxas de insucesso estudantil a atingir, bem como do aumento do investimento em investigação em percentagem do rendimento nacional;

s) o aumento da importância dos financiamentos competitivos e com base em fundos estruturais;

t) o aumento das exigências de qualidade institucional, com a consolidação de agências nacionais e transeuropeias de avaliação e acreditação;

u) as crescentes obrigações de prestação pública de contas a organismos de diferente natureza e à sociedade em geral.

Entendem ser de grande importância para o futuro e desenvolvimento das suas Instituições:

Aprofundar os espaços de articulação e cooperação institucional de forma a congregar os meios humanos e os recursos materiais que permitam responder mais adequadamente ao referido quadro de oportunidades e desafios através de soluções de complementaridade como, por exemplo: a **concertação de recursos** para competir no contexto internacional, como é o caso da atração de estudantes estrangeiros; a **articulação estratégica** ao nível de investimentos infraestruturais e do aproveitamento de oportunidades de crescimento.

Potenciar oportunidades de cooperação estratégica e operacional que, entre a UPorto, a UMinho e a UTAD, são favorecidos pela proximidade geográfica, com inserção na mesma Região (NUT II – Norte), bem como pelas diversas experiências de colaboração desenvolvidas no passado recente; o espetro de competências e de infraestruturas das três

Universidades traduz-se na coexistência de importantes complementaridades, mas também na existência de áreas de identidade ao nível da oferta educativa e da atividade de grupos de investigação.

Desenvolver este trabalho de articulação sem prejuízo do desejável aprofundamento de estratégias identitárias, essenciais à afirmação de cada Instituição num contexto crescentemente globalizado e normalizado. Desenvolver igualmente a concertação dos objetivos estratégicos das três Universidades, entre si e com as outras instituições relevantes da Região, a adoção de referenciais comuns de qualidade, a agilização de mecanismos de partilha de recursos e uma maior convergência entre a oferta educativa e as necessidades do país, explorando-se também oportunidades no contexto internacional.

Aproveitar o quadro de concorrência interinstitucional que emergiu mais claramente na última década e que tem sido salutar para a Região Norte, uma vez que duas das suas universidades estão entre as instituições de ensino superior portuguesas melhor classificadas nos *rankings* internacionais; no entanto, importa complementá-lo com uma agenda de cooperação estratégica assumida e praticada pelas três Universidades, sem prejuízo do já referido aprofundamento da diferenciação das respetivas missões e perfis institucionais.

Participar proativamente na construção de uma estratégia regional inteligente, recomendada pelo novo programa quadro Europa 2020, assente no compromisso das três Universidades na concretização de um novo modelo de desenvolvimento sustentável que garanta o futuro da Região pela geração, atração e fixação de talento capaz de criar riqueza e de assegurar o bem-estar das populações, tirando também partido das dinâmicas transnacionais de proximidade, em particular no âmbito da Macrorregião do Sudoeste Europeu (RESOE).

Desenvolver um processo de articulação interinstitucional, envolvendo também a CCDR-Norte e outros agentes regionais, com objetivos de concertação estratégica e operacional nos domínios:

i. das estratégias institucionais de médio/longo prazo, com identificação de áreas de cooperação e de atuação conjunta;
ii. da oferta educativa nos diferentes ciclos de estudos, potenciando projetos conjuntos, nomeadamente em domínios de formação emergente ou nos de procura reduzida;
iii. das plataformas e produção de conteúdos para ensino a distância e cursos *on-line*;
iv. da mobilidade interinstitucional de estudantes;

v. da investigação, nomeadamente a partir das unidades com maior potencial, seja pelo reforço da massa crítica ou pela complementaridade de recursos e projetos existentes;

vi. da partilha de recursos humanos, nomeadamente docentes, em áreas com reduzido número de estudantes;

vii. da participação ativa e concertada na concretização das estratégias regionais e transregionais, que deverão ser consentâneas com os planos estratégicos institucionais e envolver outras instituições de ensino superior da região;

viii. da promoção internacional conjunta da Região Norte como local de formação superior de referência e de investigação e desenvolvimento de excelência, incluindo o desenvolvimento de planos conjuntos para atração de estudantes e investigadores estrangeiros;

ix. da promoção do empreendedorismo académico;

x. da identificação de eventuais áreas de investimento partilhado (p.ex., bases de dados ou infraestruturas científicas);

xi. da representação (conjunta) em redes transnacionais;

xii. da promoção do desporto universitário, incluindo a organização conjunta de grandes eventos internacionais;

xiii. da ação social escolar;

xiv. da organização de iniciativas culturais.

Construir uma plataforma de cooperação interinstitucional num modelo capaz de acomodar outras geometrias colaborativas, desenvolvidas em conjunto ou por cada uma das universidades, nos contextos da Região Norte ou de iniciativas transregionais nos espaços nacional, ibérico, europeu ou global.

Em consequência, comprometem-se, nos termos e objetivos deste *Memorando de Entendimento*, a trabalhar conjuntamente na operacionalização de um quadro aprofundado de colaboração estratégica interinstitucional.

Para o efeito será constituída, de imediato, uma comissão conjunta com dois elementos de cada Universidade, membros das respetivas equipas reitorais, que no período de 60 dias deverá elaborar um documento que inclua:

Universidade do Minho

UNIVERSIDADE DE TRÁS-OS-MONTES E ALTO DOURO

1. a validação dos pressupostos desta proposta e a confirmação da oportunidade e interesse da constituição de um Consórcio de *Cooperação Estratégica das Universidades do Norte (UniNORTE)*;
2. a identificação dos objetivos de curto e médio prazo do Consórcio;
3. a definição do quadro legal e do modelo organizacional do Consórcio;
4. a definição de mecanismos efetivos de articulação institucional, por exemplo, em termos de oferta educativa, nomeadamente:
    a. concertação da oferta educativa, de acordo com as estratégias de desenvolvimento regionais/ nacionais;
    b. gestão conjunto do *plafond* de vagas/número de cursos, já no Concurso Nacional de Acesso 2014;
    c. gestão integrada de abertura/encerramento de cursos (incluindo identificação de novas áreas de formação);
5. a identificação das áreas com maior potencial de cooperação interinstitucional, tendo em conta a estratégia regional de desenvolvimento;
6. a avaliação da possibilidade da implementação de iniciativas conjuntas de promoção da internacionalização das Universidades do consórcio;
7. avaliação das possibilidades efetivas de cooperação nos domínios da oferta cultural, do desporto universitário e da ação social escolar;
8. a avaliação da possibilidade de articulação dos planos estratégicos das três Instituições, tendo como referência a estratégia regional de especialização inteligente.

Assinado em Sessão Pública na Comissão de Coordenação e Desenvolvimento Regional do Norte, em 10 de abril de 2014.

Prof. Doutor José Marques dos Santos
Reitor da Universidade do Porto

Prof. Doutor António M. Cunha
Reitor da Universidade do Minho

Prof. Doutor António Fontainhas Fernandes
Reitor da Universidade de Trás-os-Montes e Alto Douro

Anexo 12
GALIZA APOSTA NO ENSINO DO PORTUGUÊS PARA ENTRAR NO MUNDO DA LUSOFONIA*

Quando, em 1979, o cantor Zeca Afonso incluiu no seu disco "Fura Fura" o cantar galego "Achégate a mim, Maruxa", estava a fazer algo mais do que a popularizar uma canção tradicional do país vizinho. Querendo ou não, Zeca mostrou a proximidade linguística de Portugal a uma cultura, a galega, na qual poucas vezes se pensa ao falar do mundo lusófono. Agora, após 35 anos, o parlamento desta região da Espanha acabou de aprovar uma lei a qual pretende estreitar os laços com os países da lusofonia e introduzir a língua portuguesa como matéria de estudo em todo o seu sistema educativo. A proposta, conhecida como Iniciativa Legislativa Popular Valentín Paz-Andrade entrou em vigor esta quarta-feira.

A medida não tem muitos precedentes na região. Ao facto de ser aprovada com o voto favorável de todos os partidos do Parlamento, uma unanimidade rara especialmente em questões relativas à língua, soma--se o feito de ter nascido da sociedade civil. Os seus impulsionadores conseguiram as 17 mil assinaturas necessárias para levar a proposta ao Parlamento. A nova lei obriga o governo galego a "incorporar progressivamente a aprendizagem do Português em todos os níveis de ensino", a

---

* Em: Jornal Público, 10 abril 2014.
Os aparecimentos "cronológicos" da "Academia Galega da Língua Portuguesa", do "Dicionário Galego da Língua Portuguesa", etc. parecem constituir os sinais "cairológicos" daquilo que, para Fernando dos Santos Neves, é, desde há muito, uma evidência e uma exigência histórico-estratégica não só da verdade mas até da primordialidade Galega relativa às sentenças de Fernando Pessoa: *"Minha Pátria é a Língua Portuguesa"* e do próprio Fernando dos Santos Neves *"Minha Pátria é a Lusofonia"*. (Nota de Justino Santos)

reconhecer o seu domínio como um mérito especial para aceder à função pública e a tomar "quantas medidas sejam necessárias" para lograr a recepção em território galego das televisões e rádios portuguesas.

A iniciativa, promovida maioritariamente por membros de associações lusófonas da Galiza, começou a dar-se a conhecer entre os cidadãos da região há quase dois anos. O porta-voz da comissão promotora, Xose Morell, assegura que o apoio social e de todas as formações políticas à proposta de lei supõe "um novo consenso linguístico" na Galiza e a compreensão de o galego ser "um idioma promissor". "Se calhar por causa da crise, hoje há mais gente que vê o galego como uma língua internacional e útil para se comunicar com Portugal, Brasil ou Angola", assegura Morell.

Assim, a finalidade desta nova lei não é só cultural, mas também económica. Outro dos pontos estabelecidos como um objetivo estratégico do governo galego é "o relacionamento, a todos os níveis, com os países de língua portuguesa", participando em fóruns lusófonos internacionais e fomentando o comércio das empresas galegas com os mercados destes países. Miguel Penas, presidente da Associaçom Galega da Língua (AGAL), de que fazem parte muitos dos promotores da lei, qualifica de "importante sucesso" o apoio parlamentar e aguarda que, quanto antes, se avancem medidas concretas para cumprir os compromissos aprovados. "Nos orçamentos do próximo ano deveríamos prever investimentos destinados à introdução do português no ensino e, já agora, o governo poderia começar a tomar medidas para que a Galiza seja reconhecida de algum modo na Comunidade dos Países de Língua Portuguesa (CPLP)", nota Penas.

A Galiza não é a primeira região da Espanha a fazer uma aposta no português no seu sistema educativo. Paradoxalmente, na Extremadura, onde não existe uma língua tão próxima do português como o galego, há anos que o têm fomentado entre os estudantes e também no meio empresarial. Segundo os dados do governo regional extremenho, mais de 14 mil alunos dos centros de ensino público da comunidade aprenderam o Português no passado ano lectivo em mais de 140 centros da região.

Quanto à televisão, o canal público regional emite um programa chamado "Falamos Português", em colaboração com o Instituto Camões.

Na Galiza, há experiências de escolas secundárias onde o Português tem uma implantação importante, mas, de momento, são residuais. Um deles é o centro de ensino A Sangrinha, em A Guarda [La Guardia], uma localidade fronteiriça próxima de Caminha. No actual curso, 123 alunos entre os 12 e os 17 anos aprendem Português, dos quais somente 27 o elegem como primeira língua estrangeira, em vez do Inglês. O director do departamento de Português do centro, Alberto Viso, assinala a proximidade geográfica e linguística com o galego como um dos factores que fizeram o centro apostar nesta língua há 10 anos. O facto de muitas empresas portuguesas empregarem jovens do Sul da Galiza também é um incentivo para a aprendizagem do Português. "Tínhamos medo de que só viessem a estas aulas aqueles que não gostavam de aprender Inglês por ser mais difícil, mas não está a ser assim e os resultados são estupendos", assegura Alberto Viso.

A introdução do Português nas escolas da Galiza supõe, para o secretário da Academia Galega da Língua Portuguesa, Ângelo Cristóvão, "uma oportunidade" para os galegos, mas também para o conjunto de países da lusofonia. Cristóvão aponta a necessidade futura de parcerias e colaborações através do ensino da língua portuguesa, que, prognostica, "virá dos países que tenham uma maior compreensão da Galiza". "Em concreto, em Portugal, algumas entidades públicas deveriam repensar se a postura que têm sobre a Galiza é a que lhes traz mais benefícios", afirma.

Porém, há pontos desta lei que já tinham sido antes debatidos no Parlamento galego. Em Abril de 2008, os deputados aprovaram unanimemente uma resolução apresentada pelo Bloco Nacionalista Galego (BNG) para solicitar aos governos espanhol e português a assinatura de um acordo que permitisse a recepção, na Galiza e Portugal, de televisões e rádios de ambos países. Contudo, e apesar do apoio parlamentar, a proposta "ficou na gaveta" dos distintos executivos.

"É um problema de vontade política porque isto simplesmente precisa de um protocolo técnico de autorização", assinala a eurodeputada do BNG Ana Miranda, que em 2010 denunciou na Câmara de Estrasburgo, junto com o eurodeputado do Bloco de Esquerda (BE) Miguel Portas, o "bloqueio" do Governo espanhol à iniciativa. Para a deputada galega, o actual Governo regional – dirigido com maioria absoluta pelos conservadores do Partido Popular – não tem interesse em aprofundar as relações da Galiza com a lusofonia e simplesmente quer "diluir o galego na cultura espanhola".

Apesar dos prazos da lei Paz-Andrade serem agora mais lassos do que a proposta popular planeava – antes do trâmite parlamentar exigiam-se quatro anos para a aplicação, enquanto na iniciativa finalmente aprovada não há um tempo determinado –, os promotores confiam no compromisso adquirido pelo Governo, ainda que, advertem, sigam com atenção o desenvolvimento de uma lei que, como não costuma acontecer, "nasceu directamente do povo".

Anexo 13
Carlos Brito: O Fio da Ariadna,
para matar o centralismo*

Ao percorrer mais de uma dúzia de anos de reflexão sobre um assunto, que se arrasta há mais de trinta anos na ordem do dia da política portuguesa, poderá ter-se a impressão de deparar com um labirinto, que nos separa do centralismo a abater e do qual dificilmente se poderá sair. Sequer, mesmo entrar. Tal como em Cnossos, para matar o centralismo e depois sobreviver, saindo do labirinto, importa "o fio de Ariadna". Um fio condutor, como ora se diz.

Deixo ficar a cada um a escolha do "seu fio de Ariadna", sem me eximir, no entanto, de optar pelo meu próprio. Parece-me, com efeito, que é manifesto haver um fio condutor: ousar na mudança e na complexidade.

Desde logo, ousar, correndo riscos. Depois, impor-nos à mudança, antes que ela se imponha como crise. Finalmente, dominar a complexidade, distinguindo e conjugando e não mutilando e reduzindo. Isto é, segundo Edgar Morin, do paradigma da disjunção/redução ao paradigma da distinção/conjugação, permitindo distinguir sem separar, associar sem identificar ou reduzir.

Com este "fio de Ariadna" proponho-me percorrer o labirinto.

Deparo com "criar o espírito de região", a partir da expressão objectiva de uma vontade política, suportada por princípios éticos e fi-

---
* Em: Carlos de Brito, Regionalização: Uma Questão de Coragem, Porto 2009, pp. 95-99.
O livro tem "Prefácio" de Leonor Beleza, onde se afirma, significativamente: "... O Porto está bem presente neste livro, incluindo em texto autónomo e expressamente dedicado. O papel do Porto merece uma reflexão muito cuidadosa e determinada no contexto de toda esta questão e Carlos de Brito assume-o com toda a coragem e determinação..."

losóficos e do assumir de "uma unidade social menor" na esteira de outras unidades sociais menores como a família ou a vizinhança. Abandonando a ideia de "'grandes distritos" transformados em "regiões administrativas" em perspectiva estritamente burocrática.

Deparo com uma regionalização já iniciada pelas Regiões Autónomas e sustida no Continente. Abandonando a ideia de uma "região continental" e caminhando para uma "provocação" de uma administração regional, nova e dinâmica, não rotinizada, nem acomodada, voltada para "o desenvolvimento socio-económico e com objectivos palpáveis e mensuráveis" a uma velha administração central, jacobino-centralista, onde se sobrepõe a dimensão burocrática à da política.

Deparo com a habitual luta pela legitimidade democrática entre os eleitos e a administração pública (central), marcada pelo normativo, a ser participada por uma componente gestionária trazida pela administração regional. O "triângulo" a introduzir o benefício da melhoria global de toda a administração e a impedir a reprodução de "terreiros do paço" nas capitais regionais.

Deparo com um novo paradigma de desenvolvimento, orientado para as necessidades reais da maioria da população, endógeno, auto centrado, ecológico, transformador da estruturas do poder e das actividades económicas, na gesta das regiões. Abandonando a ideia de um crescimento técnico-económico que produz também subdesenvolvimento moral e psíquico e que ignora as qualidades da existência, da solidariedade, do meio. Abandonando o mito universalista do actual paradigma, "típico do sócio-centrismo ocidental, motor desenfreado de ocidentalização, instrumento de colonização dos subdesenvolvidos".

Deparo com uma base de divisão territorial, configurado nas actuais cinco regiões de coordenação e desenvolvimento regional, com vista à adaptação da administração pública a um território, pequeno e a um canto da Europa, na Península Ibérica, com um objective» muito urgente de se desenvolver, num contexto de uma cultura europeia e de uma economia globalizada a nível mundial.

Deparo com uma situação de transitoriedade embrionária dessa divisão territorial, face à identificação cultural das populações como critério de agregação e de composição dos diversos espaços. Abandonando a ideia da regionalização não passar de um processo de trivialização de um modelo cultural universal, onde se repetem por todo o lado as mesmas soluções para os mesmos problemas, normalizando todas as pessoas e todos os lugares, nem dum qualquer processo de mimetismo primário e inferior.

Deparo com a metropolitanização. Em particular do Porto, sem as galas de capital do Estado e sem a respectiva corte, remetido a candidato a capital regional, quando poderia e deveria ser um pólo periférico da União Europeia, incluído ou não no "hexágono ibérico". Naquele sentido de corrida de perseguição entre "cidades-lebres" e "estados-tartarugas", onde a cada mutação as cidades respondem com a inovação e onde, quando a invenção está madura, o Estado difunde-a. Abandonando a ideia de polarizar o desenvolvimento regional em torno das duas grandes cidades, elas próprias prisioneiras de um desenvolvimento metropolitano, inadaptado ao equilíbrio indispensável de um espaço com identidade cultural própria alcançada ou a alcançar.

Deparo com a dificuldade de passagem da "dupla legitimidade" democrática (Parlamento e Administração Pública) para um espaço mais vasto, onde se juntam novas legitimidades. A legitimidade da imparcialidade que é interpretada por autoridades independentes, como comissões nacionais, altas autoridades, provedores, etc. A legitimidade da reflexividade que é interpretada pelos tribunais constitucionais e outras instituições consultivas de qualidade reconhecida. A legitimidade da proximidade que, "de modo tão imperativo como confuso", responde às expectativas dos cidadãos, não tanto em termos de normas impessoais mas na atenção que se dedica à particularidade, na preocupação do reconhecimento, na própria compaixão. Abandonando a ideia de um debate recorrente, quiçá infindo, entre políticos e eleitos, embrenhados na luta política e enquadrados exclusivamente pela "dupla legitimidade" (Parlamento e Administração Pública). A legitimidade da proximidade, obviamente, é indispensável e indiscutível nesta questão da regionalização. A tradição tem de ser ultrapassada pela ousadia de tentar a complexidade na mudança.

Deparo com o tempo que passa... As velocidades de evolução das instituições a serem muito divergentes entre si e a criarem permanentes dessincronizações entre estas. As estruturas políticas a começarem a ser arrastadas violentamente pela dinâmica das evoluções.

Deparo com os portugueses na Europa, na outra Europa, e esta com problemas de crescimento, de dimensão e quiçá de sustentação. A dimensão alargada por uma globalização a criar novas dessincronizações dentro da Europa e fora dela. A Europa a precisar de ser uma protagonista e a deixar de ser a protagonista.

Deparo com o Estado-Nação a oscilar entre o ocaso e a metamorfose. O vazio de poder originado por uma globalização vertiginosa e as suas supostas consequências na formação de futuros a remeter para a metamorfose do Estado.

Deparo com a subsidiariedade como princípio dessa metamorfose e as regiões como inevitáveis no Portugal semi-regionalizado e originária e originalmente descentralizado. A constituírem-se como "embraiagens" de moderação das dessincronizações.

Deparo com crises e mais crises. As velocidades de evolução das instituições a produzirem efeitos. A metamorfose do Estado a tornar-se imperativa. O actual modelo de desenvolvimento a aparecer como uma via que conduz ao desastre e ao abismo.

Deparo com a solução do caos destruidor mas generativo. "Porque não pensar que da crise actual pode sair uma metamorfose de que ainda não podemos prever as formas nem mesmo assegurar a sua probabilidade ou a sua impossibilidade?"

Deparo em Portugal com a impotência do centralismo para mudar de via para um recomeço, enquanto as periferias caminham para o abismo fatal. Aí está o "Minotauro" do centralismo a sacrificar as jovens regionalizações que se vão apresentando, banalizando iniciativas, ridicularizando atitudes, reduzindo as pessoas à passividade. O "Minotauro" é alimentado pelas forças conservadoras que se estendem por um espectro larguíssimo. Sejam os detentores do Poder Central, sejam os burocratas da Capital, seja a Corte intelectual e social, sejam os emigrantes da Província nessa Corte, todos querem conservar a sua posição central, tão arduamente conquistada, que sentem como superior.

Mas haverá uma jovem regionalização que vai vencer o "Minotauro" e sair finalmente do labirinto. Basta-lhe um "fio de Ariadna".

Anexo 14

Entrevista a J. N. Pinto da Costa, Presidente do F. C. P. (Futebol Clube do Porto)*

---

* Em: Revista DRAGÕES, Abril 2015, pp. 23-35.
Responsável máximo da passagem do F. C. do Porto de clube regional ao clube português mais universal do século XXI, J. N. Pinto sa Costa dominou o desporto luso no pós-25 de abril de 1974, da maneira que a anedota seguinte transparentemente traduz: *"Qual a diferença entre Luís Filipe Vieira, Presidente do Benfica (o clube da tríade do Portugal de antigamente dos três efes (Fátima, Fado e Futebol) e J. N. Pinto da Costa? É que este é especialista na recitação dos poemas de José Régio, e aquele diz nunca ter ouvido falar de tal jogador de futebol..."*
Já agora, o paradigmático poema de José Régio que J. N. Pinto da Costa mais costuma e gosta de recitar intitula-se: **"NÃO VOU POR AÍ..."**

Vem por aqui" — dizem-me alguns com os olhos doces
Estendendo-me os braços, e seguros
De que seria bom que eu os ouvisse
Quando me dizem: "vem por aqui!"
Eu olho-os com olhos lassos,
(Há, nos olhos meus, ironias e cansaços)
E cruzo os braços,
E nunca vou por ali...
A minha glória é esta:
Criar desumanidades!
Não acompanhar ninguém.
— Que eu vivo com o mesmo sem-vontade
Com que rasguei o ventre à minha mãe
Não, não vou por aí! Só vou por onde
Me levam meus próprios passos...
Se ao que busco saber nenhum de vós responde
Por que me repetis: "vem por aqui!"?

Prefiro escorregar nos becos lamacentos,
Redemoinhar aos ventos,
Como farrapos, arrastar os pés sangrentos,
A ir por aí...
Se vim ao mundo, foi
Só para desflorar florestas virgens,
E desenhar meus próprios pés na areia inexplorada!
O mais que faço não vale nada.

Como, pois, sereis vós
Que me dareis impulsos, ferramentas e coragem
Para eu derrubar os meus obstáculos?...
Corre, nas vossas veias, sangue velho dos avós,

PORTO CANAL

O FC Porto vai tomar conta do Porto Canal de forma definitiva e assumindo propriedade do canal?

Quando iniciámos a colaboração com o Porto Canal foi sempre esse o objectivo final. A meta a atingir era a aquisição do Porto Canal. Vamos fazê-lo brevemente, está tudo acordado para que isso aconteça e será mais um passo naquilo que nós pretendemos para o FC Porto. Foi-nos proposto várias vezes, com óptimas condições financeiras, fazer um canal apenas desportivo, como já existem alguns em Portugal e no estrangeiro, mas desde a primeira hora recusei essa opção e a minha escolha foi sempre, o Porto Canal. E porquê? Primeira porque o próprio nome se identifica com o Porto e, em segundo lugar, porque é um canal que nós pretendemos que seja um canal não para servir o FC Porto, mas para servir a região. Essa é que é a grande meta. Não queremos

---

E vós amais o que é fácil!
Eu amo o Longe e a Miragem,
Amo os abismos, as torrentes, os desertos...

Ide! Tendes estradas,
Tendes jardins, tendes canteiros,
Tendes pátria, tendes tetos,
E tendes regras, e tratados, e filósofos, e sábios...
Eu tenho a minha Loucura !
Levanto-a, como um facho, a arder na noite escura,
E sinto espuma, e sangue, e cânticos nos lábios...
Deus e o Diabo é que me guiam, mais ninguém!
Todos tiveram pai, todos tiveram mãe;
Mas eu, que nunca principio nem acabo,
Nasci do amor que há entre Deus e o Diabo.

Ah, que ninguém me dê piedosas intenções,
Ninguém me peça definições!
Ninguém me diga: "vem por aqui"!
A minha vida é um vendaval que se soltou,
É uma onda que se alevantou,
É um átomo a mais que se animou...
Não sei por onde vou,
Não sei para onde vou
Sei que não vou por aí!

José Régio

um canal para o FC Porto, nem para a cidade do Porto. É um canal para toda a região nortenha, que é completamente esquecida pelos outros canais. Ainda há dias uma proeminente figura autárquica da cidade do Porto me dizia num jantar, o que me chocou bastante, que o Norte não existe e que o Porto Canal deveria ser só virado para a cidade do Porto. Sou totalmente contra. O Norte existe e tem que ter mais força, tem que estar mais unido, acreditar nas suas potencialidades e tornar-se pujante. É nesse sentido que o FC Porto vai adquirir o Porto Canal abrindo o canal a toda a região, aos problemas da região, à voz da região e a tudo aquilo que possa servir para que o Norte seja mais forte.

Isso é quase um serviço público a partir do Porto para o norte do país...

Se calhar. Há estações televisivas que são consideradas de serviço público que de serviço público têm pouco e também público não têm muito. Pretendemos que a televisão seja activa e que o Norte se reveja e se orgulhe do Porto Canal.

Será mais uma demonstração de que as preocupações do FC Porto vão muito para além do plano desportivo?

Desde sempre, mas sobretudo depois do 25 de Abril todas as grandes empresas do Porto capitularam perante a capital. Hoje, quase nenhuma tem sede no Porto, umas estão na Holanda, outras estão em Lisboa, os grandes bancos desses tempos fecharam e todas as grandes referências do Norte desapareceram. E as que existem, como o BCP, mudaram as suas sedes para Lisboa. Toda a gente foi atrás das vantagens do centralismo, das vantagens de virar as costas ao Porto. O FC Porto luta para se manter sempre à frente em todas as questões, não é só no campo desportivo, porque entende que tem também uma missão social a cumprir. Não é por acaso que é o FC Porto que tem Desporto Adaptado, uma missão que deveria cumprir ao Estado. É uma secção que já tem há mais de 30 anos e que mantém com grande carinho. Porque sentimos que a tendência é, cada vez mais, de esquecer o Norte, que aparecerá em breve nos telejomais das principais estações em período eleitoral. Então vamos vê-los todos em carros abertos, se não chover, a saudar o povo, a fazer promessas, a fazer declarações de amor a Trás-os-Montes, ao Alto Minho, ao Douro... Todos vão conhecer a beleza do Norte, mas só cá vão voltar quatro anos depois, quando houver eleições outra vez.

No aspecto desportivo, o que é que os adeptos do FC Porto podem esperar do Porto Canal?

Já é sabido que o Porto Canal dá muito a conhecer da vida do FC Porto e tem feito transmissões em directo de vários jogos e de várias modalidades. Algumas delas com grande êxito em termos de audiências e com grandes sucessos desportivos, proporcionando momentos e imagens inesquecíveis no momento. E ao ter um programa diário com notícias do FC Porto proporciona informação séria aos adeptos e a todos aqueles que não estão para ser intoxicados, como disse recentemente o Sérgio Conceição, por alguns anormais com presença em programas desportivos. Quem quiser saber o que se passa no FC Porto é no Porto Canal que tem de estar sintonizado.

MUSEU

O Museu, a sua obra mais recente, é aquela de que mais se orgulha?

Olhando para trás numa retrospectiva sobre todas as obras que tive o prazer de inaugurar, como o rebaixamento do Estádio das Antas, a construção do Estádio do Dragão e do Dragão Caixa, do Centro de Treinos no Olival e do Estádio Luís Filipe Menezes, de todas elas, aquela que me deu mais prazer foi, sem dúvida, o Museu. Era um sonho que eu tinha. Há 40 anos, ainda eu era director do clube quando inaugurámos uma sala de troféus no Estádio das Antas, denominada Sala de Troféus Afonso Pinto de Magalhães, e toda a gente ficava deslumbrada. Pensava para mim que aquilo não era um museu, era um armazém de taças. Tinha muitas taças, mas não era um museu. Talvez por ter sido criado num ambiente um pouco ligado à cultura e à arte e conhecer vários museus e exposições, queria transplantar este conceito para o museu do FC Porto. Tinha esse sonho, nunca o revelei e muitas vezes me recusei a avançar para o tal armazém de taças por sentir que isso ia contra o meu conceito. Na altura em que me lancei nesta aventura, houve um colaborador meu que me disse que o museu era um tufão que iria varrer o FC Porto, mas eu acreditei sempre nas minhas convicções. Visitámos vários museus e o último que fui visitar foi o do Barcelona. Quando cheguei à saída, a minha esposa perguntou-me se tinha gostado, ao que respondi: "Gostei, mas para fazer isto eu não faço nada!". Quando lhe expliquei o que é que eu sonhava para o FC Porto, ela compreendeu que aquilo não era o que eu queria. Se por um lado houve quem me disse que o museu seria um tufão e me tentou convencer a não me atirar para esta obra, por outro tive a felicidade de encontrar algumas pessoas com criatividade, nomeadamente o Antero Henrique e o Hélder Gomes, que me acompanharam no entusiasmo e que foram dando ideias. Quase diria que foram os arquitectos ideológicos do museu. No dia da inauguração, ao ver tudo o que foi feito, senti um grande orgulho e uma satisfação pessoal muito grande, porque todos sonham fazer boas equipas, umas vezes consegue-se, outras não, em vencer campeonatos, mas conseguir fazer o museu foi a obra que me deu mais prazer, até porque a construção do Estádio do Dragão, que é um estádio fantástico, implicou o desaparecimento do Estádio das Antas. Ver ruir o Estádio das Antas foi, para mim, algo muito doloroso. Foi uma decisão consciente, porque sabia que ia nascer uma coisa melhor, mais prática, mais moderna e que seria, como é, o orgulho de toda a gente.

Sensivelmente um ano e meio depois da abertura do museu, como é que avalia a adesão do público, dos turistas e a forma como o museu se integrou no roteiro da cidade?

Foi fantástico! Nos primeiros 11 meses, sem grande publicidade, tivemos 120 mil visitantes. Para um primeiro ano é fantástico, dá uma média superior a 10 mil por mês. E ver que os grupos de estrangeiros já incluem o museu nos seus roteiros da cidade é algo que me enche de alegria. Quando, ainda recentemente, numa deslocação à Bélgica, me disseram que o Museu do FC Porto era o melhor museu do mundo e eu perguntei como sabiam disso, responderam-me que foi o presidente do Anderlecht que o disse. Depois de ter ido ao Porto e de ter visitado o museu, ficou maravilhado.

Nos primeiros meses após a abertura, foi difícil encontrá-lo noutro local que não fosse no museu. Continua apaixonado pela obra?

Sim. A cada passo que dou ali dentro revejo um pouco de tudo quanto vivi no momento, ao segundo. Eu assisti ao jogo da Taça Arsenal, por exemplo. Era pequenino e fui com o meu tio assistir ao jogo no Estádio do Lima. É natural que aquele troféu, que deslumbra toda a gente, me toque ainda mais do que àqueles que apenas têm conhecimento histórico da razão de ser daquela taça. E ela existe porque o Arsenal, então considerada a melhor equipa da Europa, fez uma digressão pela Europa que incluiu a realização de dez jogos e ganhou nove. Foi, inclusive, a Lisboa e o Sporting e o Benfica, não se sentindo capazes de o defrontar, fizeram um misto e perderam 4-0. No último jogo, o FC Porto fez o impensável e venceu! Numa altura em que não havia competições europeias, esses jogos assumiam uma importância enorme. Foi um motivo de admiração, sobretudo em Inglaterra. A cada passo que dou, a cada objecto que vejo, há uma história de que me recordo. Poderia até fazer de cicerone, indo ao pormenor sobre cada vitória ou cada objecto. Assisti a praticamente a todos os episódios que lá são retratados.

E na grande maioria dos casos, presidiu.

Mas isso para mim não é importante. É claro que tenho orgulho disso, mas o mais importante é que elas estão lá, são do FC Porto, ganhas pelos seus presidentes, pelas suas direcções, pelos seus treinadores, pelos seus jogadores, pelos seus funcionários. As vitórias são de todos! Dá-me tanto prazer ver uma taça que foi alcançada nas minhas presidências como uma taça a cuja conquista eu tenha assistido apenas como adepto, como a vitória da inauguração do Estádio da Luz, cujo troféu me dá muito gozo ver na exposição permanente do museu. Tenho 40 anos de dirigismo, mas as vitórias conseguidas antes desse periodo proporcionam-me tanta alegria como aquelas em que estive ligado ao FC Porto por cargos diretivos.

DRAGÃO CAIXA

De todas as obras a que o presidente está directamente ligado, o Dragão Caixa foi talvez aquela de que mais fez questão, para voltar a dar uma casa às modalidades mas foi também um processo complicado.

Quando deixei de ser diretor do FC Porto, na transição das presidências do sr. Afonso Pinto de Magalhães para a do dr. Américo de Sá, apesar de ter sido convidado a continuar pela nova Direção, o então novo presidente entendeu as minhas razões, especialmente relacionadas com a forte amizade que tinha com o presidente cessante, que me disse uma coisa que na altura me provocou uma gargalhada, "Jorge, disse-me ele, você tem razão, se calhar ia incomodar-se com o seu espírito de lealdade para com quem estaria e com a sua lealdade e solidariedade para com quem esteve. Além disso, você tem que ficar de reserva, porque vai ser o futuro presidente do FC Porto". Eu ri e respondi: "Ó senhor Afonso, não me queira mal!". Ao que ele acrescentou: "Não lhe quero mal, sou muito seu amigo, mas quero muito ao FC Porto". O certo é que passados 10 anos eu fui eleito presidente.

O Dragão Caixa não é, no entanto, o único pavilhão a cuja construção se dedicou. Correto?

Quando saí, junto com Afonso Pinto de Magalhães, o presidente Américo de Sá convidou-me para fazer parte de uma comissão que ficaria incumbida do estudo e da construção de um pavilhão. Havia um grande entusiasmo com o basquetebol, porque tínhamos o Dale Dover, tínhamos sido campeões, arrastávamos multidões para o Pavilhão do Infante de Sagres, uma vez que na Constituição não tínhamos condições para receber esses jogos. Eu fiz parte dessa comissão. Com o Tavares da Rocha e o Delfim Ferreira, fui um dos impulsionadores do Pavilhão Américo de Sá, que conseguimos concretizar. Esse pavilhão dízia-me multo, não só porque estive na sua construção, mas também porque o meu primeiro título nacional enquanto presidente foi conseguido lá com o professor Jorge Araújo à frente da equipa de basquetebol. Com a construção do Estádio do Dragão, o pavilhão teve que ser demolido, o que além de todos os constrangimentos gerados às nossas modalidades, me provocou um desgosto. Obviamente, voltei a pensar na construção de um novo pavilhão e entendia-se que ele não faria sentido fora da nossa cidade desportiva. Mas onde é que havia espaço para o concretizar? Não havia, pensávamos todos nós. Um dia no carro, na saída do estádio e a caminho da Via de Cintura Interna reparei na existência de um buraco, de um vazio. Falei então com o arquiteto Manuel Salgado e convidei--o a vir ver o tal buraco e disse-lhe: "Queria fazer aqui um pavilhão que para mim é impossível e por ser impossível é que o chamei para o fazer". Ficou um pouco céptico inicialmente. mas acabou por dizer que se faria qualquer coisa. Apresentou um estudo, que foi aprovado, e ali onde era um buraco, nasceu o Dragão Caixa que é talvez o pavilhão mais bonito e mais funcional de Portugal. É um grande orgulho e deve-se sobretudo ao arquitecto Manuel Salgado, porque só ele conseguiria fazer o impossível, e à Caixa Geral de Depósitos, que colaborou financiando a obra.

CENTRO DE TREINOS

A construção de um Centro de Treinos foi a promessa eleitoral que mais tempo levou a concretizar. Foi também a mais difícil?

Havia várias condicionantes. Havia, em primeiro lugar, que encontrar um parceiro e, em segundo lugar, esse parceiro não poderia ser muito distante, por uma questão de funcionalidade. Houve conversações com muitas cidades, vimos terrenos em Santo Tirso, na Maia, houve muitas candidaturas, houve muita conversa e muitas promessas... Quando o dr. Luís Filipe Menezes assumiu a presidência da Câmara de Gaia, tivemos uma conversa e ele perguntou-me se já tínhamos local para o centro de treinos, ao que lhe respondi que ainda não tínhamos decidido. Disse-me, então, que tinha um terreno com área suficiente para fazer lá o centro de treinos, que permitiria, inclusive, valorizar toda aquela zona e seria bom para a própria cidade de Gaia. Prontificou-se, no mesmo momento, a passar das palavras aos atos. O arquiteto Alcino Soutinho fez um magnífico projeto e passado pouco tempo, tendo em conta a grandeza do projeto. inaugurámos o centro de treinos e o mini-estádio, que recebeu o nome do dr. Luís Filipe Menezes mesmo contra a sua própria vontade e por minha vontade e da Direcção do FC Porto, que entendeu a homenagem como justa depois de tanto tempo perdido, de tantas promessas e de tantos terrenos visitados. Deu-me um especial gozo concluir este projeto, porque sempre entendi que um centro de treinos isolado, tranquilo, onde os jogadores pudessem fazer as suas refeições e até descansar, produziria efeitos positivos no rendimento da equipa.

Esse tubo de ensaio, que é o centro de treinos, gerou um reflexo no rendimento das diferentes equipas do FC Porto?

Sem dúvida. Na verdade, olhando para trás até me interrogo como foi possível ter conseguido tantos êxitos sem um centro de treinos. Esse reflexo é evidente, até por que quem treina bem, quem reúne todas as condições para treinar bem, tem mais probabilidades de jogar bem.

ESTÁDIO DO DRAGÃO

Por que motivo que se opôs ao movimento que quis dar o seu nome ao Estádio do Dragão?

Fui surpreendido por uma proposta unânime numa reunião de Direção, ao que me opus terminantemente. E perante a insistência da Direção, garanti que me demitiria no mesmo dia em que dessem o meu nome ao estádio. O Dragão simboliza todos os portistas, todos os dragões que construíram, ao longo destes anos, o FC Porto, pelo que não poderia, de maneira nenhuma, permitir que dessem o meu nome ao estádio. Não estou arrependido, mantenho essa posição e enquanto eu cá estiver garanto-lhe que nada do que se inaugura terá o meu nome.

Concorda que esta foi, de todas as suas obras, a mais complexa, até pela dificuldade política que envolveu a Câmara Municipal do Porto?

No meu sonho inicial o estádio nem teria lotação para tantos espectadores, mas com a oportunidade do Europeu de 2004 aumentou-se a capacidade. Lançámo-nos à obra com um plano bem concebido e já ela estava no ar quando apareceu o presidente da câmara a embargá-la, que esteve parada, tendo-se chegado ao ponto de ter que envolver no assunto o Presidente da República Jorge Sampaio, no que hoje até me parece algo de surreal, uma reunião para tentar convencer o presidente da Câmara a deixar construir o Estádio do Dragão. Havia até uma D. Laura, da Associação de Comerciantes do Porto, que não queria o Dolce Vita aqui, porque prejudicava as lojas de comércio tradicional na baixa do Porto, posição em que era defendida pelo presidente da Câmara. Depois, curiosamente, o presidente da Câmara queria o El Corte Inglês no centro da cidade, junto à Avenida dos Aliados. As pessoas mudam... Não sei se com o vento, se com a idade, mas a verdade é que até já vi o então presidente da Câmara a defender a regionalização e não foi no dia 1 de Abril! Mas com tudo isso, conhecendo-se o personagem, já ninguém se admira. Foi uma luta terrível porque cada dia em que as obras estiveram paradas custou muito dinheiro e o nosso parceiro, que era o comendador Américo Amorim, esteve em vias de acabar com tudo. Até costumo dizer que nos 12 anos de mandato do dr Rui Rio as obras importantes que fez foi a requalificação da zona das Antas com a construção do Estádio do Dragão que ele quis vetar, e a assinatura, três dias antes de sair, da autorização para a construção do Pingo Doce na Avenida Marechal Gomes da Costa.

De um processo conturbado nasceu uma bela obra...

É verdade, mas implicou um esforço suplementar e teve custos suplementares. Talvez por ter esse peso na consciência, o então presidente da Câmara nunca veio ver qualquer jogo ao Estádio do Dragão.

Como foi possível, ao longo desse período, tranquilizar a UEFA sobre o cumprimento dos prazos de construção?

A UEFA mostrou muitas vezes preocupação com a paragem da obra. O FC Porto esteve para ser excluído como estádio do Europeu, daí a intervenção do dr. Joge Sampaio, o que teria sido motivo de chacota não só para o FC Porto como para o país. O comendador Américo Amorim resolveu o problema com o então presidente da Câmara, a obra foi retomada e ele nunca visitou o FC Porto, nunca veio ao estádio, nem nunca abriu as portas da Câmara, como era tradição, para que o FC Porto festejasse os grandes êxitos conseguidos durante esses anos. Dizia o presidente do Barcelona que o FC Porto era o único clube do Mundo que, quando ganhava, não era recebido pelo Alcaide. Isto até me chocava, porque ele contava isto a outros presidentes, que ficavam com uma ideia errada do que era o povo portuense e português. Acabámos por festejar muitos títulos aqui na nossa varanda do estádio, com uma multidão enorme. Ficámos todos felizes. Nós campeões e ele porque não abria a porta da Câmara aos campeões.

Este ano vamos festejar os 12 anos do Estádio do Dragão. Temos sido muito felizes aqui.

É verdade. Logo na inauguração foi um dia importante para o FC Porto e para o futebol mundial, porque foi nesse dia que o Messi jogou pela primeira vez pela equipa principal do Barcelona. Ele próprio recordou a sua estreia e fez questão de visitar o Museu do FC Porto pela ligação que sente ao Estádio do Dragão, quando cá esteve na festa de despedida do Deco. Ou seja, o Estádio do Dragão fica também ligado à vida de um dos melhores jogadores do mundo de todos os tempos.

Desportivamente, que momentos elege como os mais marcantes do Estádio do Dragão?

Não podemos esquecer que foi aqui que jogámos a meia-final da Champions League e que abrimos as portas para o título europeu, É claro que não posso esquecer aqueles 5-0 ao Benfica, nos tempos do André Villas Boas, ou o minuto 92, com o golo do Kelvin e o Jorge Jesus a ajoelhar.

O Estádio está próximo de estar pago, faltam apenas três anos para pagar o empréstimo que permitiu a construção...

Temos um plano de pagamento que foi até hoje cumprido religiosamente, pontualmente, e em breve estará terminado o débito que tínhamos com a sua construção [ndr: 2018] Naturalmente que foi uma engenharia necessária, porque não tínhamos meios para poder fazê-lo, mas tem sido cumprido pontualíssimamente e em breve estará resolvida essa questão e pertencerá ao FC Porto.

CONSTITUIÇÃO

No universo FC Porto, a Constituição talvez seja o espaço que melhor cruza passado e futuro.

Foi lá que jogámos durante muitos anos, que o andebol de 11 por exemplo ganhou raízes, sendo uma espécie de campeão crónico. Todos os domingos ia assistir aos jogos de andebol, equipa que tinha jogadores fantásticos, o que quer dizer que o Campo da Constituição além de estar ligado ao futebol estava também ligado à história do andebol e das modalidades. Curiosamente, foi também na Constituição que fui ver o meu primeiro Jogo de futebol que, na realidade não vi porque ainda era criança e só via a bola passar junto á rede quando ela era rematada para o ar e nos cantos. Hoje, ao ser a sede da escola de futebol Dragon Force, é óbvio que se estabelece uma ligação entre passado e futuro porque dali vão nascer bons jogadores e, sobretudo, jovens que encontram no desporto e no colectivismo princípios que orientarão as suas vidas futuras.

SEDE

O edifício da antiga sede do PC Porto, na Avenida dos Aliados, conta também um pedaço da sua história?

Não há nenhum portista que desça a Avenida dos Aliados e não saiba que aquele edifício já foi a sede do FC Porto. Ainda recentemente funcionava lá a secção de bilhar, uma secção histórica do clube, que dava vida e marcava a presença do FC Porto naquele espaço. Adquirimos, entretanto, o prédio e estamos a pensar no que lá pode ser feito. O edifício diz-me muito porque era ali que eu, ainda adolescente, ia para a fila para comprar bilhetes para os jogos do FC Porto .E depois, foi ali que eu, em 1960, fui pela primeira vez chefe de uma secção do FC Porto. O meu começo como chefe de secção e, posteriormente, como diretor, há 40 unos, foi na antiga sede como ainda hoje o edifício é conhecido. Foi lá que nasci e cresci como dirigente do FC Porto.

Ninguém é indiferente a J. Nuno Pinto da Costa. Os adeptos do FC Porto estão-lhe gratos pelas conquistas, os adeptos dos clubes rivais invejam-he o sucesso, tudo porque Pinto da Costa é o presidente de clube com mais títulos conquistados na história do futebol. São 58 títulos, sete deles internacionais (há mais de 50 anos que nenhum outro clube português vence uma prova internacional), um património que é de todos nós, como diz o próprio.

O facto de hoje ser o presidente com mais títulos conquistados de toda a história do futebol mundial não o deixa indiferente...

Não me deixa indiferente no sentido de que todos esses troféus foram conquistados pelo FC Porto. Se o FC Porto tivesse ganho todos esses troféus consigo a presidente, para mim o prazer era o mesmo. Eu não procuro títulos individuais, eu não procuro honrarias pessoais, procuro até evitá-las. O que eu procuro é que o FC Porto seja cada vez mais respeitado e consiga mais títulos. Ainda há poucos dias, os dirigentes do Basileia fizeram questão de visitar o estádio e o museu a poucas horas do inicio do nosso jogo da Champions e ficaram extasiados. Verifiquei mais uma vez que um dos espaços do museu que as pessoas mais admiram e acham fantástico é aquela perspectiva do piso superior, de onde podem ser admirados os troféus internacionais, os vídeos dessas vitórias, as imagens do Porto projetadas ao fundo e a cúpula de troféus. Costumo até dizer que aquela é uma das melhores vistas da cidade do Porto. Quase posso dizer que esse é o meu ponto preferido do museu.

Entre tantas conquistas, qual ou quais as mais saborosas?

O primeiro título nacional com o Artur Jorge foi importante, mas em primeiro lugar, se é possível fazer uma classificação, em primeiro lugar ainda se mantém a final de Viena. Lembro-me de ser diretor de futebol, ainda nem do futebol, e o objetivo era passar a primeira eliminatória da Taça das Cidades com Feira e quando passávamos era uma festa. Lembro-me de sairmos do estádio a buzinar porque tínhamos eliminado o Hibernian e uns clubes assim, e era uma festa. E lembro-me que, quando em 1982 apresentei o meu programa e inclui entre os objetivos estar presente numa final europeia, as pessoas que colaboravam comigo disseram-me que seria melhor não meter isso, que seria muito ousado e que era impossível, ao que respondi que tínhamos que acreditar que era possível. Não vencemos a primeira final europeia, foi a única que perdemos, mas passados dois anos estávamos lá! E lembro-me de ter dito aos meus colaboradores: "Vêem, é possível e agora havemos de ganhar uma, não sei se comigo se com outro, mas temos de lançar estruturas para podermos ganhar uma final!". Ao fim de cinco anos da minha presidência, em Maio de 87, ter vencido uma final europeia foi a vitória mais importante. Lembro-me de que nesse tempo iam aos sorteios os presidentes dos clubes e que no sorteio das meias-finais estava o presidente do Real Madrid, o comissário, era assim que se chamava, do Dínamo de Kiev, o presidente do Bayern Munique e estava eu a representar o FC Porto. No dia anterior, jantámos os quatro juntos no Hotel Intercontinental, em Genebra e ninguém queria o Dinamo Kiev, o Real Madrid preferia o Bayern ao Dínamo, o Bayern preferia o Real ao Dínamo e todos queriam o FC Porto. E quando me perguntaram quem queria que nos calhasse no sorteio, meio a brincar, mas também para lhes mostrar que não éramos ali os bombos da festa, disse que me era indiferente, estava era preocupado com quem é que iria ser o nosso adversário na final. Eles acharam muita graça, mas o certo é que, quando saiu Dínamo Kiev-FC Porto, todos eles ficaram aliviados, porque o Dínamo de Kiev era de facto, quanto a mim, a grande equipa da Europa naquele momento. Era uma espécie de seleção russa, com todas as proteções que na altura tinha em relação a todos os clubes russos. O Dinamo ia buscar todos os jogadores que quisesse. Era uma equipa terrível e o FC Porto venceu os dois jogos, tanto cá como lá fez exibições espantosas, sobretudo no Estádio das Antas, e depois chegar à final com o Bayern Munique, com um estádio que era 85% vermelho, com as cores do Bayern, em que o favoritismo era quase de 90% para o Bayern, e chegar ali e fazer aquela exibição, conquistar a taça da forma como foi, é óbvio que, para mim, será difícil haver um triunfo que dê mais alegria e e que eu recorde com mais emoção. (...)

Anexo 15
FEIRA DO LIVRO DO PORTO, A CÂMARA ERGUE UM VERDADEIRO FESTIVAL LITERÁRIO, COM LITERATURA, CINEMA E ANIMAÇÃO*

A Feira do Livro do Porto regressa em 2014 e desta vez é um verdadeiro festival literário e uma jornada cultural que vai dos livros ao cinema, passando por exposições e performances de spoken word. Tudo acontece nos Jardins do Palácio de Cristal e na Biblioteca Almeida Garrett (BMAG), de sexta 5 a domingo 21. Mariana Duarte faz o resumo das actividades.

Este ano o Porto recebe uma Feira do Livro renovada e particularmente vitaminada. Após vários diferendos com a Câmara, a Associação Portuguesa de Editores e Livreiros (APEL) acabou por ficar de fora da organização do evento, assumida agora pela autarquia. O executivo liderado por Rui Moreira decidiu apostar num novo figurino: uma feira do livro que é também um festival literário, com uma programação cultural mais intensa e sólida.

"A Feira do Livro" não vai ser apenas um mostruário de livros em saldo", diz Paulo Cunha e Silva, vereador da Cultura. "Quisemos que a

---

* Em: Revista "TIME OUT PORTO", Setembro 2014, pp- 32-34: "Os livros e tudo à volta". **Este caso da "Feira do Livro do Porto" constitui mais uma paradigmática ilustração de como o "Porto" pode e deve contar consigo (e não com as mil e uma formas, mentalidades e instituições da Lisboa provinciana e centralista) para resolver os seus problemas de todo o género (por exemplo, o escandaloso problema da "Cinemateca do Porto", Porto que, por acaso, está no princípio da arte cinematográfica portuguesa, é a terra do maior cineasta português de todos os tempos, Manoel de Oliveira, etc.).**
E já agora, para quando uma solução para o emblemático e cada vez mais (de)cadente "Cinema Batalha"? cf. palavras do sociólogo João Teixeira Lopes: "O Batalha é uma peça arquitetónica crucial e a cidade precisa que seja recuperado como polo audiovisual, acolhendo a cinemateca do Porto e difundindo a criação cinematográfica..." (Em: Jornal de Notícias, 2 Junho 2015)

componente cultural tivesse uma configuração muito densa e sistemática, que abarcasse os vários protagonistas do território do livro. É por isso que temos um ciclo de cinema em que o livro é protagonista, um festival de spoken word, debates com figuras da literatura portuguesa e as Quintas de Leitura, entre outras actividades."

A edição deste ano foi construída à volta do tema "Liberdade e Futuro". Para puxar por esse espírito democrático, a autarquia decidiu cobrar 400€ por um stand, um quinto do que era praticado pela APEL. Não admira, portanto, que os pavilhões espalhados pela Avenida das Tílias estejam todos esgotados, com uma forte adesão de livrarias e alfarrabistas da cidade e editoras de pequena e média dimensão. Quem não marca presença é a Porto Editora e a Leya, as duas maiores editoras nacionais. "Não está quem não quis estar, pois a feira foi aberta a toda a gente. Isso não vai prejudicar a oferta: teremos todos os livros disponíveis no mercado a preços vantajosos e podemos, assim, estimular o comércio da cidade", assevera Paulo Cunha e Silva.

A Feira do Livro inclui ainda um programa ligado a gastronomia organizado pela Essência do Vinho, com bancas de comida preparada por chefs nacionais e estrangeiros e ateliês de cozinha. De resto, siga a nossa selecção de eventos (e consulte a programação completa em www.facebook.com/feiradolivrodoporto.cmp).

Anexo 16

FÓRUM DO FUTURO, NO PORTO*

Decorre de 23 a 30 de novembro de 2014, na cidade do Porto, a primeira edição do festival internacional de pensamento Fórum do Futuro, organizado pelo Pelouro da Cultura da CMP em colaboração com a Casa da Música, o Museu de Serralves, a Universidade do Porto e o Teatro Nacional São João.

Com convidados como o encenador Robert Wilson, os Pritzkers de Arquitectura: Siza Vieira, Eduardo Souto de Moura, Jean Nouvel (pela primeira vez em Portugal) e Rafael Moneo, o prémio Nobel da Química 2004 Aaron Ciechanover, a artista plástica e teórica norte-americana Martha Rosler, Suzanne Cotter, diretora artística do Museu de Serralves, Manuel Sobrinho Simões, Alexandra Quintanilha, José Bragança de Miranda, Michel Maffesoli, entre muitos outros reputados convidados nacionais e internacionais, o Fórum do Futuro constitui uma plataforma dedicada ao Pensamento Contemporâneo onde se debaterão assuntos relacionados com importantes desafios que o Futuro coloca a diferentes áreas da ciência, das humanidades e das artes.

"O Fórum do Futuro vai ao encontro de uma política de criação de veículos de internacionalização da cidade do Porto e de acesso a novas formas de pensar e questionar o mundo, que iniciámos em finais de 2013", explica Paulo Cunha e Silva, Vereador da Cultura da Câmara Municipal do Porto. *O responsável acrescenta que este festival foi contruído*

---
* cf. programa completo, p. ex., na página eletrónica da Câmara Municipal do Porto.
Tal iniciativa é mais um dos sinais do fim do que muitos consideram "era obscurantista" do consulado do Presidente Rui Rio e pareceria dar razão ao que escrevi em uma das dedicatórias do livro "IP-C-Introdução ao Pensamento Contemporâneo", Edições Universitárias Lusófonas, 2014: "...A Paulo Cunha e Silva, que, desde Porto 2001 Capital Europeia da Cultura, tanto tem chamado a atenção para os essenciais caminhos da contemporaneidade/modernidade portuense e portuguesa...".

com o objetivo de inscrever a "cidade do Porto no mapa internacional de divulgação de Pensamento Contemporâneo e que a transforma, durante uma semana, naquele que poderá ser o principal ponto de encontro de autores e interloculores de experiências e visões singulares".

+ Info
Entrada livre.
Locais: Teatro Municipal Rivoli, Teatro Nacional São João, Casa da Música, Museu de Serralves

Anexo 17
"Só serei ministro da cultura quando o Porto for uma Nação"*
Entrevista de Helena Teixeira da Silva com o título:
"Porto tem o melhor vereador da cultura do País".

Paulo Cunha e Silva nunca se cansa, mas cansa andar com ele, não porque seja cansativo, mas porque nunca abranda. Pouco mais de um ano em funções como vereador da Cultura da Câmara do Porto foi quanto bastou para que o município fosse distinguido com o prémio de melhor programação autárquica do país pela Sociedade Portuguesa de Autores. O galardão é entregue hoje à noite na gala da cooperativa de autores, em Lisboa, e celebra em tempo mais ou menos recorde a confirmação da aposta cultural feita pelo autarca independente Rui Moreira.

A distinção demonstra que "a cultura pode não ser a cereja em cima do bolo, mas o bolo que sustenta a cereja", qualifica Cunha e Silva ao JN. Ou seja, "o reconhecimento de que a estratégia de Rui Moreira, que me coube implementar, estava certa ao entender a cultura como eixo central da ação política na articulação com a coesão social e o desenvolvimento económico, para o que concorreu, naturalmente, o apoio incondicional de todo o Executivo e a vontade de participação da cidade".

A lista de iniciativas e desobstruções é extensa. Destaquemos apenas alguns exemplos. O Teatro Municipal do Porto (que agora agrega Rivoli e Campo Alegre) ganhou vida, a Galeria da Biblioteca Municipal

---
* Paulo Cunha e Silva, em: Jornal de Notícias, 25 Maio 2015, dia em que a Câmara do Porto recebeu, da SPA (Sociedade Portuguesa de Autores) o "Prémio da Melhor Programação Cultural Autárquica 2014".

Almeida Garrett o Edifício AXA também. A Feira do Livro do Porto foi reinventada, o Fórum do Futuro 2014 lançado, "A Festa é Aqui" inaugurada. Foi colmatada a ausência, que afinal era só aparente, de cinema independente na Baixa e a exposição "You love me, you love me not", da Fundação Sindika Dokolo, a mais importante coleção de arte africana contemporânea, bateu recordes de afluência (mais de 40 mil pessoas) e valeu à cidade a escolha para futura sede europeia da fundação do marido de Isabel dos Santos. O apoio da Autarquia ao serviço educativo da Casa da Música foi ampliado, em verba e importância - Rosário Gamboa presidente, do Instituto Politécnico, é a mulher que se segue. E o Open House, que dará a conhecer o património arquitetónico de Porto, Gaia e Matosinhos, chega pela primeira vez à cidade em julho.

Porto pode perdê-lo para ministro?

Paulo Cunha e Silva é o melhor vereador da Cultura do país? "Claramente" - e a resposta é do próprio. Mas vem carregada de autoironia, aquela que diz ser uma das suas maiores virtudes, inversamente proporcional à da maioria dos portugueses: "Sou o melhor, porque sou o único. Nas outras 307 câmaras, todos os colegas acumulam vários pelouros. Mesmo em Lisboa, a cultura vem associada à animação".

O melhor aluno do curso de Medicina da Universidade do Porto, que nunca exerceu porque elevou ao expoente máximo a teoria de que "quem sabe só de Medicina nem de Medicina sabe", sabe que todas as avaliações são subjetivas, temporárias e influenciadas pela empatia. Mas também sabe, até pela quantidade de vezes que ouve o louvor, que não é só a exclusividade do pelouro que o diferencia. "É comum dizerem-me que agora vão a Nova Iorque para descansar. Ou que, se soubessem que eu seria vereador da Cultura, não teriam tido filhos para poderem fruir da agenda", relata a rir. "Mas não são elogios, são manifestações de afeto, minimiza.

Será? Se assim fosse, por que razão Paulo Cunha e Silva integra a 'short list' do PS, ao lado de figuras como António Mega Fenetra, Rui

Vieira Nery e Simonetta Luz Afonso, como hipóteses de peso para presidir ao próximo Ministério da Cultura?

Cunha e Silva desvaloriza outra vez, mas agradece a oportunidade para desfazer o que diz ser um equívoco porque, explicou, a insistência do rumor começa a provocar-lhe "desconforto". "Só aceitarei ser ministro da Cultura quando o Porto for uma nação. Como o Porto já é uma nação, em certo sentido já sou ministro da Cultura do país", responde. Ironia outra vez?

O assunto é tanto ou tão pouco melindroso que ninguém no PS quis confirmar em 'on' a hipótese ao JN. Mas em 'off', são várias as fontes próximas do secretário-geral do PS, António Costa, que asseguram que o nome do vereador do Porto está em cima da mesa. O problema, especula-se, é "a traição que isso poderia representar para Rui Moreira, de quem Costa espera receber apoio para as legislativas". Até porque, acrescenta-se, "Cunha e Silva não é o único vereador que o PS poderá ir buscar ao Porto". A referência é para o socialista Manuel Pizarro, apontado como mais do que provável para tutelar a pasta da Saúde.

Entre o ego e o génio

Distinções e futurologia à parte, há duas formas de olhar para Paulo Cunha e Silva: para o ego que expõe ou para a inteligência com que faz o que faz. Uns olham-no com uma espécie de sobranceria invertida que desdenha o que lhes parece arrogância; outros reconhecem o génio que assombra pela capacidade de tranformar pensamento em ação. Os primeiros dizem que é deslumbrado; os segundos que é uma inteligência deslumbrante. Ele parece viver despreocupadamente bem com ambos.

O JN acompanhou-o durante um dia inteiro. E um dia normal na vida do vereador começa relativamente cedo, acaba invariavelmente tarde - sempre depois da meia-noite, atesta o senhor Pires, o motorista -, almoço e jantar são sempre refeições de trabalho. Não há pausas para café nem lanche. "O meu equivalente a fumar um cigarro é ir ao Facebook escrever um 'post'. Mas, às vezes, nem para isso dá", A agenda é um lotadíssimo consultório cultural com marcações de hora a hora, e sucessivos saltos de trampolim temáticos, razão pela qual temos muitas vezes a sensação de que Cunha e Silva é ubíquo e é quase o seu próprio programa cultural, ideia que naturalmente rejeita.

"Não sou o diretor artístico de um equipamento que tem 40 km2, que é a área do Porto. Mas sou o vereador da Cultura. E o vereador é o criador de molduras de oportunidade em que várias coisas podem acontecer numa cidade, toda ela plausível culturalmente". Cunha e Silva nega também estar sempre "a pensar em grandes ideias", e o JN confirmou-o. Às vezes, parece mesmo uma espécie de agente da ASAE da cultura: não há detalhe que lhe escape. "Já iluminaram o painel de João Louro? Número de visitas ao museu? Os vídeos da exposição do Infante estão a funcionar?". A coleção de perguntas é real, e uma ínfima amostra de uma reunião semanal. Paulo Cunha e Silva não cansa, é incansável.

Anexo 18

"Eixo Atlântico do Noroeste Peninsular"*

Artigo 6º
Objetivos

1. Os propósitos e objetivos do Eixo Atântico determinam-se pelo levantamento dos problemas de ordem económica, social, técnica e cultural e pela procura das melhores soluções para os resolver. Consideram-se como prioritários para a promoção e o desenvolvimento os seguintes:
-Empreendimentos infraestruturais - obras e infra estruturas
-Política Social e cultural;
-Protecção e promoção do ambiente;
-Turismo;
-Promoção de todo o tipo de actividades sociais, culturais e desportivas que se identifiquem com as raízes e identidade dos Municípios membros e que favoreçam a coesão do sistema urbano da euro-região norte de Portugal-Galiza.

2. O disposto no número anterior concretiza-se, nomeadamente através da realização de:
a) Estudos, planos, programas e projectos, mormente os que sejam susceptíveis de co-financiamento estatal, comunitário ou internacional;

---

* O "Eixo Atlântico do Noroeste Peninsular", com sede na cidade do Porto, traduz, a politicamente mais interessante expressão institucional do Norte de Portugal e da Galiza, enquanto unitária Região Euro-Lusófona de que a Cidade do Porto, proposta neste livro, é a indiscutida Metrópole.

b) Formas de relacionamento entre agentes, estruturas e entidades, públicas e privadas, susceptíveis de contribuírem para o desenvolvimento dos respectivos territórios fronteiriços.

Artigo 7º
Coordenação com outros organismos

Para a prossecução dos referidos objectivos o Eixo Atlântico do Noroeste Peninsular actuará em coordenação com os organismos que detenham competência para apoiar e implementar as acções necessárias, particularmente com os que se encontram dependentes das instituições comunitárias europeias.

Anexo 19

Regulamento (provisório) do "PRÉMIO LUSOFONIA"*

"MINHA PÁTRIA É A LÍNGUA PORTUGUESA" (FERNANDO PESSOA)
"MINHA PÁTRIA É A LUSOFONIA" (FERNANDO DOS SANTOS NEVES)

Artigo 1.º

O "Prémio Lusofonia" é uma iniciativa aberta à participação das Entidades Mecenáticas que comunguem dos mesmos objetivos de contribuir para a educação, a democratização e o desenvolvimento de todos os Países e Povos Lusófonos, no âmbito da globalização – mundialização contemporânea, segundo o espírito e a letra das divulgadas "Teses sobre a Lusofonia e a Educação" apensas a este Regulamento e designada e sinteticamente daquela que, desde há décadas, Fernando dos Santos Neves vem progressivamente tentando "demonstrar" como válida TESE GERAL SOBRE A LUSOFONIA PÓS-COLONIAL E ECUMÉNICA: «**Mais que projeto ou questão cultural e até linguística (não obstante a excecional oportunidade oferecida por uma das pouquíssimas línguas universais do século XXI que é a Língua Portuguesa), a Lusofonia é um primordial projeto ou questão de comum espaço geoestratégico e económico-político próprio e autónomo no globalizado mundo contemporâneo. E nesta "Hora da Lusofonia" e em tempos de "Globalização", a CPLP ou Comunidade Lusófona até poderia tornar-se num paradigmático exemplo de uma grande e bem-sucedida "Glocalização"**».

---

* A efetivação da ideia de Fernando dos Santos Neves (algo megalómana, pensarão alguns) do "Prémio Lusofonia" constituiria a prova real de que a também sua "megalómana" ideia ou "Tese" de uma "Lusofonia Ecuménica Pós-colonial" estaria, finalmente, a começar a ser "entendida" por todos os Países, Povos e Estados Lusófonos, pela CPLP, e ETC... (Nota de Justino Santos).

Artigo 2.º

1. O "Prémio Lusofonia" será concedido, anualmente, a Personalidades ou Instituições que se hajam notabilizado, em qualquer dos aspetos da atividade humana, na construção efetiva da realidade socioeconómico-político-cultural da Lusofonia ou "Comunidade Lusófona", entendida nos termos exarados no Artigo 1º.

2. O "Prémio Lusofonia" será entregue no dia 17 de julho de cada ano, data da criação oficial da CPLP, a instituir como o "Dia da Língua Portuguesa e da Lusofonia".

Artigo 3.º

1. O Prémio será atribuído por um Júri, de que farão parte:

1.1. Os Presidentes em exercício da CPLP, e do CSA/GL, que co-presidirão:

1.2 Um representante de cada um dos membros da CPLP.

1.3. Um representante de cada uma das Entidades Mecenáticas.

1.4. Um número variável de Personalidades e Instituições convidadas pelos Presidentes, até ao número

máximo de dez (10).

2. Os Presidentes designarão, também, o Secretário do Júri.

3. Compete aos Presidentes do Júri dirigir as reuniões do Júri e ao Secretário redigir a ata das sessões.

Artigo 4.º

1. O Júri tem plena liberdade para eleger um dos candidatos propostos ou conceder o Prémio a outra Pessoa ou Instituição. Cada membro do Júri poderá propor, durante as sessões, o candidato ou candidatos que, em seu parecer, merecem o Prémio.

2. Cada "Prémio Lusofonia" será concedido à Pessoa ou Instituição que alcance a maioria dos votos emitidos pelos membros do Júri.

Artigo 5.º

1. O Prémio é, em princípio, indivisível. No entanto, em casos excecionais, em que, no decorrer de votações sucessivas, se mantenha um equilíbrio entre duas candidaturas, o Júri poderá decidir que seja compartilhado.

2. O Júri poderá não atribuir o prémio, fundamentando a sua decisão em ata, caso em que a totalidade pecuniária do mesmo será utilizado na atribuição de bolsas universitárias a estudantes referidas no artigo 6º.

3. O Prémio não poderá ser concedido a título póstumo, salvo na modalidade "Honoris Causa".

Artigo 6.º

1. O "Prémio Lusofonia" será constituído por um diploma e uma dotação em dinheiro no valor de 1.000.000 (um milhão de) Euros, em 2015.

2. Metade desta dotação em dinheiro será utilizada na atribuição de bolsas universitárias a estudantes da "Comunidade Lusófona".

3. Todas as Pessoas ou Instituições que se constituam em mecenas permanentes ou eventuais do "Prémio Lusofonia" serão publicamente anunciadas.

ANEXOS (amplamente divulgados e comentados nas diversas obras de Fernando dos Santos NEves, incluindo a presente):

1) QUO VADIS, LUSOFONIA? 11 TESES PRAGMÁTICAS MÍNIMAS SOBRE A CPLP/COMUNIDADE LUSÓFONA;
2) QUE ENSINO SUPERIOR PARA O SÉCULO XXI? ONZE TESES SOBRE O ENSINO SUPERIOR EM PORTUGAL E EM TODO(S) O(S) ESPAÇO(S) LUSÓFONO(S)

Anexo 20
Porto.*

Caro Munícipe

O Governo impôs à força a fusão das empresas que vendem água aos municípios, extinguindo a Águas de Douro e Paiva, de que é accionista o Município do Porto. Este processo terá como consequência, a curto prazo, um enorme aumento do preço da água ao consumidor, que poderá atingir os 40%.

Na opinião dos municípios, detentores de 49% do capital social, entre os quais se encontra o Município do Porto, a extinção da empresa, contra a sua vontade, é ilegítima e o processo de fusão não cumpre nenhum dos objectivos enunciados pelo Governo para fundamentar a sua decisão.

Em primeiro lugar porque é falso o pressuposto invocado de que a nova empresa poderia criar sinergias que levassem à poupança de dinheiros públicos e à redução futura de tarifas.

Com efeito, os municípios integrados na Águas de Douro e Paiva pagarão para o sistema global mais 38 milhões de euros do que actualmente (mais 40%), só nos próximos 5 anos, ao passo que os ganhos para os restantes municípios não ultrapassam os 24,5 milhões.

* Anúncio de página inteira, em: Jornal de Notícias, 3 de Julho de 2015.
Seria mais um sinal de que a pergunta com que terminava a minha "Carta Aberta aos Presidentes da Câmara do Grande Porto eleitos nas autárquicas de 2013": "...TEREMOS GENTE?"... começará ou continuará a ter resposta positiva... Amén!

Ou seja, o novo sistema, em lugar de criar poupança, implicará, em 5 anos, o desperdício de 13,5 milhões de euros.

Também é falso o argumento de que tudo isto servirá para uniformizar tarifas e de que, no interior, a água é mais cara. Ao contrário do que diz o Governo, a água nos municípios do litoral custa quase o dobro, em média, do que no interior. A fusão não cumpre, por isso, nenhum princípio de solidariedade, prejudicando todos os municípios e provocando aumentos a todos os munícipes, independentemente de onde vivam.

Há, também, razões políticas e de princípio que estão em causa nesta fusão que o Estado Central está a impor aos municípios e aos seus munícipes:

- É um processo unilateral, decidido contra o Poder Local;
- É contra a tão propagandeada descentralização de competências;
- Viola a Lei das Sociedades Comerciais, que o Estado Central impõe aos cidadãos e empresas mas que, aparentemente, decide não cumprir;
- É uma inaceitável forma de penalizar o mérito que estes e outros municípios tiveram na criação e desenvolvimento da empresa Águas do Douro e Paiva, S.A.;
- Ignora os enormes investimentos e esforços levados a cabo, ao longo de décadas, por um conjunto de municípios;
- Viola, de forma grosseira, os fundamentos da utilidade e do serviço público.

Este processo é uma traição a compromissos políticos assumidos no passado em relação a um conjunto significativo de municípios, fazendo-lhes crer que poderiam investir com segurança e de boa-fé na sua empresa de distribuição de água, vindo agora, por decreto e a partir do Terreiro do Paço, a querer esbulhá-los de património, conhecimento, valor e autonomia.

    O Município do Porto, de acordo com outros municípios accionistas da Águas do Douro e Paiva, tudo têm feito para travar este processo, lutando com armas desiguais pelos direitos dos seus munícipes que, uma vez concretizada a vontade do Governo, terá como consequência um inevitável e enorme aumento do preço da água ao consumidor.

    Rui Moreira, Presidente da Câmara Municipal do Porto

Outras Publicações
do autor

-Estudos Teológicos, Atas das Semanas Portuguesas de Teologia (de que foi organizador e programador), 5 volumes, Lisboa, 1962-1967;
-Ecumenismo em Angola: Do Ecumenismo Cristão ao Ecumenismo Universal, Nova Lisboa/Angola, Editorial Colóquios, 1968; Nova Edição (Edições Universitárias Lusófonas, Lisboa, 2005);
-Liturgia, Cristianismo e Sociedade em Angola, Ibidem, 1968;
-Quo Vadis, Angola? Sobre a Presença do Cristianismo na Angola deste Tempo, Angola, Editorial Colóquios, 1968.
-L'Esprit de Contestation, número spécial de la revue SPIRITUS, Sur les Evénements de Mai 1968, Paris, 1969.
-Negritude e Revolução em Angola, Paris, Edições ETC, Paris, 1974;
-As Colónias Portuguesas e o (seu) Futuro, Lisboa-Paris, Edições ETC, 1974;
-Para um Ecumenismo Omnitotidimensional, Edições ETC, Lisboa, 1975;
-Negritude, Independência, Revolução: As Colónias Portuguesas e o (seu) Futuro, Paris-Lisboa, Edições ETC, 1975.
-Africano-Logiques: Une Etude Scientifique de la Negritude, Paris, 1979;
-A Psicologia de Libermann, Contributo para uma Caracterologia Integral, Lisboa, 1979;
-Introdução ao Pensamento Contemporâneo, Razões e Finalidades, Lisboa, Edições Universitárias Lusófonas, 1997;
-Ad Leviathan: Teses contra o Estado Centralista (Leviatão) e a favor da Regionalização Democrática, Edições Universitárias Lusófonas, 1998.
-O Lugar e o Papel das Ciências Sociais e Humanas na "Modernização", na "Integração Europeia" e na "Cooperação Africana" de Portugal Contemporâneo, Org., Edições Universitárias Lusófonas, Lisboa, 1992; Nova Edição, ibidem, 2002;
-A Globalização Societal Contemporânea e o Espaço Lusófono: Mitologias, Realidades e Potencialidades, org., Edições Universitárias Lusófonas, 2000;

- *Para Uma Crítica da Razão Lusófona: Onze Teses sobre a Lusofonia e a CPLP*, 1ª ed., Lisboa, Edições Universitárias Lusófonas, 2000
- *Quem tem medo da "Declaração de Bolonha"? A "Declaração de Bolonha" e o Ensino Superior em Portugal*, org., Edições Universitárias Lusófonas, 2005.
- *Adimplenda est Bolonia, É preciso cumprir Bolonha!*, org., Edições Universitárias Lusófonas, 2006.
- *Introdução ao Pensamento Contemporâneo: Tópicos, Ensaios e Documentos*, Lisboa, Edições Universitárias Lusófonas, 2007.
- *Um Cristianismo em Estado de Contestação, Uma Contestação em Estado de Cristianismo? Os Acontecimentos de Maio de 1968*, Edições Universitárias Lusófonas, 2008.
- *Introdução ao Pensamento Contemporâneo: Razões, Finalidades, Tópicos*, Edições Universitárias Lusófonas, 2011.
- *A Hora da Lusofonia: Para uma Crítica da Razão Lusófona*, org. de José Filipe Pinto, Edições Universitárias Lusófonas, 2013.
- *A Política não é tudo, mas Tudo é Político: Estudos e Ensaios*, org. de Ângela Montalvão Machado, Âncora Editora, 2013.
- *Que Ensino Superior para o Século XXI em Portugal e no Espaço Lusófono: A "Alfabetização/Instrução/Educação Universal, Obrigatória e Gratuita do nosso tempo"*, apresentação de Fernando Campos, Âncora Editora, 2014.
- *IPC, Introdução ao Pensamento Contemporâneo: Epistemetodologia, Fenomenologia, Paradigmática, CTS*, apresentação de Manuel da Costa Leite, Edições Universitárias Lusófonas, 2015.
- *Quo Vadis, Angola? Socio-Teologias/Teo-Sociologias 1967-2012*, apresentação de Tony Neves, prefácio de Esaú Dinis, Edições Universitárias Lusófonas, 2014.
- *Estudos Teológicos: os "Sinais dos Tempos" ou a "Kairologia" do Concílio Ecuménico Vaticano II* (no prelo).
- *Africano-Lógicas: Sentidos e Des-sentidos do Movimento da Negritude* (no prelo).
- *Onze Teses Omni-Totidimensionais* (no prelo).

Breve Curriculum Vitae

de

Fernando dos Santos Neves

Natural de Gondomar-Porto, é doutor em Filosofia, Ciências Sociais Aplicadas e Pensamento Contemporâneo. É co-fundador e 1º Reitor da Universidade Lusófona de Lisboa (1991-2006) e da Universidade Lusófona do Porto (2007-2012); foi Professor de Ciências Políticas na Universidade de Paris-Vincennes, vindo a criar a 1ª Licenciatura de Ciência Política em Portugal (1991) bem como a 1ª Licenciatura de Ciência das Religiões (1998); estruturou nas Universidades Portuguesas a transversalíssima unidade curricular "Introdução ao Pensamento Contemporâneo" (IPC) e a 1ª Unidade de Estudos e Investigação "Ciência, Tecnologia e Sociedade" (UEICTS); lançou as "Semanas Sociológicas" (1989), a "Sociedade Africanológica de Língua Portuguesa" (SALP/1991), a "Associação dos Cientistas Sociais do Espaço Lusófono" (ACSEL/1994), a "Editorial Colóquios" (Angola, 1968), as "Edições ETC" (Paris, 1973), as "Edições Universitárias Lusófonas" (Lisboa, 1992), a "Editorial Clérigos" (Porto, 2014) e a "Kairologia Editora" (Lisboa, 2015) bem como as "Revistas Lusófonas" de "Humanidades e Tecnologias" (ULHT, Grupo Lusófona), de "Ciência Política e Relações Internacionais" (RES-PUBLICA), de "Ciências Sociais" (CAMPUS SOCIAL), de "Estudos Africanos" (AFRICANOLOGIA) e do "Pensamento Contemporâneo" (KAIRÓS); em homenagem à famosa 11ª Tese de Marx: "Até aqui os filósofos têm-se contentado em interpretar o mundo de diversas maneiras, mas importa também transformá-lo!", é autor de várias "ONZE TESES... sobre o Ensino Superior, a Lusofonia, a Regionalização, o novo Acordo Ortográfico da Língua Portuguesa, etc."; é considerado o pai teórico da "Lusofonia" (cuja palavra terá feito entrar no vocabulário da Língua Portuguesa) e é autor da "Declaração de Luanda" (Abril 2002) para a criação do "Espaço Lusófono do Ensino Superior" (ELES), á imagem e semelhança da "Declaração de Bolonha" e do "Espaço Europeu de Ensino Superior" (EEES), de que foi, em Portugal, um dos mais destacados pioneiros; proposto ao

"Prémio Pessoa" em 1994 e em 1998; "Medalha de Ouro para Portugal" do "American Biographical Institute" em 2008.

Desde os anos 60 do século XX que, com o novo termo "Kairologia", "Refontalização" e "Aggiornamento" vem chamando à atenção para as "Horas Certas" das inadiáveis modernizações das Igrejas e das Sociedades Lusófonas (Concílio Vaticano II, Ecumenismo, Maio 1968, Descolonização, 25 Abril 1974, "União Europeia", "CPLP/Lusofonia", "Alter-Globalização" etc.)